本书是国家社科基金一般项目"文化气质与文化竞争力关系的哲学研究"(18BZX014)的结项成果

方法集——挑战哲学史与重开传统 卷四

文化竞争力批判
——实践一种捕捉哲学真理的精准操作方法

崔平 著

中国社会科学出版社

方法集
——挑战哲学史与重开传统

方法集序言

卷一
作为研究哲学和哲学研究普遍立法的哲学导论

卷二
与康德批判哲学的非对称对话录
——演示一种亲近原创的哲学史研究范式

卷三
方法与可能性：绝对定义那些"不可定义"的概念

卷四
文化竞争力批判
——实践一种捕捉哲学真理的精准操作方法

方法集后记

目 录

前　言 …………………………………………………………（1）

引　论 ▎范式再平衡：哲学重返文化研究的中心 ………………（1）

第一部分　演绎文化气质

第一章 ▎理性捕捉"文化气质"这一任务的阐明和路径
　　　　筹划 …………………………………………………（45）
　　第一节　"演绎"文化气质这一提法的特殊意蕴………（45）
　　第二节　文化气质的逻辑地位 …………………………（47）
　　第三节　预设演绎文化气质的逻辑框架 ………………（49）
　　第四节　文化气质演绎的认识地位或属性 ……………（50）
　　第五节　文化气质演绎的哲学奠基 ……………………（51）
　　第六节　警惕泛文化思维：对文化气质问题论域的
　　　　　　澄清 ……………………………………………（53）

第二章 ▎奠基性回溯：文化本体论概要 ……………………（57）
　　第一节　意识哲学的彻底前提批判开端 ………………（57）

第二节 切中意识存在并拷问其本质 …………………… (59)
第三节 承前启后性的意识批判关键概念 ………………… (60)
第四节 先验文化意识 ……………………………………… (64)
第五节 先验的经验性文化建构课题及其先验
　　　 解决 ……………………………………………… (66)

第三章 文化的经验建构及其差异命运 …………………… (67)
第一节 先验文化概念的初试经验化 ……………………… (67)
第二节 偶然经验遭遇与文化建构方向 …………………… (69)
第三节 文化建构方向：偶然视角 ………………………… (70)
第四节 文化的逻辑特殊性 ………………………………… (71)
第五节 文化内容的存在调适 ……………………………… (73)

第四章 文化气质 …………………………………………… (74)
第一节 文化气质的缘起及概念 …………………………… (74)
第二节 文化情绪 …………………………………………… (75)
第三节 文化器宇 …………………………………………… (77)
第四节 文化意志 …………………………………………… (81)
第五节 文化气质的现实变换逻辑 ………………………… (85)

第二部分　预卜文化的竞争命运

第一章 文化多样化 ………………………………………… (89)
第一节 文化观念的多样化逻辑 …………………………… (89)
第二节 文化存在的多样化逻辑 …………………………… (91)
第三节 文化并存 …………………………………………… (95)

第二章 ▍文化经验的交互主体性 ……………………… (98)
  第一节 文化的自我意识与他者意识 ……………… (99)
  第二节 文化自我意识的活文化依附与泛他者
      意识 ………………………………………… (101)
  第三节 文化圈：文化建构的先天个体性及其
      后天限制 …………………………………… (103)
  第四节 文化个体间的交互认识原理 …………… (105)
  第五节 文化的理解方法 ………………………… (115)

第三章 ▍文化相待 ……………………………………… (116)
  第一节 一般性讨论：文化间相待方式的两个
      关联要素 …………………………………… (116)
  第二节 异文化好奇或冷淡 ……………………… (117)
  第三节 异文化关切或藐视 ……………………… (118)
  第四节 异文化竞争或霸凌 ……………………… (119)
  第五节 自然状态：文化间的虚假和睦与明争
      暗斗 ………………………………………… (122)
  第六节 文化竞争的工具：对话或暴力 ………… (124)
  第七节 文化圈：文化的先验社会普遍性的经验
      形态 ………………………………………… (125)
  第八节 文化豁达 ………………………………… (126)

第三部分 文化竞争力

第一章 ▍关于文化竞争力本质的分析 ………………… (131)
  第一节 演绎文化竞争力概念 …………………… (131)

第二节 关于文化竞争力分析的关键拓展…………（137）
第三节 思辨推动下的文化竞争力主体翻转：
从文化到人………………………………（139）
第四节 文化明智的触发条件……………………（143）

第二章 文化气质的简单文化竞争力效应…………（145）
第一节 文化情绪的简单文化竞争力效应及其
函数表达……………………………………（145）
第二节 文化意志的简单文化竞争力效应及其
函数表达……………………………………（151）
第三节 文化器宇的简单文化竞争力效应及其
函数表达……………………………………（158）
第四节 文化气质的简单文化竞争力效应的复杂
分析及其函数表达…………………………（168）

第三章 文化成就的简单文化竞争力效应…………（174）
第一节 文化成就的简单文化竞争力效应要素
分析…………………………………………（174）
第二节 文化成就真理性的简单文化竞争力效应
及其函数表达………………………………（175）
第三节 文化成就美感的简单文化竞争力效应及其
函数表达……………………………………（180）
第四节 文化成就善性的简单文化竞争力效应及其
函数表达……………………………………（186）
第五节 文化成就价值的简单文化竞争力效应的
复杂分析及其函数表达……………………（190）

第四章 ｜ 文化世界的简单文化竞争力效应 ……………（195）

第一节 文化世界的简单文化竞争力效应要素分析 ……………………………………（195）
第二节 文化世界觉悟的简单文化竞争力效应及其函数表达 ………………………………（200）
第三节 文化世界统觉的简单文化竞争力效应及其函数表达 ………………………………（206）
第四节 文化世界洞察的简单文化竞争力效应及其函数表达 ………………………………（212）
第五节 文化世界智慧的简单文化竞争力效应的复杂分析及其函数表达 ………………（218）

第五章 ｜ 文化竞争力的复杂形成 ……………………（221）

第一节 文化存在显现要素的复杂文化竞争力效应及其函数表达 …………………………（221）
第二节 文化竞争力的现实生成及其数学模型 ………（224）
第三节 思想外传：问题意识中的存在隐匿及其综合演绎式解答中的强制敞开 ……………（225）

前 言

　　同一个问题，相应于认识的不同自我理解，比如认识有效性标准的选择，认识趣味的粗疏实用或精致论理，认识态度的严格或苟且，等等，会有不同的认识道路选择和前途。现在所呈现的关于文化气质和文化竞争力关系的研究面貌和研究成果，想必出乎人们的一般意料，便经典地说明了这种对应关系。

　　不管是文化气质，还是文化竞争力，都有经验的影子，将二者联系起来也可以得到感觉的支持。因此，文化气质与文化竞争力关系这一原初提问本身，就具有认识上的经验肯定性和经验否定性这一矛盾结构，即接受感觉中的存在印象却不信任不满足于感觉内容，因而才会有针对感觉而提问这种认识提升冲动。但是，正是这一矛盾结构包含解决问题的不同方向。如果不介入认识论反思而直接处理问题，那么其中的"经验否定性"就不会突破经验形态而只能简单地表现为对给定感觉认识的有限性的否定，从而继续坚持经验肯定性而着力扩大经验认识范围。在逻辑上，这种同质认识的量性变化无法根本改变认识的性质和深度，不能改善理解性，而只能增加心理学意义上的信念强度，仅仅具有实践意义。相反，如果在纯粹理论兴趣的推动下，坚持认识的深化和精确化方向，努力寻求关于存在的普遍必然知识，从而对感性认识施加严格的认识论批判，那么面对提问所包含的矛盾结构，其中的否定性就会尖锐地表现为对感性认识形式本身的否定，从而推动寻找其他更具逻辑有效性的认识形式，展开对萌发于感性经验中的问题的纵深分析和普遍论断。

文化嵌置在每一个人、每一个民族、每一个社会的生存之中，天然的共生形态已经被经久的历史勾平其间的对缝，造成精致的存在同一意识，以致在人的各种自我身份认同中，文化强势地取得"当然要素"这种地位。伴随这种演变，文化释放出巨大的社会凝聚和社会分化力量，同时也显露出一种危险，即文化与人的存在的捆绑，使得文化有可能成为人的认识的不可超越的圈套，并发生利害相关牵连，取得人的特定利益这种身份，从而情绪化地敌视和拒绝一切不抱迎合立场的审视和评价。因此，文化反思是一个敏感话题，一切希望达到认识目的的文化研究，都必须防范触发人们的抵触情绪，因而应该首先从保证最低限度的倾听态度这一有效对话条件出发，认真推敲叙事艺术。其次，要充分估计文化的自我维护情感和反应，设计具有足够强大的论辩力量的理论建构形式，用理性力量对冲盲目情感，并在理性力量的剩余中激活理性反思意识。前者保证并非独白的真实对话的开场即有人进场，后者推动对话中的有效思想流动即倾听和改变。退场或者僵持都是对话的失败。

鉴于文化在其经验存在中固有基于自己特殊内容的特殊性立场，同时考虑到各种文化思潮的纷争局面，为避免开始便陷入立场纠纷并被指责为诸如"西方中心主义""东方中心主义"的某某中心主义，从而遭遇远闻恶名便拒绝相见式的全盘价值否定，本书面对文化气质和文化竞争力关系这一问题，刻意回避了经验认识这一方便而习惯化的道路，努力探寻方法论的去中心化认识方式。申言之，以文化个例为文化反思材料这种做法，因为必然面临特殊文化的选择而无法摆脱论断与特殊文化的牵连，从而天然夹带"某某中心主义"的嫌疑。在逻辑上，只有绕开对特殊文化存在的认识依赖，迂回地以能够切中文化问题的某种普遍存在为出发点，才能雄辩地证明一种文化反思的超然性、中正性和无私性，也才能造成论断的逻辑普遍性，消除他人对论断有效性的狐疑。只有在方法论的普遍主义语境中，才能造成可以共同接受的思想前提，并在不可拒绝的逻辑规范下接受由此展开的理论论断,从而促进思想参与者之间的可通约对话。为兑现这一期望,本书上溯文化反思问题的源流到普遍意识存在,并拟制具有最高逻辑论证力量的综合式演绎方法,使其贯穿整个认识过程。这是一条在挥别经验之后需要不断克服经验复辟诱惑,一往无前,披荆斩棘,开山造桥的艰难认识道路。这种隐喻式的认识过程勾画绝非文学修辞,那些陡峭险峻的演绎环节所透露的天涯绝路场景,那些重大概念和原理的创造性闪现,见证了它的困顿和凯旋。一路走来,它收获了丰富而异样的文化反思,映射出方法的威力。这让我激动不已,因为它与《文化模式批判》一起,使自己为文化争论制定可普遍承认和遵守的思想规范这一整整三十年的哲学夙愿就此随心。

也许,关于文化的反思成果虽然是本书的主题内容,但并不是本书的最重要成就。从哲学发展的角度看,具有更普遍影响和深远哲学史意义的,反而是取得这些内容的认识形式。这一文化研究冲动萌生于感性经验,但没有习惯地延伸经验认识操作,而是批判地看待其真假,试图在理性论证中求证其本质,并按照认识的严格要求选择了综合式演绎方法。在针对问题的元哲学分析确定了担当综合式演绎之认识起点的事物后,便以彻底前提批判的姿态展开具有认识完备性方法保证的综合式演绎理论建构,步步为营,扎实推进。在分析中,不仅重新发现了原初问题所关切的内容,而且创造性地发现了许多具有更重要存在地位的概念和原理,它们显示了综合式演绎方法这一认识形式对存在内容的钩陈探幽功能,证明综合式演绎是一种存在本质的强大搜索工具。最终,哲学分析树立起衡量文化竞争力的概念框架,把创建文化竞争力测度而具体评价文化存在的任务托付给科学研究。同时,在完整的本质揭示作用下,原初经验问题被理性修正,在整体存在结构的限制中获得了崭新意义,文化气质不再像原初臆想的那样独立拥有文化竞争力,而仅仅是文化竞争力的一个生成要素。这一认识历程具有完整的认识论跨度,实现了哲学史上从假设出发,经过论证消除论断的假设性这个传奇设想,见证了

文化竞争力批判——实践一种捕捉哲学真理的精准操作方法

经验萤火如何触发理性的通彻光芒。它示范了一种健全哲学的构建方法，鼓励哲学在哪里勇敢地担当，训示哲学在何时明智地放手。就此，一种严格有效的哲学研究方法被完整地确立起来。完全可以说，那些让人大感意外的超额理论建构收获，不能归功于个人心智的偶然品质，而是特定哲学方法的一次胜利！

人们一直关注哲学的"知识之母"现象，担心哲学在发展中不断出让认识领地给科学，最终会面临自我消亡的危险。关于文化的这场哲学研究表明，这是对哲学的本质和使命的误解。在逻辑上，每一问题的解决都同时关联对存在的特定概念把握和普遍概念的复多个别经验显现。因此，哲学与科学具有伴随问题的对称偶生关系。可以说，哲学恰好具有与科学同等数量的生存机会，二者必然是相依为命的伴侣，不可分别谈论它们的长寿短命。而问题的涌现同时与存在和智慧相关。这种问题与智慧的纠缠结构使认识主体丧失了预卜问题枯竭时刻的能力，只能明智地努力把握和解决眼下的问题。即使可以合理地设想哲学的终结，那也不是悲剧，而是喜剧，即它与科学携手达到对存在的彻底把握而宣告一起步入绝对智慧。

对存在同一性的发现和概念创造是哲学的本分，认识的继续展望就是异质的科学认识，也就是说哲学为科学的量化认识奠基。洞明认识的这一哲学—科学完整结构之后，哲学史便陡然升起令人敬佩的别样形象。原来，哲学史显露的不是哲学相对科学的软弱或失败，而是哲学的仁义，即恪尽职守、不失分寸地勇敢担当或明智揖让。就依循逻辑而始终保持思维的清晰自觉状态，其中完整经历了这种认识的进和退，并收获了哲学权利及其界限的自我意识而言，本书的哲学文化学是微缩版的全部哲学史。

引 论

范式再平衡：哲学重返文化研究的中心

一 世界历史万花筒中的文化观察

人们的文化生活经验足够日常化，文化感受十分生动，但是关于文化却并未形成具有广泛社会共识的普遍定义，以致对严肃的学术研究来说，文化对象成为难以确定的问题，因而关于文化的所有谈论都丧失社会可公度性。据统计，迄今已有260多种文化定义，而在逻辑上，每一种文化定义都设定一种特定认识对象，规定思想的可能空间。其自然后果是，不同文化概念理解下的文化谈论间貌合神离，在虚假的同一"文化"名称下自说自话，造成关于话语真理性的无谓争论。在没有用普遍可接受的或者强有力论证的文化定义来统一人们的文化认识对象之前，为避免陷入思想的不可交往状态，至少应该用声明某种文化问题的经验起源的方法，来澄清其思想语境，把人们的思考约束在指定的认识范围内，以便获得思想起点的经验同一性。

在世界历史纪事中，有许多一般可被称为文化接触的社会事件，拾零如下。

1. "中国"：华夏与夷狄之辨

在丢失了历史意蕴而被平凡化为简单的国家名称之后，"中国"变成一个苍白的政治地理符号。对于所有缺乏关于中国历史专业知识的世人，包括许许多多"中国"人，"中国"已经仅仅是一个国家不得不有的名号设计和选择，其中的文化意义被悉数掏空，只剩余一副僵硬的语

言空壳。然而,历史故事将还原"中国"的丰富意义,显现它的情感底色和文化本质。

在传说的上古历史中,自盘古开天地以来,有众多部落生活在当今黄河流域西高东低的广袤大地上,最早是西部天皇、中部地皇、东部人皇,他们都代表不同的部落群。随后部落迁徙交融,又形成以伏羲、神农、黄帝、炎帝、颛顼为首的部落群。"古之帝皇,虽有统一各部而有共主之势,然其居处无定,等于行国。"① "君者,善群者也。"(《荀子·王制篇》)"君,群也。群下之所归心也。"② 部落间的这种群落盟主的形成是力量竞争的结果,"递兴废,胜者用事"(《吕氏春秋·荡兵篇》)。在其中,不乏文化作用。黄帝即"同风俗"而取"是以情性可得而亲","亲则斗讼之心弭"之效果。③ 这表明,部落间归附关系的建立有文化同化参与其间,相应地可以推想,部落间的斗争也有文化差异因素的刺激。唐尧、虞舜时,部落间整合加剧,据郑玄说,颛顼(少昊)征九黎,"分流其子孙居于西裔者,为三苗。至高辛之衰,又复九黎之恶。尧兴,又诛之。尧末,又在朝。舜臣尧,又窜之,禹摄位,又在洞庭逆命,禹又诛之"④。"至黄帝时,民族竞争之祸乃不能不起,遂有黄帝、蚩尤之战事。"对这段时间部落间的斗争,夏曾佑《中国历史》概览为:"南蛮为神州之土著,黄帝时蚩尤之难,几复诸夏。少昊之衰,九黎乱德。颛顼媾三苗之乱,至于历数失序,及尧战于丹水之浦,舜时迁三苗于三危,稍以衰落,至禹三危既宅,三苗丕叙,于是洞庭、彭蠡之间,皆王迹所经,无旧种人之历史矣。盖吾族与土族之争,自黄帝至禹,上下亘千年,至此而兴亡乃定。"⑤

《礼记·王制》:"东方曰夷,被发文身。南方曰蛮,雕题交趾。西

---

① 柳诒徵:《中国文化史》,东方出版中心1988年版,第22页。
② (清)陈立:《白虎通疏证》卷八,中华书局1994年版,第376页。
③ (唐)杜佑:《通典》卷第三,中华书局1988年版,第54页。
④ 柳诒徵:《中国文化史》,东方出版中心1988年版,第36页。
⑤ 柳诒徵:《中国文化史》,东方出版中心1988年版,第36页。

方曰戎，被发衣皮。北方曰狄，衣羽毛穴居。"柳诒徵说："中夏之文明，首以冠裳衣服为重，而南北之别，声教之暨，胥可于衣裳觇之，此《系辞》所以称'垂衣裳而天下治'欤！"① 世传伏羲作布而有衣裳，禹时有裸国，《吕氏春秋·贵因篇》："禹之裸国，裸入衣出。"商时的荆蛮风俗文身断发。柳诒徵说："以劝善惩恶之心，寓于寻常日用之事，而天下为之变化焉，则扫简驭繁之术也。"②

自唐（尧）虞（舜）到周，帝王与诸侯分地而治，帝王的共主地位要有可作为各国模范的政教为基础。《尚书·尧典》："克明俊德，以亲九族。九族既睦，平章百姓。百姓昭明，协和万邦。"《尚书·舜典》："柔远能迩。惇德允元，而难任人，蛮夷率服。"

唐虞政教"其尤重要者，则敬天爱民之义为后世立国根本。……即异族入主中国，亦不能不本斯义，以临吾民"③。《尚书·尧典》："钦若昊天。""敬授民时。"《尚书·舜典》："钦哉，惟时亮天功。"《尚书·皋陶谟》："在知人，在安民。""安民则惠，黎民怀之。""天叙有典，敕我五典五惇哉！天秩有礼，自我五礼有庸哉。""天命有德，五服五章哉！天讨有罪，五刑五用哉！""天聪明，自我民聪明。天明畏，自我民明威。""惟动丕应徯志，以昭受上帝，天其申明用休。"显然，以"天"命自居，其中夹杂着文化优越感和对异文化的排斥。

《墨子·节葬篇下》："昔者尧北教乎八狄，道死，葬蛩山之阴。……舜西教乎七戎，道死，葬南己之市。……禹东教乎九夷，道死，葬会稽之山。"

《尚书·甘誓》："有扈氏威侮五行，怠弃三正。"《墨子·明鬼篇下》："然则姑尝上观乎《夏书·禹誓》曰：大战于甘，王乃命左右六人，下听誓于中军，曰有扈氏威侮五行，怠弃三正，天用剿绝其命。"汤

---

① 柳诒徵：《中国文化史》，东方出版中心1988年版，第39页。
② 柳诒徵：《中国文化史》，东方出版中心1988年版，第42页。
③ 柳诒徵：《中国文化史》，东方出版中心1988年版，第69页。

之征葛，以葛之不祀为罪。《尚书序》："葛伯不祀，汤始征之，作《汤征》。"①《孟子·滕文公》："汤居亳，与葛为邻。葛伯放而不祀。汤使人问之曰：'为何不祀？'曰：'无以供牺牲也。'汤使遗之牛羊。葛伯食之，又不以祀。汤又使人问之曰：'何为不祀？'曰：'无以供粢盛也。'汤使亳众往为之耕，老弱馈食。葛伯率其民，要其有酒食黍稻者夺之，不授者杀之。有童子以黍肉饷，杀而夺之。……为其杀是童子而征之。""周之伐殷，且以弗祀为纣之罪状。"

2. 战国时期赵国的胡服骑射改革

战国时期，赵国常遭受游牧部落骑兵进犯。公元前307年，赵武灵王决定"以胡制胡"，在邯郸城提出"着胡服""习骑射"的主张，下令全国抛弃长袍宽袖，改着胡服；淘汰战车，改习骑马射箭，取胡人之长补中原之短。通过"胡服骑射"改革，赵国建立起以骑兵为主体的强大军队，此后国势大盛，成为战国后期唯一可与秦抗衡的强国。

"胡服骑射"顺应了战争方式由"步战"向"骑战"发展的趋势，标志着汉族历史上第一支独立的、庞大的骑兵部队的诞生。这是继步卒勃兴取代车兵甲士的传统地位后，春秋战国军事史上第二件具有划时代影响的事件。由于轻装骑兵速度迅捷、动作灵活、攻击性强，特别适宜在内地平原和北方草原地区作战。延至后世，骑兵更成为封建国家的重要兵种之一。

据《资治通鉴》记载，公元前4世纪20年代末，诸侯争霸中原，赵武灵王审时度势，认为中原之争难以短时间决定胜负，便抽身中原逐鹿而改南向战略为北向进军胡地，以扩大国土，积累未来争霸中国的实力。在与北方胡人的争斗中，赵武灵王为适应对手而针对性地提出了文化改革要求，即有名的"胡服骑射"。赵武灵王与肥义谋划胡服骑射以教百姓，想推行胡服。胡服是战国时北方游牧民族的服装，窄袖短装，皮靴

---

① 李民、王健：《尚书译注》，上海古籍出版社2010年版，第103页。

皮带，头戴羽冠。其服上褶下袴，有貂、蝉为饰的武冠，金钩为饰的具带，足上穿靴，便是骑射。可是"胡服骑射"的命令还没有下达就遭到邯郸许多皇亲国戚的反对。公子成等人以"臣闻中国者，圣贤之所教也，礼乐之所用也，远方之所观赴也，蛮夷之所则效也。今王舍此而袭远方之服，变古之道，逆人之心"①为由，拒绝接受变法。赵武灵王反驳道："圣人观乡而顺宜，因事而制礼，所以利其民而厚其国也。"②

3. 秦汉之间的文化统一运动

秦始皇统一中国后，发生了著名的"焚书"事件。人们往往将其归咎于秦始皇的专制暴戾，因而把它看成一种与个人性格相关的历史偶然事件。但在另一种眼光下，它的发生却具有必然性。从三皇五帝以来，春秋战国以前，中国的文化体制为学从官出，以吏为师，各种文化活动都设官以司其政。在文化官办条件下，史、巫等文人自然被御用化，在执政官与文人之间形成主仆关系，文化思想披上论理工具色彩，而文化思想也被培养出政治权利意识，不同学派及其学者间产生争夺政治核心地位的冲动。学术表现为官立、官有、官用，因而学术与政治混同，其结果必然导向学人争宠。相应地，学人以官自居，官学合一，学以用为目的，为学带上了绝对的社会支配冲动，而实践选择在逻辑上的单一性，决定诸学之间的排斥和争霸。在春秋之前，官统保证了学术的统一，或者说思想发展的单向性。但春秋战国时期，政治统一力量的衰弱和相应的诸侯各自为政，使得相同的官学关系模式却催生出不同的学说。以周朝为例，诸官所掌事务向诸侯的不同下移，遂出现各国的片面执政理念，推崇一方之说则有不同之政和社会治理体制。比如司徒之官入国而有法家，礼官入国而有儒家。这种学术的分化发展过程经历春秋战国后，便形成了诸子百家局面。秦始皇灭六国，行统一之政，车同轨，书同文，

---

① （宋）司马光：《资治通鉴》第1册，中华书局1956年版，第104页。
② （汉）司马迁：《史记》第6册，中华书局1959年版，第1808页。

移风易俗。对于拥有鲜明而一贯的治理理念的秦始皇来说，对于一个仍然坚持政治统一甚至高度集权的国家来说，众说纷纭而个个觊觎干政的"百家"，无异于乱政祸水。因为，权力与文化合一体制使得稀有的单一权力平台无法满足一家之外诸家的存在感。这是文化浸染统治的必然逻辑，是政治的内在逻辑。短命秦朝之后，经历政治的文化摇摆（窦太后崇尚黄老道家），最终汉武帝"罢黜百家，独尊儒术"，以另一种形式重演"焚书"，历史地印证了这种逻辑。一旦一个政权追求某种固定的文化身份，它就会利用政治权力消除文化多样性的干扰，压制思想的多元化。汉初道家的无为之治，不能解决化民易俗、建立统一的封建伦常观念的问题。先后十一年，历经罢黜刑法、议立明堂、增置博士、绌抑黄老、制策贤良和任用儒吏六个阶段。于是，发生公元前134年的董仲舒策议。据《史记》载，汉武帝博闻强记，学识悟性兼优，绝非偏狭固陋之徒，其独尊儒术可以断定不是个人好恶使然，而是在政治与学术互相绑定模式下的逻辑结果。独尊儒术仅仅是政治文化化的统治逻辑的一个感性符号。汉初尊道而抑儒，轻重曲直别无二致，只是持续时间不同而已。以此而论，逻辑上"罢黜百家，独尊儒术"只是历史的平常一页，是王者谋政和学者争宠之间的偶然媾和。《史记·孝武本纪》记载："汉兴已六十余岁矣，天下乂安，荐绅之属皆望天子封禅改正度也。而上乡儒术，招贤良，赵绾、王臧等以文学为公卿，欲议古立明堂城南，以朝诸侯。草巡狩封禅改历服色事未就。会窦太后治黄老言，不好儒术，使人微得赵绾等奸利事，召案绾、臧，绾、臧自杀，诸所兴为者皆废。"①可以说，春秋战国以来的百家争鸣在从秦始皇到汉武帝的统一政治舞台上发生了相互之间的社会争夺，这种斗争不是政治权力对不同文化的压制，而是文化内部之间的自然对抗，因为各种压抑文化的事件都是学者"奏议"的，实质上是学者"借刀杀人"，把皇权作为争夺思想霸权地位

---

① （汉）司马迁：《史记》第2册，中华书局1959年版，第452页。

的工具。因此，可以说这不是政治与文化之间的冲突，而是文化之间的冲突。

4. 华夏文化征服征服者

在中国历史上，从公元4世纪初（317年）到5世纪初（420年）的东晋五胡十六国，再到南北朝（420—589年），出现了政治分裂，非华夏民族南下割据的局面。其中，有五个北方民族建国，分别为匈奴、鲜卑、氐、羌、羯，它们分布在北方和四川一带，建立了十六个国家政权。北朝中的北魏为鲜卑拓跋部所建，在迁都洛阳后孝文帝进行一系列汉化运动，造成汉化与反汉化两大阵营的对抗，以致有"六镇之乱"，瓦解了北魏王朝。以北方为中心的五胡十六国及北朝诸国，均为非华夏族，但它们作为武力征服者却大体上都被华夏文化所同化，没有改变文化发展史上的华夏同化蛮夷的历史走向，以致柳诒徵总结道，"此时期中，谓为异族蹂躏中夏之时期可，谓为异族同化于中夏之时期亦可。盖华夏之文化，冠绝东方，且夙具吸收异族灌输文化之力。……惟汉以前，政治主权完全在夏族，而他族则以被治者而同化。汉以后政治主权不全在夏族，而他族则以征服夏族者而同化"①。又说"虽异族多仍故俗，犹以部落为别，且语言形貌，亦与华夏不同。然响慕华风，交通婚媾，冒姓养子，谱谍不明者甚多"②。战争的仇视和对立，并没有根本影响文化的这种同化趋势，"然自文化一方观之，则诸族之布在中夏，亦多同化于中国之文教"③。

五胡十六国和南北朝之后，又有外族（当时看）南下中原。有东北立国的契丹辽国、西北立国的党项（拓跋氏）西夏、灭辽立国的女真金国。辽、夏、金三国对汉文化都有接收，实被汉文化所同化。辽国以国制治契丹人，以汉制治汉人。而辽太祖独尊孔教，辽人以通汉语而自矜。

---

① 柳诒徵：《中国文化史》，东方出版中心1988年版，第357页。
② 柳诒徵：《中国文化史》，东方出版中心1988年版，第359页。
③ 柳诒徵：《中国文化史》，东方出版中心1988年版，第361页。

西夏"虽以武力背宋,其于文化,未尝背宋也"①。金国从熙宗开始即尊崇和讲读孔教,世宗"尤尚儒风,欲以《五经》译本,遍化女真种人"②,说"朕所以令译《五经》者,正欲女真人知仁义道德所在耳"③。有趣的是,世宗同时强调保持种族旧风。据《金史·世宗本纪》记载,他说"今之燕饮音乐,皆习汉风,盖以备礼也,非朕心所好。……汝厚辈自幼习汉人风俗,不知女真纯实之风,至于文字语言,或不通晓,是忘本也。……汝辈当学习之,旧风不可忘也"④。在此,显然是区分利益冲突和文化冲突、实质规范和形式规范。蒙古人建立了世界历史上最大的帝国版图,横跨欧亚,然而形成鲜明对照的是,在文化上它被所到之处的文化所同化。中原对蒙古风俗的轻视与西方对蒙古人经略的赞美形成的反差,侧面透露了蒙古文化的神秘⑤。在这种文化的融合中,可以看到,"汉"化"夷"的是统治文化,"胡"化"汉"的是事功文化。文化系统中有无文化"处事"条款来调节文化的刺激—反应并设定其基本态度和方式,似乎各种文化间情况不同。另外,从各种文化中依稀感到,利益考量不是审美好恶,情感性的观念倾向才是文化。

5. 佛教命运的诡谲:东进凯旋与故土罹难

印度大乘佛教于纪元前后传入东汉,至唐初蔚然成风,在中国文化舞台上绵延至今,扮演了不平凡的角色。何以佛教的东进没有遭遇中国古老文化的反抗和阻击,值得深究。浅显而论,传播速度说明它的魅力,印证了它迎合人心。其来世和灵魂轮回教义给人们对人生意义的关切带来通俗便利的解释,填补了中国文化的心理空白。在总体上,佛教与中华文化也许是内容上互通有无,而不发生竞争。中华的世俗文化与佛教的天国文化也许正构成人的追求的完整图画。只是间接存在儒家入世信

---

① 柳诒徵:《中国文化史》,东方出版中心1988年版,第534页。
② 柳诒徵:《中国文化史》,东方出版中心1988年版,第537页。
③ 柳诒徵:《中国文化史》,东方出版中心1988年版,第538页。
④ 柳诒徵:《中国文化史》,东方出版中心1988年版,第538页。
⑤ 柳诒徵:《中国文化史》,东方出版中心1988年版,第550—552页。

念与佛教出世向往之间的实践冲突可能,当它被提升为明确的意识并让中国统治者感到自身利益受到威胁时,就爆发了北魏灭佛运动。宗教是在努力超越现世而把生命存在理解为多相的,延长其因果链条,在绝对规定中描绘生命意义。佛这一观念表达了人对自己存在的好奇和瞭望,是存在概念的完整运用。从宗教学的角度也可以把中国的"天"与印度的"佛"共同纳入宗教意识,但这样看仍然能够发现二者之间的差异。天为外在于人的力量,佛却是人自己的内在潜能。再从存在形式上看,佛教佛系庞大,结构严密,而天道相对简括。沿着这个思路,本该与中华天道竞争的佛教,其顺利传播透露出些许观念的精致与简陋之间的比较意义。

与在东土的发展形成强烈对照,印度佛教在 7 世纪被入侵的阿拉伯伊斯兰教所灭,而且其过程可谓惨烈。从宗教思想形式上看,伊斯兰教教义简单,而佛教教义体系庞大,学说精深。那么何故被外来的伊斯兰教所迫害而故土折戟?这说明宗教的生命力还有观念之外的根据。至少直观上,佛教教义的过于出世和淡然限制了它应对外在冲突的方式和力度,使它大大降低了调动世俗力量来保卫自己和对抗对手的力量。与佛教不同,伊斯兰教在简单的教义背后,具有浓烈的宗教情绪和世界扩张冲动,他们更倾向赋予世俗斗争以宗教意义,从而造成轰轰烈烈的圣战。也就是说,一种文化的存在离不开非文化力量,同时文化的自我理解和激情也是它生存的重要意志因素。围绕佛教的历史,让人感到文化的复杂和困惑,可以产生许多开放性的联想,比如同一个佛教,为什么中华文化和伊斯兰文化有大相径庭的反应,这或许反衬出文化有品质和性格。为什么面对伊斯兰教徒的攻击,佛教徒没有对等的反击,这让人油然联想到观看食草动物与食肉动物遭遇的画面。动物被其天性规定一生,而陷入一种文化意味着放弃反思。因此,面对文化,应该反思文化的处世之道。

6. "中体西用"隐藏的苟安文化心理

从19世纪初叶开始,西方文化开始大举登陆中国。在文化内容和根本精神上,西方文化与中国传统文化大为不同。代表中国文化主流的儒家道统在社会理念上与西方文化相抵触,有着与西方不同的封建士大夫人格理想,社会追求具有重义轻利的价值取向。可以说,中国对西方文化的接触或者接受是在现实的历史压力下进行的,而非出于对西方文化的兴趣。从主要方面看,中国文化怀有对西方文化的巨大轻蔑和抵触心理。不说在社会制度和人文精神方面,中国文化观念对西方文化仍然沿用它在历史上的夏夷概念,就是在对待物质世界的态度上竟然也发生了根本冲突,西方的科学技术遭到"奇技淫巧"的藐视。在义利之辨和重义轻利的冲动下,面对西方发达的科学技术不是仰慕和追随,为西方所为,而是以骄恣斜睨的心态,自居人文高地而轻视西方科技,即便在现实形势的致用压力下,也只是俯身选用西方技术,并未曾倾心于西方之科学,所谓"师夷长技以制夷"。正是在中西文化接触中的这种心态,造成了中国近代以来面对西方文化时产生文化自尊意识与现实致用效果之间的纠结,表现出文化决断的不确定性,涌现一波又一波的文化论争。其大体情况为,既不能无视西方文化的存在,又难以接受西方文化的灌注,处于文化依恋与实践效用的张力挤压中。从16世纪末天主教传教士东来中国,中西文化开始接触。其间值得深思的有趣现象有两个。一是身为传教士却以西方科学技术的传授为引线,宗教教义的传播反居其后,并取得良好的助推效果。二是大清朝上下对天主教传播并无特别反应,比较容易地接受了天主教,直到公元1704年罗马教皇颁令禁止中国教徒拜祖宗,才引起朝野的反对。后者侧面透露出天主教的到来只是填补中国人的心理空白,而当其触动中国人的某种已有文化观念时就发生了排斥反应。前者说明历法等科学非文化,而是对象描述之学,容许开放性交流,共同的认识对象和可以互相理解的主题关切,开创人际接近和交流。它所造成的人际了解和信任具有积极的社交场域搭建功能,能够发挥传教中介作用，帮助人们对陌生主题的倾听。其中显示出某种文化传播策略，即不能用文化推动文化传播。当西方的社会治理文化开始触动中国，激烈的冲突和论战便发生了。在把社会生活的不同方面区分为"体"和"用"之后，中学和西学占据其中的哪一地位便成了思想斗争的核心，有中学为体西学为用论，也有西学为体中学为用论。这种文化分治论，其实是面对西方文化的全面登陆之势而作出的维护中国传统文化的机械性文化要素选择，并没有深刻反思文化内容的整体存在要求，本身反映了中国文化在自我意识中的某种否定态度。在现实的压力下无可回避西方文化而被迫作出的敷衍，不是正视文化间的比较优势，而是回避同类文化内容间的冲突，切割一些本土文化中没有的内容或者无关利害的内容，以之作为"拿来"姿态的显示。尽管"中体西用"的文化变革意义如此微弱，还是遭到极力守护传统文化的华夏中心主义者的抵制，以义利之辨来防堵西方文化的重利精神污染中华文化人格的高洁不尘，坚持华夷之别而维护华夏文化的高傲。在西学中源说中，除了可以看到华夏中心主义的"面子"外，已经没有任何直接的文化建构意义。中日甲午战争的失败有点莫名其妙地宣告了洋务运动及其"中体西用"论的失败，这再次刺激了中国人对传统的深刻反思，并诱发全盘西化论，从言技、言政发展到言教。碰巧在西方也发生了第一次世界大战，同是莫名其妙地鼓励中国人看衰西方文化，鼓吹东方文化论（新儒家的儒家复活论）。令人不解的是，人们是怎么把一场战争必然地归咎于文化的。其间的粗糙在于，把全部社会现象都泛文化化，让文化承担了人间的所有幸福和痛苦，欢乐和悲哀，兴盛和衰败。需要精细分析的是，文化是什么，历史事件究竟包含了多少文化成因。可以看出，朦朦胧胧中，人们都在以社会存在效果为根据采取对待特定文化的立场，只是所看重的社会内容不同，而文化本身并未得到深入反思。文化效果各个侧面的效果考量，分裂了文化评论，所以历来都是机械折中，给中西文化分配共存角色。中西文化之间的接触和争论至今仍在继续，在长达400年的时间里，每当社会出现历史性挫折或道路选择要求，中西文化之争就必然应风而起，但一次又一次地陷入僵持，其中中国文化的守护者多以文化煽情获得大众支持，这也间接透露出文化具有自我存续意志并折射为人们的眷恋情感。

7. 蒙古征服者：政治战争而非文化战争

从公元13世纪初（1219年）开始，蒙古人先后向西方和南方进行征伐，通过三次西征占领大片土地，1225年后开始建立五大汗国（大汗汗国、察合台汗国、窝阔台汗国、伊儿汗国、金帐汗国），大汗汗国向南征伐灭宋建立了元朝。蒙古帝国是世界历史上最大的帝国，横跨欧亚。蒙古人世界征战的动机是纯粹的政治统治野心或者说领土扩张欲望，而非出于文化差异和敌视。在灭亡金夏之后，对于蒙古人来说已经没有理由为了边界和社会安全采取主动进攻策略。蒙古人的征战没有附加文化输出或者文化征服的目的。相反，蒙古人的文化是简单素朴的，他们没有鲜明的文化优越感，甚至豪放地没有关注自己的文化。因此，蒙古人所到之处并未介意甚至敌视那里的异己性文化，而是入乡随俗地适应甚至融入当地的文化。与蒙古大军对待人身的残酷无情不同，他们令人惊讶地表现出文化谦和，面对相异文化没有情绪化的轻蔑、讥笑或仇恨，而是相当平静淡然。他们的自我意识的构成结构和清晰性给人的印象出乎意外。作为游牧民族，蒙古人并没有丰富的文化内容，正因如此，他们所到之处没有感受到异文化的强烈冲突，在生活中自然而然地接受了当地文化。窝阔台汗国中的蒙古人像一股清水渗入了中亚。察合台汗国的蒙古人消失在西亚。伊儿汗国的蒙古人走进了伊斯兰教堂，金帐汗国的蒙古人混迹于斯拉夫文化圈，元朝（大汗汗国）的蒙古人很快采用了华夏制度以治国。柳诒徵概括道："然辖地既广，宗教各别，势不能取而一之，故各教之民，咸仍其旧。而蒙古之人，反多同化于他族。"[①] 这里

---

① 柳诒徵：《中国文化史》，东方出版中心1988年版，第548页。

或许是一个很好的刺激民族学反思的现象，即似乎作为民族存在不意味着文化的凝固。蒙古人缺乏思想家，很少文化积淀，在其武略光环之外，几乎没有形成自己民族的独特而深刻的文化观念。所以他们能开怀欣赏和分享其他民族的文化。蒙古人信奉的萨满教的"长生（青）天"不具有经典和丰满的宗教意义。但蒙古人的世界性文化贡献在于，用马背搭起了文化交流的政治桥梁。蒙古人的文化际遇也许可以说明：人们都有冲动，等待分享更充实的文化生活。对于成吉思汗的军事智慧，有一种近乎天才论的描述和解释："成吉思汗却是凭自己的脑子创造出来，既没有劳神去查阅文献，也没有费力去遵循传统；而有着征服他国的方略，消灭敌军、擢升部属等措施，也全是他自己领悟的结果，才智的结晶。"[①] 成吉思汗"因为不信宗教，不崇奉教义，所以，他没有偏见，不舍一种而取另一种，也不尊此而抑彼……他一面优礼相待穆斯林，一面极为敬重基督教徒和偶像教徒。他的子孙中，好些已各按所好，选择一种宗教：有皈依伊斯兰教的，有归奉基督教的，有崇拜偶像的，也有仍然恪守父辈、祖先的旧法，不信仰任何宗教的"[②]。

在蒙古人的经验中，可以得到一种启示，即要区分文化的竞争力和国家的竞争力。

8. 穆斯林文化与印度宗教之间的碰撞

印度是一个南亚次大陆的文明古国，具有丰富而深厚的文化，数学十进制等都原创地发生在印度。在宗教上，印度先后有吠陀宗教、婆罗门教、印度教、佛教兴起，而且都拥有广大信众，佛教传播到中国、东南亚诸国。这说明印度的宗教对人们具有高度的吸引力。印度宗教一般都关注人生的超越境界，把现在和未来连接在一起沉思人的存在及其意义，因此满足和迎合了人们对生存状态的关切和焦虑，增加人们的存在

---

① ［伊朗］志费尼：《世界征服者史》，何高济译，内蒙古人民出版社1981年版，第27页。
② ［伊朗］志费尼：《世界征服者史》，何高济译，内蒙古人民出版社1981年版，第29页。

展望，把生活建立在超越和现世统一的思考中加以筹划和评价，强调人的存在命运的自主性。印度的宗教观念经历了从多神到主神再到一神，最后到无神即"圣人即佛"的发展演变。在宗教观念和制度上，印度的宗教是温和的，各种宗教之间都具有前后相承关系，都是从前一宗教基础上发展而来，原有宗教至少在社会层面上没有以激烈手段封杀异教教义的创立和传播，让新宗教在自己身侧诞生和壮大。之所以如此，是因为它们仅仅赋予自己以对世界的认识地位（身份），而没有以绝对神的使者身份出现。其教义不论是自然历史造成的，还是教义明文规定的，它们都没有赋予教义学说以严苛狰狞的道德或法律面目。吠陀宗教就是在历史中开放性地积累形成的，婆罗门教是两种文化（雅利安人—达罗毗荼人）融合的结果，印度教是婆罗门教的改革作品，佛教是继承婆罗门教某些教义的结果。印度各教都有较系统的教义，所涉内容丰富而深厚、幽远，具有哲理性，细腻温润。有趣的是，这样一种宗教思想传统却在公元8—9世纪被入侵南亚次大陆的穆斯林的伊斯兰教所征服和毁灭。伊斯兰教以《古兰经》为唯一教义，要求信徒必须遵守伊斯兰教义，等待真主的末世审判。伊斯兰教信奉一神，穆斯林自信是真主派遣到人间的统治者。正是这样一个号称具有最简短教义的宗教，在公元9世纪进入印度北部并与佛教发生激烈冲突，以强力手段消灭了世界宗教史上具有最浩繁教义经典的佛教。印度的宗教以其超越性关怀和出世态度而与人的内心宁静愿望产生共鸣，并因其深奥而引起神秘的信仰，从而赢得人心。相反，伊斯兰教具有强烈的俗世立法和入世倾向，以简单的祈使口吻直言真主的生活律令，用许诺末日审判结果的方式作为听从真主的回报，以此吸引信徒和巩固人们心中的信仰。两相比较，二者在利用人们心中不同的追求来达到培育虔诚，在竞争人心方面具有同等的力量。但是，印度的宗教始终比较宽和，在遭遇不同宗教思想时不会泛起激烈的对抗情绪和压制冲动，而伊斯兰教以教义唯一为信念，绝对地坚持本教教义的排他性，可以发动对异教的巨大抵触情绪，具有掀起广泛的宗教冲突世俗化的现实行动能力。因此，佛教在印度本土失去了自己的存在。

9. 希腊文化的蝶变与蝉联：从希腊到"西方"

古希腊人的文化肇始于迈锡尼文明和克里特文明，史称爱琴文明。爱琴海沿岸的古希腊人以想象的方式构建关于世界的形象，创造了神话来表达他们对世界的思考和把握，用神作为世界的主宰。多利亚人南下虽然毁灭了原始爱琴文明的现实社会，但没有抛弃神话世界观，人们继续编织和扩大着世界图像的这种神话版本。在接下来的荷马时代，神话成为人们世界观的系统表达，在其中，包含人们对多神的信仰，神成为古希腊人的人格理想，神人同形同性，人需要以智慧接近神，在对神的崇拜中，实现了对人间世道的规范，人不仅在现世受到神的影响，而且尤其在人的肉体死亡之后，自己的灵魂需要被神所管理。在这个意义上，古希腊神话是真正的严肃宗教意识，而绝非一种艺术想象。古希腊神话以绝对的宗教力量渗透和制约着古希腊人的生活。但是，按照古希腊神话的描述，神并不直接统治人，并不具体干预人间世事，而是仅仅提供了照亮人的理智的火，赋予人们自由思考和决断的权利。古希腊神话对神的崇拜是能力崇拜而非神秘威权崇拜。古希腊人通过神界的道德冲突表明道德冲突的绝对客观性和不可回避性，提出世界冲突和悲剧的严肃性问题，从而进入沉思并鼓励勇敢面对。也许是由于形成过程的分散性和形式的多样性，古希腊神话并没有把自己绝对化和封闭化，没有傲慢地排斥一切其他思考和话语的可能性，相反在自身中有一种温和地对待其他思想的积极开放态度。古希腊神话带给古希腊社会以在坚定的信仰之外的活跃思想气氛，提供了思想发展的某种空间，为从神话延伸出人话创造了条件。正是在这样的文化宽松条件下，古希腊人借爱神之智慧而像在神话中驰骋想象一样，自由发挥人的理性，发展出了有关世界的理性探索话语，哲学、艺术、政治学、科学诞生并大放异彩，形成了古典文化。这一文化转型将神话文化视为无害的而与之和平共处，但是在

文化竞争力批判——实践一种捕捉哲学真理的精准操作方法

神的智慧和力量之侧树立起人的理性和自由意志，并使之成为人的现实依赖，人要立足理性追求自己的圆满存在。神使人有了理性，人要借用理性而触及神。古典文化之下，不信神就是藐视和否定人的神圣性（理性），因为理性具有其神圣渊源。在此，神奇的是，古希腊神话开放了古典文化精神的可能性，而古典文化在对神进行现世祛魅时，用理性为自己的独立自由辩护而没有触怒神话，悄然实现了基本现实生活原则的系统更替。神话时代仅仅被抽象地思考的诸多理想，在古典文化中得到进一步具体化反思，使之更贴近现实存在，它成功地把神话中的想象性答案转化为理性中的问题，神话思维说"是"，它接着提问"何以是"。在文化的这种回转中，顺利实现了边缘—中心的互调。古希腊古典文化的这种价值取向，没有因为现实政治统治的历史变化而遭遇挫折，相反却跟随政治中心的变迁而从雅典到马其顿，吸附在不同民族之上，或者反过来说，不同民族追求和接受同一文化精神。这种情形进一步展现在古罗马世界中。古罗马人征服了希腊，但是古希腊文化却脱离希腊国家的政治社会衣钵而渗入罗马人的灵魂之中。希腊文化被罗马人广泛推崇和模仿，更为重要的是，古希腊文化的建构方式和取向支配着古罗马人的文化本土化过程，在求实致用和理论精确的双重追求的平衡中，综合文化拿来、本土文化和现实存在三种因素，开拓有效文化的创造事业。可以说，拉丁文取代希腊文没有实质上的文化独立意义，仅仅具有文化建构自信和文化身份符号的标志形式功能。通过罗马国家这一庞大的政治构筑体，古希腊文化成为真正的西方文化，褪掉地方性色调而博得相对西方世界来说的普世指导地位。在此，文化显现出它相对民族国家这种政治实体的存在独立性，后者成为文化的承载工具，帝国间的践踏恰好实现了文化空间的扩展。文化并不必然黏附在创生它的民族上，反过来一个民族脱离一种文化也不一定衰败式消亡。文化是一串可跨时空分享的生存艺术符号。从神话到古典文化，再到罗马拉丁文化，尽管文化内容发生了很多变化，但有一个隐约同一的神韵贯彻其间。罗马帝国的

解体和覆灭并没有中断希腊文化传统，征服者日耳曼人迅速沉浸在罗马文化中，之后的各个日耳曼王国秉承罗马文化的精神制定社会生活的原则。法兰克王国、德国、法国、意大利，区分它们的仅仅是军事政治的分裂对立和界线，而非具有不同的文化经典标志。相反，基本相似的思维方式和生活兴趣贯穿欧亚大陆。在文化的这种变迁中，展示出一种可能性，即文化构成元素（文化关注的问题）是常态恒定而多元的，但在元素不变的条件下，元素的文化构成地位发生错动变化可以实现文化转变。

希腊文化没有随希腊城邦的衰落而式微，反而在世界各地光大。这说明文化的载体是多元的，不仅仅是政治国家或民族国家，政治和社会的发展状况并非与文化是必然联系的，民族的兴衰也不是文化的一元变项的函数。一个创造了某种文化的民族在历史中可以丧失这种文化，而这种文化却成为另外民族的实践工具。文化的作用需要一些特殊而偶然的社会条件或者说"酶"体。

10. 古埃及文化的运数：耀眼的流星

在四大文明中，古埃及文明最悠久灿烂，远在公元前3000多年前就创造了文字，在尼罗河两岸兴起了一座伟大的农业文明大厦，在天文学、算术、几何学、建筑、手工艺等方面取得了辉煌的成就。历经近3000年的王朝统治，古埃及在多神崇拜中进行的王权辩护下，呈现神授王权专制统治政治形态。古埃及人的文化成就都是在实用兴趣下取得的，也以满足实践活动的需要为顶点，所以没有发展到知识的纯粹理论表达和理论研究形态。神话是古埃及人世界观的表达，通过神话故事他们理解和把握世界。诸神都具有特定能力而非万能，多神共同创造和维持世界的存在。神具有人格特征，互相间有生成，有合作，有斗争。人间的生活情形被诸神之间的关系所决定，有王国，有战争，有生，有死。古埃及具有奇特的死亡文化，把死看成另一种生，并且更加重视死后的生活，努力为之作出毕生的辛勤认真准备。法老（国王）就是神支配人的生活的中介，是通神者。因此国王被赋予对每个人的至高权力，人们必须绝对服从。人间的关系正是诸神之间关系的反映。古埃及人非常看重秩序，将其作为整个文化的核心价值，与平衡、公正一起成为社会主导意识，这种观念意识被称为"玛阿特"观念。这种观念在古埃及文字诞生之前（3000年前）就已经出现，开始支配和引导古埃及人的思考方式。关键是，在古埃及人的心中，这种秩序是诸神的安排，因而被赋予永恒、绝对和正确（正义）的属性，或者说神性。古埃及人的多神是结构关系中的多神，否则就不能解释多神崇拜下对王权的绝对集权化的合理化逻辑。对于秩序的无限辩护和恪守，造成文化变革的极大困难，取消了文化的历史想象空间。古埃及人对秩序的神化激发对变革秩序的普遍仇视，压制一切文化变革冲动，并为打击文化变革者的一切手段的残暴和无耻进行绝对辩护。科学在这种社会极其易于蜕变为御用和御治的，而在丧失自由探索属性的条件下，也就失去很多可能的发展机会。正因如此，古埃及的许多科学认识满足于应用而终于开端。走上认识的专业化道路而转型为一种纯粹理论兴趣，是文化发展的关键。古埃及文化在各个存在维度上都停滞在起点上，因而其文化展现出只有空间而无时间的特征，即虽然在历史上陆续产生文化的灿烂星火，却没有连续的纵深展开，而仅仅是各个文化现象的闪现事件的并存。王权为虚伪地假饰神性智慧，必然与民争智，掩盖民智，巧取民智，豪夺民智。古埃及王权把人的今生来世都掠夺在自己手中，有足够的手段、资源让人人服从这种安排并解释这种安排。所以秩序的钦定化必然导致社会观念的凝固。因此，虽然古埃及文化从其存在上看具有精致性、智慧性和优雅性，但是却总归被平淡所埋没，激情式爆发之后不再惊奇连连。在神话崇拜的语境下，一切现在事物都被赋予特殊的秩序意义，就连文化也被赋予这种神性而立刻凝固。这种文化的基调是顺天用物，以日常生活的基本调适应手为满足，文化设定的合法需求为人的基本生存条件。所以古埃及文化缺乏对多于实际需要的纯粹财富和纯粹知识的渴望，却充满在神话崇拜所设置的权力之特殊意义下，投入内部的与外部的权力斗争的十足兴趣。古埃及人具有知识大门的开启智慧，却没有继续专题化关注的反思兴趣。

　　古埃及文化在公元 7 世纪随着阿拉伯人的入侵和文化摧毁政策消失了。也许可以对这一历史事件简单地直观为一种军事政治失败的后果，但如果细致追究，则可以发现这种归因并不准确。外族的军事入侵和政治统治给两种文化的直接碰撞仅仅创造了外在条件，文化之间的竞争性对抗才是最终造就历史的原因。古埃及文化各种构成内容普遍具有复杂烦琐特性，从象形文字到多神崇拜的宗教，再到科学知识的表达方式，等等，都没有进化到简洁高效水平，文化主要观念间存在龃龉，这就造成学习和践行上的难度，同时在遭遇其他异文化时也会在人心中产生比较劣势。其后果为，缺乏坚守和捍卫一种文化的意志。比如阿拉伯数字更简单优美、主张人人平等的伊斯兰一神教比强调等级秩序的古埃及多神崇拜更有吸引力。文化只有顺人心、合人性、有效率，才能捕获人们的喜爱。另外，古埃及文化中没有设立动员保卫文化自身的指令，所有文化内容都是神的而非人的，即没有与人的存在紧密联系在一起，因为秩序是神设立的，它的丧失也只是诸神的失败。古埃及文化对自己的存在似乎持一种平和态度，没有捍卫自己的那种疯狂。神话故事的多元叙事系统让人们自然感觉到神话教义的非绝对性，从而可以树立适应不同宗教观的潜在立场。古希腊神话的多神崇拜、罗马人一神论的基督教对解释的理性开放，都与古埃及神话有某种神似，从而实现同质条件下的交融共存。但是，伊斯兰教具有教义刚性，与古埃及神话的多神崇拜完全异质，难以对古埃及神话宽容相待。一方教义霸气，一方缺少抗争血气，对撞的结果便可以料想。古埃及文化在其自我意识中有温和、柔弱、保守、精细、爱智等属性，这决定它的危机反应方式和能力，因而它在历史中的陨落不无必然性。

　　11. 独步天涯的阿拉伯文化

　　正当欧洲陷入政治混乱而基督教一统江山，埃及受到罗马托勒密王朝统治，西亚经历了诸多王朝和帝国的混战相继远去的时候，部落林立纷争，地处沙漠荒原的阿拉伯半岛上的阿拉伯人，在公元7世纪初却突然兴起，穆罕默德于622年以伊斯兰教创立者身份离开麦加而前往麦地那，在那里建立政教合一的伊斯兰政权，并迅速扩展统一阿拉伯半岛，之后在大约200年的时间里进一步东征西讨，形成横跨欧亚的伊斯兰帝国。令人惊奇的不是作为一个落后的蛮族进攻和征服了诸多有着不薄文明史的其他发达民族和国家，因为这在历史上已不是第一次，之前有马其顿人征服希腊、罗马人征服埃及、日耳曼人征服罗马，而是它建立了自己的文化系统并以之强硬同化了其他文明地区，使之成为完全的穆斯林社会，并取得了显赫的文化发展成就。在伊斯兰帝国范围内，有宗教信仰的整齐划一场景，也有各方面学术研究的硕果累累局面。在《古兰经》中，穆罕默德以安拉特选的唯一使者身份传谕神的意旨，其中安拉以唯一最高神的绝对口吻向人们颁布训示和许诺，信真主者得幸福，背弃真主者遭惩罚。真主决定人的现世，也掌握人死后的存在状态。《古兰经》对人们的生活方式和伦理规范作出了严格规定，更为重要的是，赋予了这些规定以至高无上和刚性化普遍地位，无可置疑，不可变动。

　　伊斯兰信徒是安拉在人间的代理统治者，负有统一世界，把一切民族都变成穆斯林的使命。正是这种宗教自我意识，让伊斯兰教表现出征服世界的强烈冲动，在对待异教徒时也冷峻异常，给人以果断坚定印象，他们用实现真主意志这一目的为一切手段进行辩护。《古兰经》有对人的理性的一般肯定，但没有针对世界作出具体断言，因而理性的运用成为伊斯兰教教义的一个模糊空间，容纳了许多科学研究，取得了丰硕而辉煌的成就。申言之，是伊斯兰教义关于物质世界的描述空白使它包容了可能的科学研究，对于伊斯兰教而言，真主未言者人才能言说之。所幸，人的求知天性借助伊斯兰教教义的科学话语空白而进行的自由理智运用充实了纯粹学术空间。伊斯兰教未主张只做它规定的，不准做它未规定的。伊斯兰教教义以空白形式为人对自然界的认识留下了空间，而它对人们追求幸福生活的期许为从事科学研究准备了伦理基础，但它限于实用而没有为科学提供一种为知识而知识的纯粹学术态度。伊斯兰教具有浓烈的权威意识，是理想的、不妥协的。伊斯兰教要求绝对服从真主，消灭一切不信真主和背弃真主的人，要求一统天下而成为世界宗教。伊斯兰教教义的内容十分具体、详尽，具有清晰完整的规范结构，又凭借安拉的全知全能赋予这些教义以绝对权威性，所以它具有鲜明的践行边际，是非判断简单明确。正因如此，它容易掀起大规模社会行动，可以对抗和战胜那些异教或异文化族群。

二 归纳逻辑语境下关于文化的经验断想

1. 经验认识的假设本性

事物的直接现实存在中蕴含一切致成其存在的原因，包括存在的因果关系和存在得以保持自己存在的构成要素。因此在逻辑上可以面对事物的存在现象认识其存在规律。事物的历史性存在或者说在时间中的展开和重演，增加对事物认识的可能性。因为事物的历史性展开是由事物的普遍规律支配的，所谓历史与逻辑相统一，而历史中的逻辑是由事物本质规定的。当然，本质也并不一定表现为现象的重复。在单一事件中也包含成就其存在的本质内容，可以感受和分析其中的本质规定。前者可以借助归纳方法加以发现和确认，而后者可以通过直觉获得启示，在感觉中直接经验到其某种内容。

尽管如上所述，存在在逻辑上包含了其本身的全部可描述内容，但是，认识能力和认识过程并不一定当下完全获得与存在对称的存在信息，在其对存在的直接把握中可能不能完全准确地揭示事物存在的内容。申言之，必须审视面对现象进行归纳和直观的权力及其有效性限度。因为无法保证人的经验直观能力与存在的内在构成的绝对对称性，在存在内容、存在形式、存在内容的关联秩序等方面，经验直观都不能保证具有透视性。另外，可观察的事物存在现象，是各种可能原因交互作用的结果，这种原因的复杂性也未必能够完全直接呈现，从而造成基于存在现象所作归因分析的疏漏甚至错误。总之，建立在经验内容之内的直接断言，在严肃评估其中的认识风险后，所能赋予它的最好认识属性也只能是一种假设，其真理性有待某种全面揭示事物存在本质和普遍原理的认识过程加以核定。这种与经验直观异质的认识，形成对假设性经验判断的论证，在其中提供支持经验判断的完备根据，其论证收益可能溢出判断之外，即在论证中绽放的事物的普遍本质和存在原理可能牵连出与待证经验判断无关的知识，也可能诱导发现与待证经验判断同质的更多具体判断，而待证经验判断的前途则可能被确证，也可能被否定。

  古希腊哲学家柏拉图曾经提出一种认识模式，即从假设出发，经过论证，最终消除假设而把假设提升为真理。遗憾的是，他并没有清晰阐明这种认识道路的原理和逻辑，没有深入解释这种认识模式的操作方法，也没有实际践行而给出一种范例。而这一模式的表述让人感到莫名其妙，因为以假设为出发点的论证何以消除自身的假设属性，是一个带有巨大疑问的问题。这里可以给出柏拉图认识模式的一个认识论范畴解释，即经验判断是一种假设，它是诱发认识的认识目标，是认识的启动环节，设立起一个问题。所谓从假设出发，只能理解为认识论意义上的，而不能看成逻辑意义上的，即不能把假设作为论证的理论出发点。如果这样，那就必须接受一种后承式论证格式，即如果 A，那么 B；B，所以 A。但这是不安全的，在不能确定 B 结果是否存在多因的条件下，这一论证逻辑是不能接受的，其实质为从 A 出发得不到一个可接受的结果。认识的认识论程序与逻辑程序具有完全不同的意义，前者是思想活动的发生学描述，后者是思想观念间的直接存在关联。当从一个认识论上的假设出发，而为其寻找逻辑意义上的论证时，一场严肃而艰难的认识才被正题化而真正展开。为一个假设性论断构造理论论证,也就是为其提供可信性支撑。这可以有两种性质不同的构造方式,即心理加强型的和逻辑证成型的。前者只是提供可以增加可相信度的证据,各种证据间平等而同质,并不能造成有效的根据梯次关系,不能生成对假设的理解,不能免除待证论断的真理概然性。比如归纳论证。后者暂且放下假设性论断而从某种可以相关于假设性论断的占据更高存在地位的事物或普遍原理入手,将其作为最高根据而进行分析推理,在根据链条的逐次下行构造中,获得待论证的假设性论断,从而完备论证其真理性。在这一过程中,作为根据出现的一系列普遍概念或原理可能展现出更多没有预料到的理论论断,原来的假设性论断的证成仅仅是其理论收益之一。当然,也有一种可能性,即原初的假设性论断并不是在论证过程中获得简单的重复表述,而是被修正、限制,其意义更加具体化,也许甚至被否定。两相比较下,就柏拉图的认识图式而言,合格和应该采纳的论证是逻辑论证而非心理论证。在逻辑论证中,假设性论断仅仅在严肃理性态度下提出其论证需要而诱发问题,其正题需要在假设性论断之外另行设计起点和程序,基本要求是必须保证每一认识论断的普遍性和必然性。假设性论断与论证之间具有完全不同的认识形态,一个为偶然性经验认识,一个为必然性理性认识,在知识的逻辑联系上是断裂的,不能有直接的知识建构关系。但是,作为认识的认识论出发点,假设性经验判断却可以成为勘测确定正题性论证入手点的分析基础,引导和设立起正题论证的具体认识任务,包括起点、展开方式等。对假设性论断的存在相关关系和逻辑相关关系的分析可以完成这一认识任务。可以说,没有假设性经验论断,在逻辑上就不可能获得认识方向即拟议的认识主题,从而不可能有任何认识发生。

2. 被世界文化现象触发的偶然断想

面对诸多世界文化现象,也许不同人或者同一人在不同时刻会有不同的感触,这里要提及的是如下两个文化断想。

假设1：文化接触必然引向文化竞争或冲突命运；

假设2：类似人人具有特殊的人格气质，文化也内在文化气质，它潜在地支配文化的世界反应方式和选择倾向。

关于假设1，作出其断想的缘由相当直观，就是在历史上，不论是不同地域或民族的文化，还是同一地域或民族的文化的历史转换，都发生了文化观念间的对抗，一种文化都表现出维护自身存在的本能冲动。在此需要准确说明的是，文化间的关系不是抽象的文化内容整体之间的关系，而是具有同一对象所指的特定文化内容之间的关系，历史上不同民族文化间的存在争夺都发生在某些内容间，而不是所有文化内容普遍参与文化对抗。

关于假设2，其根据远非假设1那样直白和清晰。通观世界历史上的各种文化的发生、存在和变化，在其直接的文化内容之外，似乎都具有自己的某些个性，隐约地让人感到背后有某种文化构建形式、文化应对世界的反应倾向、文化自我定位、文化开放态度、文化规范刚性等属性。如果拟人式地描述文化的这种潜在属性，可以像用"气质"来表述一个人的人格那样，把它称为文化气质。人的气质虽然有难言之状，但它却在人格结构的底层决定人的行为方式。文化气质亦然，它蕴含文化存在的基因，是彻底理解一种文化所必须把握的文化构成要素。需要强调，文化气质概念完全不同于一般所谓的文化特质。文化特质一般表现在文化的经验存在中，可以直接从文化的存在内容层面上直接观察获得，属于文化规范的某种相对共性，比如有人说中国文化的特质是重伦理。而文化气质与文化规范的内容无关，没有内容交叠，相反，仅仅与文化的存在形式和抽象创设方式有关，它先验地支配对可能世界刺激的反应方式。

三　严肃真理态度中灵感的认识亏缺：论证

基于经验现象的任何论断，不论是简单个例下的直觉，还是经过归纳方法过滤的论断，在逻辑上都缺乏知识的理性可靠性。因为，作为关于事物的本质描述，这些论断的实际认识历程均为从有限个别特殊存在开始，中经心理学意义上的感受性认识行为而直达最终论断，并没有逻辑上的论断根据的有序连续过渡和紧密连接，换言之，也就是在"是什么"之后缺乏"为什么"。这构成一种认识的逻辑跳跃。其不安全性在于，首先，认识跳跃所横跨的是偶然性到必然性，认识的对象材料一侧为经验存在，显现为偶然性，而论断一侧为对事物存在规律的描述，带有必然性，其间的模态转换缺乏逻辑支撑。其次，认识起点的内容是特殊的、具体的，而论断的知识形态是普遍的。这种从特殊到普遍的跳跃没有可靠根据，因为无论怎样延伸认识的特殊材料，都不能遇到生成普遍性的累加节点。最后，论断内容的存在关联隐晦不明，论断成立的限制性条件、论断内容的完备性、论断内容的正确性等，都处于悬疑中。因为论断内容是跳跃而孤立出现的，所以论断内容所可能牵连的存在关联并未加以敞开。论断内容按照其经验认识性质，仅仅是在经验材料中有所显现，并不是纯粹的知识存在，其间可能夹杂非普遍必然性内容，或是被某种特殊内容渗透而遭到了歪曲。为消除这种不安全性，只能设计和展开满足知识的理性标准的论证，即重新构造知识根据的完备系统，在其中充分赋予论断的精确意义并生成其普遍性和必然性，发现和补写与其相关的其他知识。

论证的前途具有不确定性，新存在内容的发现或许添加问题，或许否定原来的经验论断，或许纠正和改变原来的问题，或许补充新的论断。因此，为经验论断制作论证就是步入前途难卜的可能世界领域，其认识结果选项具有开放性。

四　文化内在分析的哲学诉求

经验论断需要为之补写论证，但如所分析，这种论证具有与触发经验论断的认识完全不同的性质，这便决定论证不能再沾染与原初经

验论断相同属性的认识，必须告别一切实证认识。具体到文化经验论断的论证就是，文化人类学、文化社会学之类的研究方式对于文化经验论断的论证在逻辑上是无效的，因为它们的根本基础是经验观察和描述，所作出的一切结论本身都是需要论证的，与待论证的文化经验论断同质，无法跨越到论证性认识范畴中。长期以来，文化研究中的实证方法广受欢迎和重视，也取得一些令人兴奋的成果，但在严肃的理性态度下，它们都不再能够延伸到论证性认识领域。它们相对论证性认识的缺陷是逻辑性的，无法通过自身的某种修正和改善加以克服而改变论证效力。

那么，何以寻求关于文化的经验论断的论证？

由于给灵感性经验论断制作论证，从肯定意义上说就是寻找能够致成经验论断的必然观念序列，其逻辑结构为观念的根据性制约关系，表现为高阶普遍观念限制相对低阶的观念，所以论证的认识建构材料是本质性概念和普遍原理。

就论证的目标是揭示必然存在关联，其有效认识单元是参与存在关联的存在物的存在构成而言，存在构成分析是论证的直接认识形式。适应论证的知识普遍性和必然性要求，这种存在构成分析对内容具有特定要求，即应该是本质分析。在逻辑上，不论论证系统多么庞大和复杂，其效用都是简单的，即确定地刻画存在的构成内容及其存在形态，赋予对事物的理解以穿透性、清晰性、完备性，使之达到认识确信。需要指出，任何一种经验因果，在某种健全完备的存在构成分析系统中，都可以还原为本质规定关系，因为真正的因果事件中从因到果的诸环节，都应该是存在的本质关联效应。反过来说，每个自然因果论断，只有得到了本质构成分析的支持，才能是一个真正的因果关系。经验因果形态范围内的因果关联重复性演示，不能形成有效的论证，其功能仅仅是增加对这种猜测性因果现象的信度。

以存在构成分析为展开形式的论证由以下原因所决定而必然是逻辑

分析。首先，参与论证的内容间必须具有存在关联的连续性，不可以出现跳跃和断裂，否则即丧失论证的本真性和强制说服力。因为论证的目的就是要建立待证明经验论断的存在必然性，揭示其在存在构成的系统内容中的地位，使其获得充分的根据。而如果论证中夹杂了存在关联的非连续性环节，则在逻辑上即行判定其根据性灭失。其次，事物的存在构成关系不是可以直观描述的，而是需要按照各种特殊内容之间的规定性的存在关联可能性去加以分析和阐释。因为任何经验给予的存在内容都是平行并列呈现的，其间的逻辑关联并未在感知中展现。特定内容之间的相容性、矛盾性、依赖性是进行存在构成分析的抽象基础，具体结合只能在特殊分析中加以确定。也就是说，存在构成关系的设立不能在经验给予材料中进行，而只能在纯粹主动的思维中完成。最后，存在构成分析不能局限于经验给定的内容而仅仅作内容间关联结构的确认，而是可以超越给予存在内容而作出新的存在论断，或者根据某些内容设立它们之间的关系，或者在特定内容间的制约作用下生成新存在内容。因为，经验给予内容相对存在的本质构成是不完全的，至少不能显现存在的某些本质构成内容。这就是说，超验性是论证中存在构成分析的本性，在思维中创生某种存在内容是论证的内在要求。这三种属性决定，论证性认识是一种逻辑分析思维。

关于存在的一般构成分析当然应该以所有可能的存在内容为对象，可以包括个别的偶然的特殊内容和一般的必然普遍内容。但是，作为论证的构造内容，必须是后者。因为论证就是要必然地说明待证论断的真理性根据，证明其存在的确定性。而只有保证存在同一性的存在构成的普遍本质内容，才能满足这一要求。因此，为进行论证所作的存在构成分析的思维材料，必须具有普遍性。需要追问的是，一个存在内容怎样获得自己的普遍性确认。在论证中，针对一个存在进行存在构成分析，以保证普遍性的方式切入认识对象，那种首先获得确认的内容就是该存在的"原初之是"或者说"本然之是"，它们由此获得普遍性。也就是说，存在地位或认识序列优先，便附加给相应内容以一种普遍性。同理，普遍内容之间也根据相互之间存在地位或认知序列的优先性差别，而产生普遍性的相对高低之别。

对论证一个经验论断的上述分析揭示出论证的三种属性，即思维方法上的逻辑分析性、思维结果上的超验创新性和思维内容上的普遍性。三者之间具有互相一致和支持关系。内容普遍性提供逻辑分析的实施条件，因为普遍性具有存在同一性的保持功能，同时也内在与相关存在内容发生存在关联的可能性，这使得可以考虑和设立其必然存在效应。逻辑分析方法赋予思维以主观作为机能，可以在超越感性经验的纯粹思维操作中展开思想观念的创造。而思维结果的超验创新性为论证生产和提供论证性认识活动所需要的普遍内容，因为活动在纯粹思维中的超验和创新性思维的结果必然是普遍的。此三者协同缔造了一种思维的现实存在，构成一种封闭性的存在关系而非可分离的因果关系，因此不能追问三者中的开放性根据序列，而只能谋求能够成功切入三者之间协同作用的认识对象。构造论证的这三种思维属性一致于按照知识形态考察所确定的哲学本质[①]，恰好落入哲学思维范畴。因此，论证发生在哲学领域内，必须是一场哲学活动。

虽然作为哲学的论证具有纯粹思维的认识品性，但经验认识在设立哲学问题时却不可或缺，发挥触发哲学论证的作用。因为，哲学论证不可能自动自主发生，其参与内容都不是现成给予而当下可感知的，存在经验只能平列各种构成内容，有些构成内容还被其他内容所遮蔽，不能呈现它们之间的逻辑关系和本质规定关系。这些关联关系必须在全部内容在意识中都到场的条件下才能真实、完备、准确地呈现。然而，按照提高认识有效性的元哲学认识的筹划原理，不完善的经验存在却呈现了存在的一角，不但提供了认识的对象，而且沿着它所展露的存在进行因

---

① 崔平：《关于哲学本质的一般知识形态学演绎》，《社会科学战线》2009年第1期。

果追溯,就可以发现决定其存在的最高存在物,由此获得综合认识的起点性认识对象①。

五 哲学思维样式的逻辑发现与哲学文化学的权利

19世纪末以来,文化成为一个备受关注的学术领域,提升为重要的研究对象,形成了持续的研究热潮。其间,涌现了形形色色的认识形态,如文化人类学、文化社会学、文化符号学、文化哲学、文化现象学等。在这一文化研究列表中,虽然有哲学的身影,但她并不夺目,而是位居人们兴趣的边缘,没有发挥主导作用。事实是,泰勒的《原始文化》作为文化人类学开启了这场文化研究热潮的序幕,并主导了后来的文化研究方式即实证考察方法。文化人类学就是以人类学的研究视角和方法对待文化,把文化放在人类的一种精神存在意义上加以研究,从历时态的文化历史存在现象中,观察文化并努力作出文化存在和发展的一般论断。文化社会学是着眼现实存在的构成维度,把文化看成一种社会现实存在,通过文化的社会存在现象来分析文化的构成原理和变化条件。文化符号学是把文化看作一种符号化的观念体系,按照符号学的普遍理念去研究文化,发现文化的符号性存在原理。文化哲学是在特定哲学理论的指导下,以文化的存在内容为依据,作出关于文化存在普遍本质和存在原理的论断。文化现象学把文化看成一种主观意识构成物,针对其现实意识显现进行现象学方法指导下的分析,试图揭示文化的普遍存在结构和观念生产形式。值得注意的是,虽然各种文化研究之间存在诸多差别,但有一点是相同的,即均从文化的经验存在出发,将某些文化存在现象选择性地纳入预先采纳的理论立场之中,作出所谓普遍论断。这直观地反映在各种文化理论标牌的后缀式限定结构中:文化—人类学,文化—社会学,文化—符号学,文化—哲学,文化—现象学。实证方法贯穿其中,

---

① 崔平:《实践唯物主义哲学建构:误会与挫折》,《阅江学刊》2020年第5期。

裹挟了文化研究的思维方式，就算哲学也没有能够坚持本身而独立其外，实证化地搜集文化特殊内容作为某种哲学立场的脚注或证明。文化现象学号称要直接面向文化本身，但是也怀揣先入之见地把文化设定为现象学的合法对象，即具有可进行现象学式分析的存在特征。在实证认识倾向占主导地位的情况下，哲学偏离了自己的本真形态而难有独立建树，在诸多更具有实证色彩的文化理论中，显得位处边缘而身影暗淡，不论从研究者的数量和声势，还是人们的关切和兴趣看，文化哲学都呈现出相对的惨淡景象。

近150年来文化学的实证化取向有其原因。一来经验性认识是人们最日常、最直接、最易操作的认识，是一条认识的自然之路。二来被近代自然科学的巨大成功所鼓舞，人文社会科学极力模仿自然科学方法，而实证研究被认为是自然科学方法的核心，因此产生强烈的实证化冲动。这进一步加强了人们对文化的经验研究信仰，使之得到来自外部的合法化论证。强大的实证认识浪潮让哲学感到迷惑和退缩，在没有获得新的强有力自我辩护和建构功能阐释情况下，它也只能迁就实证认识方法而作出妥协，尾随文化经验而从事诠释和注解。

要打破哲学在文化研究中的这种尴尬处境，就必须进行两种批判和澄清。第一，自然科学的认识本质及其实证环节的本真认识贡献。第二，哲学认识的可能样式中是否包含切合文化研究某种任务的样式。

关于第一个问题，核心在于回答实证性归纳是否就是创造或者说发现科学原理的全部认识，换言之，归纳能否直达科学普遍原理。对于科学研究的粗糙直观诱导人们相信科学认识就是实证归纳，科学原理是实验出来的，是归纳出来的。从科学认识活动的可观察行为看，可以支持这种论断，科学家们都在进行着实验和归纳。但是，除了这一显性认识活动之外，科学认识还有一种他人不能观察的隐性思维活动。在认识的发展程序上是从显性实验归纳到隐性观念创造。在逻辑上，归纳不能直接生成普遍原理。因为归纳所操作的认识内容为特殊经验存在，是普遍性原理与特殊内容纠缠混成的结果,普遍原理没有自己的可分离的独立表现,有时或许根本没有经验中的显现。这就决定归纳无法推出严格和真正的普遍原理,其认识贡献仅仅在于,经验存在的普遍性以其与普遍本质和原理的逻辑上的关联关系,保证对经验普遍性内容的发现可以合理地引导认识的关注方向和问题设立,或者至少可以提高这种可能性。但问题设立思维与问题解决思维之间具有异质性。设立问题是基于经验普遍性而概然有效地提出一个问题,即"这种现象背后的本质性存在关系是什么";问题解决却要求进行逻辑分析,寻找恰当的入手点来构造可以有效解释具有经验普遍性现象的理论,其构筑材料是事物的普遍本质和存在原理,认识者必须面对问题而发现或创造出它们。在解决问题的认识论断中没有实证归纳的参与权利。归纳推不出普遍原理这一点也被有关科学家所亲证,爱因斯坦就曾报道普遍原理不是归纳的直接结果,科学史上也有诸多非归纳性灵感或顿悟造成科学发现的事例。可以明确的是,科学理论的正题性构造是观念的创造过程,实证归纳充当其预备性方向厘定的前行者。而就论证必然具有哲学的思维结构而言,一切科学认识一旦提高认识品质要求,从经验因果构造转向本质根据追问,就必然迈入哲学思维领域。

关于第二个问题,回答的困难在于哲学概念的不确定性,即因为如何定义哲学尚无普遍接受的确定答案,所以其可能的认识样式问题便陷入分析的前提缺失状态。而对哲学是什么的回答,直接影响文化哲学的做法空间。只有明确了哲学的定义,才能可靠描绘文化哲学的可能样式的谱系。

从所谓的哲学史出发进行归纳定义是广为流行的哲学定义方式,但是这种方式在逻辑上有两大缺陷。一个是逻辑缺陷,即什么样的理论被归入哲学史依赖哲学概念,因此相对哲学定义语境来说,预设哲学史已经是在窃用哲学概念,构成实质上的循环定义。另一个是认识论缺陷,即如此定义哲学的认识归根结底属于归纳方法,前面已经说明,其结论

存在相对前提的认识跳跃，是偶然的特殊的，而非必然的普遍的，不符合概念定义的认识目标的内在要求。从哲学史入手定义哲学概念又有各种做法，即或者从对象，或者从问题，或者从思维方式来定义，等等，它们会带来进一步的特殊性和偶然性。

跳出哲学史而给哲学无独断地下定义的一个方法是，从知识形态的普遍分类入手，从中发现可以被叫作哲学的知识形态或者说呼应人们既有的哲学感觉的知识形态。根据《关于哲学本质的一般知识形态学演绎》①的分析，其逻辑步骤为，针对知识的一般逻辑形式即判断展开内在构成分析，刻画其可能的存在形态。其要点为，判断由主词和谓词构成，主词有质料（对象）、量（全称、特称）的规定，谓词有模态（偶然、必然）规定。另外，判断作为综合关系，必然要求扩展判断间的关联而形成判断间的结合。判断的质料或为概念，或为实存。判断之量只有全称或特称两种。判断之模态只有偶然和必然。知识结构只有收敛性层级和开放性网络两种。"判断质料、量相、模态各自所包含的不同特性和知识的不同结构之间具有组合的相互选择性和匹配要求。而每一种逻辑可能的组合就构成一种知识形态。"②按照组合的严格数学规则，它们之间可以产生16种组合，但其中只有两种组合合乎逻辑要求，即实存—特殊—可能—网络结构、概念—普遍—必然—层级结构。这两种知识形态内在要求不同的特定认识方法，前者要求使用归纳—猜测方法，后者要求使用分析—推理方法。用不同的认识方法生产相应不同形态的知识，即生成一种知识问答，前者构成被称为科学的东西，后者构成被称为哲学的东西③。哲学并不与特定对象、特定问题相绑定，而仅仅是一种知识形态，它可能指向任何可能的对象和问题。哲学的对象开放性使得一切存在都可加以哲学研究，关键在于认识的任务设定是否要求哲学这种

---

① 崔平：《关于哲学本质的一般知识形态学演绎》，《社会科学战线》2009年第1期。
② 崔平：《关于哲学本质的一般知识形态学演绎》，《社会科学战线》2009年第1期。
③ 崔平：《关于哲学本质的一般知识形态学演绎》，《社会科学战线》2009年第1期。

引论　范式再平衡：哲学重返文化研究的中心

认识形式。由于认识的需要或者认识中偶然的操作混乱和任意，在同一问题的解决过程中也许可能出现科学与哲学并举的状态。耐人寻味的是，牛顿写了一部《自然哲学的数学原理》。这说明自然规律研究可以是哲学的，同时数学也可以表达哲学思维，或者说数学也可以是哲学式的，或哲学也存在于数学认识中。

从哲学的知识形态及其认识方式可知，哲学应该超越经验存在而活动在概念间，概念间的存在关联是哲学的认识建构目标。如何实施这种关联建构，或者说哲学这一知识形态的可能实现方式，在逻辑上应该取决于其各种形态要素之间的可接受的组合。哲学知识形态的描述要素为作为思想的概念、作为存在事态的普遍、作为认识有效性的必然，以及由三者决定的知识统一要求的表现方式即层级。

"概念"是对存在物或想象物的构成本质即使之成其为存在的规定性的观念表达。概念作为观念，其形成可以是理性的即有充分的根据分析过程的，也可能是独断的即缺乏连续的根据分析过程，甚至根本没有根据分析环节便对概念的内涵作出规定。

"普遍"是一个存在范畴，表示特定存在之存在构成中保持其存在特定性的内容，亦即使该特定存在成为该特定存在的内容，其效应为塑造可能存在中的同一性，使一切可能的该特定存在呈现相互间的同一性。普遍性首先是一个内在存在构成范畴，现实地内在于一个单一存在者，但具有潜在的外在关联表现，即形成诸存在者间的共同分有现象，使这种内在构成内容同一地存在于诸多存在者间。如果遵守认识的经验起点程序，那么必然是从诸多同一现象领悟到普遍性，而不是直接把握普遍性的原初内在发生。其逻辑缺陷为，在仅仅面对单一存在者时，便无法发生普遍意识。此外，其认识缺陷为，由于内在普遍内容不一定能完全获得经验显现，所以比较认识模式下的普遍内容把握可能具有不完备性。

在内在构成中，普遍性是在存在内容的特定组织结构中显现的，一个内容的普遍性被它所处的诸多内容的关联所赋予。参与固定不可变动

· 33 ·

的关联关系的内容与那些缺乏这种存在强制性的内容之间，形成一种存在确立功能的差别，前者确立存在之特定性，而后者不能决定存在之特定性。前者产生存在同一性，而后者产生差异性或者说差异性预期观念。相应地，单一的存在构成内容中，分化出普遍内容和特殊内容，并且在共处同一存在的存在相容关系中，特殊内容从属于普遍内容而限制自身内容特殊性的范围，以保持与普遍内容的可相容性。从存在的现实构成看，不可能有纯粹由普遍性内容构成而没有差异特殊内容参与的存在，因为如果那样，存在将陷入绝对的同一，存在间不可辨识，存在本身也将封闭而以圆满姿态孤立地自成"世界"。实际上，同一的普遍内容是容纳特殊内容的形式，是差异存在的一种构造基础和限制能力，其本身不能有现实的独立显现，只是不完全的存在构成要素，仅在认识中具有观念上的独立存在意义，是认识活动中的一种抽象主观建构，代表存在建构可能性，即循环定义性地设定只要有任何的此种存在，就有这种普遍性内容。

既然普遍是由存在的内在构成内容所具有的同一和差异区别中的"同一"来生成和保证的，那么就必须着眼于存在的内在构成中的普遍内容的存在特性来寻求和保证认识中的普遍性。这种真正的普遍性在逻辑上完全不同于一般的经验归纳普遍性，因为在原理上，后者既不能保证完全揭示内在构成规定的普遍性，也不能保证所发现和确认的普遍性内容是真正的普遍内容。在经验归纳方法中，普遍性是归纳活动广泛度的一个变量，既可能丢失真正的普遍内容，也可能错认特殊内容为普遍内容。

在确认内容普遍性问题上抛弃个别经验存在的归纳方法之后，剩余路径就是直接针对内在存在构成本身展开分析。在形式上，存在两种认识策略，即针对单一经验存在进入内在构成分析和根据不同存在的普遍内容之间的联系，在规定作用中确定普遍内容。至于二者的可选择性则需要具体分析并作出判断。

引论　范式再平衡：哲学重返文化研究的中心

对于一个给定的经验存在，直接针对它作普遍构成内容分析不具有认识可行性。虽然在存在论上看，决定一物存在面貌的一切要素应该已经包含在该存在物中，但是对于认识来说，关键问题是它们是否以现实可经验的方式呈现了自身，或者没有直接显现为可经验内容，但可以以经验给与内容为线索加以确切分析和把握。事物的经验显现具有同等并列方式，所显现内容没有地位差异，是诸多构成内容相互作用的结果的整体表现。在其中，湮没或丢失了内在构成关联和作用关系，以及那些不可经验的内容。也就是说，事物的存在与它的经验给予具有区别，后者相对前者是不完全的。在经验直观中，存在物的存在方式没有给予，存在构成内容也有不可直观者。因此，针对存在物的经验给予内容直接进行普遍内容分析带有先天认识缺陷，即材料不完善性。而相继开展的理性分析也无法克服这一困难，因为在缺少因果制约关系指示的条件下，分析的入手点选择成为无根据的盲目操作，同时受可能的一果多因影响，作为原因的内容的选择和确定，以及缺乏内容显现条件下的原因内容的补足，都是不可理性操作的。所以，基于存在物的经验显现内容作内在构成分析来求取内容的普遍性见证，这种做法并不可取。因而希望寄托在通过普遍内容之间的联系线索间接地发现和确认普遍内容。

在逻辑上，具有存在相关性的存在物的普遍构成内容之间存在相互制约作用，按照作用关联秩序，不同事物的普遍内容被区分为不同层次，制约者占据上位，被制约者处于下位，形成一种关联体系。虽然现实存在不是仅由普遍内容造成的，但当仅仅考虑普遍内容的确立问题时，可以沿着这种普遍内容的关联关系，针对所追问的普遍内容加以推求。在这种认识中，逻辑上要求一个处于最高地位的普遍内容能够优先以非此种实质推导方法加以确立，而是以保证论断普遍性的认识过程展开分析。认识上可享有最高地位的最高存在是按照纯粹普遍性给予自己的存在，而非以经验特殊性方式显现自身。对它的存在构成分析需要找到能够直接切入普遍性的认识起点。从它所包含的某种认识偶然性（不一定必然切中给定认识对象）上说，这是寻找和把握认识机会的一门认识艺术，事先进行元哲学筹划是提高其成功率的一种策略。在认识技术上，首先它必须活动在纯粹普遍性内容领域，以绝对抽象的普遍内容为思维材料，其次要进行存在构成分析，发现关于特定存在的普遍内容间的结合。

最高存在的普遍内容的构成分析与携带被制约作用的存在物的普遍内容的构成分析，具有完全不同的认识处境。前者是自足存在条件下的认识，需要寻找相关其存在的普遍内容直接切入规定活动。后者则是依赖他物条件下的认识，只能间接地在关联规定中有中介地加以确定。

从规定作用的分析角度看，每一表征特定存在的普遍内容都是一个有效思维单位，具有认识上的独立地位，它们之间的作用表现为逻辑因果而非自然因果。在同一的存在相关中，按照普遍性本身的意义，普遍性意味着并存和同在，相对高级的普遍性对于那些相对低级而处于同一存在相关中的普遍内容，意味着共在而支配其内容。这种作用是不同于自然因果的逻辑因果。自然因果是同样现实的存在者间作用生成新的存在者，"果"对"因"具有存在消耗性，因果作用使作为原因的事物消失。逻辑因果是上位普遍内容制约下位普遍内容及其关联形式，作用的结果并不使上位普遍内容消失，而是原因和结果并存，原因内容并不实在地直接进入结果之存在构成中，而是被"结果"之内容特殊地"体现"出来。一个制约内容在被制约内容一侧的效应，就是支配诸特定内容间完成特殊形式的结合。显然如前所述，具有存在相关性的普遍内容间是共在的，但在认识中却是被分别把握的，是观念间的制约关系。而这些关于普遍内容的观念也如前所述，并没有独立的存在构造能力，不表征有相应的存在现实性。普遍内容的独立观念存在，仅仅是考虑它们之间的作用关系所必要的主观设置。质言之，具有制约和被制约作用的普遍内容间，在存在上共同参与到现实的存在中，并不具有分离存在形态，仅仅可以在认识上加以抽象和分离。在思维中，这种制约作用的观念反映就是"应该"，违背者就被否定，因而显现出规范力量。

引论 范式再平衡:哲学重返文化研究的中心

由普遍内容的上述存在性质可知,作为普遍内容的本质不具有独立存在的属性,仅仅具有观念意义的独立存在。就其指称功能而言,本质是一种主观范畴,是知识的观念构造物。因为普遍内容间在存在相关之内是互相关联的,所以一个存在者在其存在相关内,蕴含了所有可能的"本质",是本质"全息"的。但是,在主观认识中,各特定普遍内容组之间却是分离和独立的,其间联系和作用不以存在上的直接融合为条件,相反采取"逻辑"形式外在地发生制约作用。

从普遍内容之间的关联系统入手在逻辑上可以把握一个其中的待规定普遍内容,而且由于思维操作的观念材料是普遍内容,所以是保证思维过程普遍属性和论断普遍性的可靠方法。从认识展开方向的可选择空间看,有两种获得待规定普遍内容的方法,即综合式和分析式。所谓综合式,就是沿着从上位概念到下位概念的顺向制约关系,逐步推及待规定普遍内容。而分析式就是沿着从下位概念向上位概念的逆向制约关系,逐步推及待规定普遍内容。这就是说,哲学思维有两种实现把握普遍性内容这一认识目标的方法。但是两者的认识有效性并不是等价的。综合方法的每一认识论断环节都是在上位制约性普遍内容充分给定的条件下进行的,具有论断的完整性和准确有效性。而分析方法则相反,在每一论断环节上注定是认识论断不完备的,因为它只能采取逆因果思维,从作为结果的普遍内容推求作为其原因的普遍内容。受一果多因(充分条件多因与必要条件多因)可能性的影响,这种方法不能完全确认其论断的有效性。它所选择的论断逻辑是,如果 A,那么 B;B,所以 A。或者是只有 A,才能 B;B,所以 A。前者的推理偶然性是显见的,后者的论断因没有完全把握条件范围而难以保证形式完备性。二者均导致论断有效性的存疑,只能是一种具有探索意义的认识。

对于分析方法下的哲学来说,一个延伸问题是,在上位普遍内容缺失的条件下,下位普遍内容在逻辑上是不能准确而完全地确认的,因而作为认识起点的下位普遍内容本身如何确定和评估其认识价值,需要斟酌。在上位制约普遍内容未知情形中，下位存在事物的普遍内容只能针对给定经验内容进行存在构成分析。有两种策略可以选择，或单一使用，或同时并用。一是进行比较归纳，发现具有经验普遍性的内容。二是对存在物的经验存在属性进行相互间关系分析，发现那些包容、制约其他内容的内容，以及存在关联关系。但是，由于存在物的经验显现并不一定具有全部存在内容和关联关系的呈现完全性，有些普遍内容或关系可能隐而未显，所以这种分析策略的效果并不具有发现和确认普遍内容的逻辑有效性，而仅仅具有认识上的诱导和辅助功能。归纳普遍性内容不一定就是真正的普遍内容，分析普遍性内容也不一定是完整的存在构成普遍内容。然而，上位制约性普遍内容对下位存在物的作用效应就是生成被作用内容及其构成形式，所以对存在物的经验给予内容进行分析具有为逆向发现上位普遍内容的认识奠基意义。

"必然"是认识中的一个关系范畴，指论断本身成立的不可置疑性，即论断的内在构成具有稳固联系，其根据与结论之间具有逻辑性的关联确定性。保证实现认识论断必然性的逻辑形式有充要条件和充分条件或必要条件。一切判断都有其根据，直言判断、假言判断、选言判断、联言判断均如此，都可以为其构造判断根据并判定其逻辑属性，因而都可以为其补写一种推理形式。充要条件支持下的判断具有根据的完备性和准确性，其推理的逻辑形式为"当且仅当A，那么B"。充分条件支持下的判断具有根据的可替代性和结论相对条件的存在独立性，其推理的逻辑形式为"如果A1，或者如果A2，或者如果A3……那么B"。必要条件支持下的判断具有根据的不可替代性和不完备性，结论相对条件具有存在不对称性，即可能是条件存在但结果并不存在，其推理的逻辑形式为"只有A，才能B"。

"层级"是知识之间存在联系的制约形式，从联系在认识中的可逆性可以确定，层级性关联的造就有两种方式，即从高级（上位）知识到低级（下位）知识，或者相反，从低级知识到高级知识，两者都可以在形式上满足知识联系建构的有序层次化。

在对哲学知识的形态要素作出上述分析后，便可以考虑做哲学的可能方式，确认其逻辑合法性。为讨论方便，用符号 G1 代表独断的概念，G2 代表理性分析的概念；P1 代表分析式普遍内容，P2 代表综合式普遍内容；B1 代表不完备条件必然性，B2 代表完备条件必然性；C1 代表从下到上的建构程序，C2 代表从上到下的建构程序。从组合的数学可能上，这四种知识形态要素各自所包含的两种具体要素中的一种，都可以分别与其他要素所包含的任何一种具体形式进行组合，所得到的组合数为 16 种，但是，在逻辑上只有两种组合即 G1—P1—B1—C1 组合与 G2—P2—B2—C2 组合在逻辑上可以接受。因为，G1 与 P2、B2、C2 在思维的根据性质上冲突，P1 与 G2、B2、C2 在思维方向上冲突，B1 与 G2、P2、C2 在有效性的逻辑性质上冲突，C1 在关联的逻辑类型上与 G2、P2、B2 冲突。G2、P2、B2、C2 情形亦然。由此，可以断言，哲学有两种认识构造方式，即根据不完备而缺乏充分有效性保障的构造方式（G1—P1—B1—C1）和根据完备而拥有充分的有效性保障的构造方式（G2—P2—B2—C2）。

把哲学的两种不同构建方式与实证研究相比较，可以看出，虽然认识操作有性质差别，但在论断有效性角度上，根据不完备而缺乏充分的有效性保障这种哲学建构方式，与实证研究的观察性论断具有相同的缺陷，唯独根据完备而有充分的有效性保障这一哲学建构方式能够克服实证认识的缺陷，达到认识的内在构成层面，形成对实证认识之缺失的补救。因此，为使文化研究获得详备论断，赋予其完全理性品质，达到透视文化存在的目标，就必须让哲学进入文化领域，并占据认识的中心地位，解决实证性研究不断释放出的新问题。

六 哲学文化学的可能路径

把哲学思维带入文化研究中，用哲学思维格式直接处理文化对象，建构关于文化存在的系统论断，这便是本书所谓的哲学文化学。它区别于过去一般所谓的文化哲学，不是给文化研究穿上某种哲学理论的

"鞋",按照从普遍理论到特殊对象模式把某种哲学观点应用到文化现象上,外在地抽象制造一个论断,而是不带任何理论先见地直面文化研究问题,用纯粹的哲学思维态度和思维方式原始地接触文化存在,具体地作出逻辑连续的论断,像创造一种哲学理论那样推进文化研究。质言之,在哲学文化学的语境中,哲学文化学之前没有任何哲学理论可以合法地方便套用。当然,某种哲学理论可能影响哲学文化学对文化研究的筹划和预见,但是这种引导只能被看作启示,必须用实在的哲学思维转换成哲学文化学自己合理的和具体的论断。

按照实证经验知识与哲学知识之间的认识功能关系,哲学就是要补写关于存在的经验判断留下的内在本质联系空白,沿着经验判断的关联线索可以追溯哲学的具体任务和起点,关于研究对象的经验判断的最高原因所指物,就是哲学应当展开分析的起点。因此,对文化存在现象的经验关联的描写,具有哲学文化学的元哲学筹划意义。

在直接存在形态上,文化是一种精神现象,是认识活动的结果。而认识的直接现实是意识,意识决定认识的形式和效能。因而文化是意识建构物。不管文化建构的影响因素有多少种,最终都只能转换为意识内容才能发挥作用。而意识作为一种具有自我意识的特别存在,具有存在构成的自解释性。因为不论其致成原因是什么,是身体,还是其他什么,异质性的原因都不能进入意识存在,可以说意识是与其自然原因发生断裂的"果",意识的存在构成具有内在的内容封闭性,在自身之内可以提供完整的解释材料。对于一切关于意识的派生物的哲学来说,意识的构成本质是它们一切本质的解释根据。因此,哲学文化学的认识起点应该是关于意识的哲学意识学。在其中,阐明了意识的存在、意识的普遍构成形式、思的发生和原理、意识发展的方式和前途、认识活动中的基本范畴等[1]。文化意识的发生和存在原理应该扎根在哲学意识学所阐述

---

[1] 崔平所著《有限意识批判》(江苏人民出版社2015年版),已经完成这种哲学意识学。

的概念和原理中。在知识逻辑上,其中可以区分出一般哲学文化学和特殊哲学文化学两个层次,前者研究文化的一般存在原理①,后者是在前者形成的理论体系基础上,进一步处理特殊文化问题。文化气质就是一般哲学文化学下的一个特殊问题,其提出本身就是一般哲学文化学所开放视域的一种认识边际延伸效果。因此,关于文化气质及其与文化竞争力关系问题,必须放置在哲学意识学和一般哲学文化学的理论基础上,加以严格地分析和论断。

---

① 关于一般哲学文化学,已经有崔平所著《文化模式批判》(江苏人民出版社2015年版),它基于《有限意识批判》的理论体系,演绎出文化意识的发生、存在和发展的普遍原理,对文化意识的存在构成和功能作出了严格分析。

第一部分

演绎文化气质

在浏览世界文化现象时触发"文化气质"感想，发现在不同文化传统中存在某种文化活动的倾向，包含某种自己特定的待己和待物态度。不管这种感觉是清晰还是模糊，是强烈还是微弱，它都具有假设性，必须保守地视为猜想，需要超越经验认识的直观或归纳的非本质性，而采用哲学方法严格地分析和描述它的内在构成规定，在理性认识对其本质源流的连续刻画中重新确认其存在并揭示其翔实存在原理。

第一章

理性捕捉"文化气质"这一任务的阐明和路径筹划

第一节 "演绎"文化气质这一提法的特殊意蕴

针对文化的现实存在展开经验性认识所获得的"文化气质"观念,不论其论断来源是绵密的实证归纳,还是空灵的现象直观,都不能改变其断想本性,认识的主观跳跃构成其诞生的关键步骤,因而必然遭到严格理性精神的质疑。这种知识构建上的缺陷是逻辑性的,绝不会被大众的喜欢、共鸣甚至信仰所弥补,除非有被理性所必然接受的认识形式重新见证,就不能解除它所触发的理性的内在不安。因此,有待为断想寻找异质认识,将其改造为符合严格理性标准的真知。

"文化气质"是在文化现象中提炼出来,以经验感触样式呈现于认识领域,尽管具有某种抽象身份,但终归不能脱离感性经验范畴。在认识特征上,它表现出观念内容在构成和边际上的模糊不定,同时也缺乏描述有效性的断然断定力量。申言之,它只能作为一种假设而存在。然而,与存在现象的直接关联使它获得了设立一个理性问题的有效性,即在经验中闪现的具有一定存在普遍性的内容,应该是某些普遍本质的作用结果,有必要加以理性追问。

假如"文化气质"像经验感悟所揭示的那样以某种方式真实存在,那么它就应该具有存在普遍性,因而其存在根据也必然是与文化相关的某些普遍存在本质。在逻辑上，围绕"文化气质"的根据内容应该互相关联并且形成收敛式统一结构，否则其存在根据就永恒地处于未封闭和不满足状态，也就不可能有所谓"文化气质"。作为可能存在的文化气质的这种根据结构，按照其内在关联作用方向转换为认识程序，正是一般所谓演绎方法的内容。再进一步说，要在连续的根据规定中见到"文化气质"，就是对一种存在的普遍本质作出完整规定，在逻辑上这要求给出完备的根据构成，其结构为从统一的存在本质出发，逐步显现和吸收下级根据内容，一直下降到待发现和印证对象的存在。这正是一般所谓的综合方法。因此，能够担当理性地发现"文化气质"任务的思维不是一般的演绎，而是综合式演绎。

综合式演绎能够完整描述一种存在的根据，提供连续的存在关联关系，在知识形态上表现为哲学，而且是一种最严格的范式性哲学思维形式。因此，演绎"文化气质"就是要求从可以提供充分根据从而具有发展出"文化气质"前途的某种存在出发，采取严格本质认识方式，用纯粹普遍概念和原理来层层递进地展开逻辑化推理，最终到达关于"文化气质"的存在论断。在其中，绝不能掺杂、穿插经验材料作为论证之逻辑构成内容。

演绎具有认识的方法论封闭性，即不允许介入非演绎认识环节而中断演绎过程，否则将导致论断在逻辑上的无效，至少也使论断的真理性难以判定。其因有三。第一，从形式上看，演绎的论断有效性建立在前提的真理性和过程的逻辑形式基础上，就演绎本身而言，它所能担保的是认识过程的方法论真理性，即确保认识展开环节不会发生错误。如果一旦破坏了认识过程的纯粹演绎性，那么这种来自方法的保证就被完全废除。第二，从内容上看，演绎要求参与内容的普遍性和必然性，由之保证论断的推理操作的可接受性，而普遍性和必然性都只有在演绎方法中才能得到明确无误的身份显示和保证，经验实证性认识并无这种功能。因此，演绎认识过程的内容只能在演绎方法系统中涌现和选择。第三，在逻辑规定上，演绎要求推理的连续无隙，因而一旦开启演绎，就必须在演绎的轨道上进行到底，不能切换认识操作模式，否则就在实质上中断演绎，违反了演绎的方法规范。因此，演绎文化气质这一目标注定自己是一场哲学思辨而远离实证认识。演绎具有最强的认识过程有效性的确证力量，一旦有相对它在认识有效性的确证力量上较弱的认识形式介入其中，就会整体破坏演绎的有效性而降低到较低级别的认识有效性水平。相反，演绎方法及其论断可以插入较低认识有效性形态的认识过程，并不损害所插入认识过程本身的有效性，而是在整体上呈现较低认识有效性水平。因此，对在经验中感受到的文化气质采取演绎方法加以理性认识和重新见证，意味着在文化气质问题上设置了最高的严格认识标准。

根据引论对实证科学和哲学的认识功能的讨论，演绎文化气质就是要揭示它的完备根据，在从上到下的必然性推理中挖掘和披露文化气质的存在和本质，形成对文化气质的完全理性理解，达到对文化气质的通透、清晰的把握。这是经验实证认识所不可能完成的。

第二节 文化气质的逻辑地位

按照认识来源，"文化气质"是在现实的文化存在中感知的，因此，提出文化气质问题的一切可能意义只有在现实文化存在对象范围内来加以规定。在这一问题语境中，"文化气质"具有文化的经验存在身份。但是，它并不是独立地被经验的，而是在复杂的文化现象复合整体中非独立地一起被经验。文化气质没有独立的经验存在这一存在形态具有深远的认识影响，牵连拟制一系列认识课题或者说设置了可自由想象的认知逻辑空间。

就文化气质显现于现实的经验存在而言，决定它必然拥有一切可能的存在联系，否则就不会具有现实性，包括决定它之存在的上位存在内容和被它所影响的下位存在内容。在逻辑上，决定文化气质的上位存在内容是普遍而确定不易的,但被它所影响的下位存在内容却是特殊而可变的,因为一个占据普遍地位的内容可以具有不同的被作用对象,或者说有被不同特殊内容实现的方式。对于演绎文化气质这一主题来说,发现其上位普遍决定内容才是认识的合理任务,因此必须规避特殊内容的纠缠和干扰。

作为一种抽象存在,文化气质要在复杂的统一联系中被剥离出来而进入专题认识视野并加以把握,就需要明确它的制约性存在联系脉络。

文化气质是特定文化存在的一种品性,具有一种文化范围内的普遍性,但不同的文化间又具有文化气质差异。可以说,文化气质是文化的亚现象,处于文化这一普遍概念之下。因为文化具有高于文化气质的普遍性,在同一文化的概念下可以有不同的文化气质,显然文化具有相对文化气质的更高抽象性和普遍性。因此,在文化的本质中应该包含文化气质的根据。然而,文化气质的文化间差异说明,这种根据并不完备,而是有其他作用内容参与到文化气质的形成中。在逻辑上,这种作用要透过文化本质发挥作用,就必须在存在地位上高于文化本质,才能拥有作用的权力和力量,通过支配文化本质的作用方式的形式来实现对文化气质的构成性参与。申言之,对于文化气质,有在文化本质这一根据之上的更高根据,直至存在根据的完备统一。

在文化气质的这种根据系统中,包含文化气质的特殊选择根据。在存在秩序上,文化的一切现象笼罩在文化本质之下,是它的特定表现。因此,一个内容要影响文化的某种特殊现象并具有超出本质普遍必然性的拘束而造成非同一效应,该内容就必须处于文化本质之上而获得支配文化本质的权力。但所有文化气质的根据都不能超越文化本质的范畴,否则便使文化气质不成其为文化的气质。因而它们只能是决定文化之为文化的内容,唯其如此,才能不改变被作用对象及其结果的范畴所属而满足上述要求。所以,文化气质紧邻文化本质而直接无中介地被文化本质所规定。文化气质概念泛指一切文化的一种存在普遍性,不容许有存在层次低于文化本质的内容参与作用，否则就将使文化气质丧失"文化"这一普遍所指的指示力量。

第三节　预设演绎文化气质的逻辑框架

按照文化气质在逻辑上的存在地位，一场以文化气质为认识终点的演绎活动，其任务就是从规定文化本质的最高根据出发，中经一系列相关文化本质的根据中介，确定文化本质，最后在文化本质的视域内发现和描述文化气质，其中的关键节点是文化本质。为使这种演绎具有理性可把握性，增强认识的准确性和有效性，必须分析确定可以充当最高出发点的事物以及逼近文化气质的展开方向和中介。这是一种元哲学工作，需要在事物的因果存在关联分析中进行。①

在经验现象范围内，文化气质是文化的某种存在属性，必然被文化的本质所规定，而文化是一种精神存在，其活动场域为意识界。也就是说，文化的载体是意识，必然以意识内容的形式表现自己，一切可能的作用因素都必须采取意识身份。因此，文化本质的根据必然在意识存在中。进一步，只有意识存在的普遍本质而非其他任意的特殊内容或属性，才能规定文化本质，因为只有普遍必然性内容才能产生普遍必然性内容，偶然特殊内容不可能造成必然普遍内容。而意识存在本质必然采取普遍存在形式作为自己的规定内容，不可能以特殊内容作为自己的本质规定性，因为内容都具有特殊规定性，直接背离本质普遍性。

在经验中，意识存在具有物质联系，以身体为载体，与之纠缠在一起，身体的生命性存在支撑意识的存在。如此看来，应该继续追问意识存在的根据而延伸认识活动到物质世界。但是，意识界与物质界的存在异质性以及意识界的特殊存在形态，使得对于演绎文化气质这一认识专

---

① 崔平：《"实践唯物主义"哲学建构：误会与挫折》，《阅江学刊》2020年第5期。

题而言，意识界成为具有完备解释力的认识领域，从而不能同时也毋须将认识追溯跨越到物质领域。因为，不论意识有无物质基础及其相互关系是什么，物质世界的存在内容都必须转换为意识内容才能成为有效的意识作用内容，而意识界具有解释上的自足性，即一种意识存在的解释只能在意识内容的作用中来进行。另外，物质世界和意识世界之间的联系也无法给予内在性本质描述，因为异质性导致无法克服的认识跳跃，使一切连续地认识存在联系的努力化为泡影。这些原因决定，意识界成为文化气质追问在认识意义上的最终根据或最高出发点。

值得严肃提醒的是，把意识存在确定为演绎文化气质的出发点，并不意味着因为意识对我们具有存在上的经验亲近性而使演绎变得轻松易行，相反，却提出了一个巨大的认识难题。其原因为，演绎排斥特殊经验知识，因此不能简单地采用关于意识存在的亲证性经验知识，而是必须找到不牵连经验认识的绝对普遍的意识存在确认方法，满足演绎起点对绝对普遍性的要求。同时，为保证在演绎所提供的内在过程有效性之外，再提供认识真理性所要求的内容的有效性，就必须满足确认意识存在过程中的认识的彻底前提批判性，即不以关于意识存在的任何实质独断作为认识的开端。这需要智慧的光芒，因为在哲学史上它一直是一种崇高的理性理想，并没有人兑现它，相反却有人斥之为自相矛盾（为一个前提寻找一种不以论断句作根据的论证）和幻想。

第四节　文化气质演绎的认识地位或属性

按照关于文化气质的演绎框架的筹划，对文化气质的演绎就是从意识存在普遍形式推出文化概念，再以相关文化概念的一切规定根据为基础，推出一系列普遍论断，最终推出文化气质。这条认识线索的认识推进以普遍规定性为材料，在对相关存在的内在本质构成的规定中逐步接近和触及文化气质，显露其存在。接下来的问题是，关于文化气质的存在，演绎方法能够获得怎样的知识，达到何种广度和深度，呈现什么认识形态。

演绎方法的逻辑规范决定任何一种演绎自始至终都必须限制在普遍存在领域中，不能沾染或踏入特殊经验领域。不唯在过程中拒绝特殊内容，而且在终点上也不可能涉足特殊存在内容，因为从普遍是不能推出特殊的。因此，围绕文化气质主题所作的演绎不可能挺进到特殊的文化气质内容领域。申言之，对文化气质的演绎只能到达文化气质概念。然而，按照文化气质问题提出的经验认识，它却是关联着诸多现实存在内容而存在的，具有现实存在属性。也就是说，文化气质已经属于文化的经验存在。在演绎方法中，文化气质概念不依托特殊的文化经验存在，自上而下地挖掘出文化气质概念，因此文化气质概念具备纯粹普遍性，是直接和最初与特殊文化内容发生逻辑接触的普遍概念。换言之，文化气质演绎止于文化气质概念，不能再推出具体的文化气质现实表现。

演绎获得的文化气质概念及其所表征的存在，具有完全不同于归纳定义的认识有效性，能够满足理性的本质认识的严格逻辑标准，是在对内在本质构成的连续根据构造中展开论断的，具有根据的完备性，因而论断是可靠、准确的，拥有最高级的认识水平。同时，关于文化气质的演绎论断具有逻辑上的必然性和绝对普遍性，直接与抽象的文化气质概念照面而不被特殊经验所纠缠，在认识论上占有论断确实性和可信赖的优越性。

第五节 文化气质演绎的哲学奠基

根据演绎文化气质的逻辑框架，有两大主题需要在先完成而作为切入文化气质演绎任务的准备，即满足彻底前提批判要求的关于意识存在及其本质的讨论和在意识存在领域中挖掘文化意识的本质。关于前者，已经被《有限意识批判》① 完成，关于后者，已经被《文化模式批判》② 完成。

　　在《有限意识批判》中，以无关于意识的实质断言而又在逻辑上包含可能的意识存在的存在断言"有某物"为出发点，分析"有某物"这一语句的内在逻辑结构，从"有"对"某物"的赋义即作用效果中确定"有"的语言意义，并进一步逻辑地分析出作为概念的"有"，从而在"有"的内涵中发现"意识"这一存在③。在这种语境中，"意识"是被纯粹理性发现的，它与理性直接地以自己的普遍存在属性照面，以此展露意识存在的内在构成线索。沿着这一认识契机所进行的严格逻辑分析，把意识存在普遍结构确定为以二阶包摄为构成形式的有限内容的统一，即一个内容（名相）统摄三个内容（殊相），这三个内容间具有绝对规定关系，而这三个内容又分别按照同一结构（一—三式）各自再统摄三个内容（偶相）。由于在二阶包摄中三个包摄枝的内容之间不再能建立绝对规定关系，违背意识存在的本性，所以不再能继续作包摄延展④。如此存在的意识按照自己的普遍存在情形定义了存在概念，即必然显现性、绝对规定性、绝对确然性⑤。与之相牵连，按照意识的先验存在形式，意识要求建立意识内容间的整体存在关联，此即世界⑥。继而，意识必然要求按照存在概念和世界概念评价特定意识内容，此即价值概念。以存在概念、世界概念和价值概念为基础，真、美、善概念被定义。真是合乎存在的绝对规定有关系的形式性概念，真理是合乎意识存在先验形式的世界概念的观念。美是合乎意识存在先验形式的特殊内容的关联方式的评价性主观反应。善是对合乎存在概念的特定存在内容的合存在

---

① 崔平：《有限意识批判》，吉林教育出版社2002年版；江苏人民出版社2015年版。
② 崔平：《文化模式批判》，江苏人民出版社2015年版。
③ 崔平：《有限意识批判》，江苏人民出版社2015年版，第32—41页。
④ 崔平：《有限意识批判》，江苏人民出版社2015年版，第64—76页。
⑤ 崔平：《有限意识批判》，江苏人民出版社2015年版，第508—509页。
⑥ 崔平：《有限意识批判》，江苏人民出版社2015年版，第465—472页。

性评价①。

　　具备上述重要基础概念之后，文化意识便拥有了先验发生的根据。意识按其先验存在结构必然追求存在，努力构建关于特殊内容间的世界性整体关联。在建构意识存在过程中，被意识存在结构所决定，必然以某种普遍性概念为标准，复制诸多关于特殊意识内容的存在，使之体现普遍概念，这种存在建构中的存在复制即为文化②。由于文化是一种世界建构活动，而世界按照意识存在先验形式所提供的规定，必然是逻辑多元的和可重构的③，所以在同一存在内容给定条件下，或在不同存在内容给定条件下，文化建构会有不同方式。而文化作为特殊的存在建构，必然会被纳入真、美、善等各种价值评价范围中。文化在对存在的追求以及对自身的自我意识中，应该包含文化气质的普遍根据。

　　总而言之，在文化气质演绎过程中，要不断回溯到《有限意识批判》《道德经验批判》《文化模式批判》的哲学论断上，从中取得演绎前提。

第六节　警惕泛文化思维：对文化气质问题论域的澄清

　　以往，由于文化概念的定义活动陷入错误方法而莫衷一是，普遍的文化概念内涵难以捕捉，人们对文化的理解不免掺杂各种特殊内容影响，所以关于文化存在的界线模糊不清。其突出表现为，混淆文化和文明概念，任意串用两个概念，似乎感觉到二者之间有别，但又不能彻底澄清它们的关系，从而在每一次区别努力的失败后又重新在疑惑中滑入二者的不加区别使用习惯。现在，文化在严格有效的方法论规范下被定义为

---

① 崔平：《道德经验批判》，江苏人民出版社2015年版，第26—34页。
② 崔平：《文化模式批判》，江苏人民出版社2015年版，第100—111页。
③ 崔平：《有限意识批判》，江苏人民出版社2015年版，第474—476页。

意识对特殊存在的处理和复制模式，其本质是一种有限意识对存在建构方式的主观倾向和抉择，表现为一致于存在概念形式的普遍概念和原理。而文明是这种文化观念作用于给定的各种特殊存在内容所形成的存在构造成果，表现为具体的现实存在物。因此，文化是纯粹的普遍观念，不可直接经验；文明是在文化观念支配下所形成的可直接经验的客观存在。文化沉没在文明中，被隐蔽在特殊存在内容之下。

有了"文化是什么"的确定定义描述之后，再提"什么是文化"的外延问题就不会陷于迷乱而错认文化存在。并非一切人类精神现象和精神创造物都是文化，而是只有其中作为主观观念选择的存在建构方式的普遍概念和原理才是文化。就此而言，一幅画作中包含文化，某些约定俗成的普遍绘画原理和规范浸透在画作中，但作为特殊内容的特殊聚集和组合，是不可重复或复制的，是创作当下的一次性行为，其构建方案仅仅适用于当前这幅画，而不具有超出此画的普遍有效性。因此，可感受的这幅画本身并非文化，而是一件文明成果。

值得指出的是，文明也可以复制，但这种复制完全异质于文化的存在复制。文化是普遍存在建构方式在特殊内容中的复制，重演的是普遍概念，需要借助创造力。而对特殊存在的复制是特殊存在内容的特定存在组织方案的复制，是机械翻制，毋须创造力的介入。

在严格区分文化与文明之后，虽然可以抽象地说文明中包含着普遍性文化要素，但是对于文化问题研究来说，以严格的逻辑观点看，它已经不能再充当认识对象。首先，由于文明中夹杂特殊内容，而从特殊作为主词开始的认识活动永远不可能褪掉其特殊性对谓词的干扰，所以任何文明成果都没有担当追问文化定义认识起点的资格，不论归纳定义还是分析定义，都不能通向普遍定义。其次，由于文明夹杂特殊内容的非文化作用，所以以文明为对象的任何文化研究都不能保证或证明自己获得的论断是文化真实的存在原理。文化研究的唯一合法活动区域为文化观念世界。那种把什么都看成文化存在或不当扩大了文化存在确认范围

第一章 理性捕捉"文化气质"这一任务的阐明和路径筹划

的泛文化错误,必然葬送文化认识。

对泛文化思维的拒绝要求把文化气质的相关认识限制在纯粹的文化存在之内。其认识意义在于杜绝一般经验的诱惑,防止习惯性地非法牵扯文明或其他相关存在内容。文化气质寓存于纯粹的文化世界而非文化作用中。因此,探索文化气质必须严格指向真正的文化观念,保持与其客观化效应的认识距离。虽然文化气质可以在文明中感悟到,但明晰地认识和把握文化气质不仅在认识论上逻辑地不能从文明着手,而且在存在论上也逻辑地不能从文明着手。由于顺从经验的认识习惯具有强大的诱惑力和迷惑力,所以必须用敏锐的警惕意识和极大的逻辑克制力,才能坚守这个认识规范。

进一步,文化气质是关于文化的认识和评价,指向文化内容及其存在形式,与文化在认识上存在逻辑分离,因而文化气质演绎是基于文化概念作关于文化存在的存在品性的存在及其规定性的推理,并非对文化内容的演绎。也就是说,演绎文化气质无须关联特定的文化内容来进行,而是必须撇开文化概念的外延而仅仅以文化概念的内涵为根据。如此理解的文化气质演绎才具有认识的可行性和必然性,其根据完备地蕴含在从意识存在到文化存在的先验形式中,规避了文化内容诞生的主观偶然性及其对演绎方法的逻辑破坏。

对文化气质问题讨论的更深层限制是,文化气质演绎只能以文化气质概念为专题,而不能涉及其外延确定问题,即不能试图演绎出具体的文化气质。因为文化气质指向一切可能的文化内容,是文化的自我意识,逻辑上同位于文化的经验建构,共同以先验文化原理为根据,因此占有文化建构的初始经验化地位,直接与文化的先验原理相邻,是文化先验原理所规定的文化建构的普遍效应。在此意义上,文化气质才是可演绎的,其结果也只能形成无涉特殊内容的论断,即纯粹概念。而具体的文化气质由于是有限意识面对特殊情境的主观特殊决断,包含偶然意志,具有经验特殊性,所以不可演绎,即从普遍推不出特殊。限定在普遍存在领域内才能施展要求普遍性的演绎，针对文化的纯粹形式属性才能有实施演绎方法的可行性。具体的文化气质只能后验描述。有限理性在认识上的不完善性以及相应的认知判断的意志化和主观抉择性，造成具体的文化气质不可推导。

第二章

奠基性回溯：文化本体论概要

依照文化气质的探索规划，它所要求的是完备的论断根据，必须始终坚持本质认识方式，因而归属哲学知识类型。在其根据的追溯中，意识存在被确定为相对认识来说的最高出发点，之后的重要中介环节是文化意识的产生和存在原理。由于整个演绎过程必须保持本质认识形态，所以呈现为本体论，即在不断揭示相关存在的本质构成中接近和达到认识目标。因此，总体上，文化气质研究的一切前提表现为文化本体论，被文化气质演绎采纳为根据的相关论断系列是文化本体论的哲学成果。

第一节 意识哲学的彻底前提批判开端

在筹划文化气质的认识根据时，意识存在被确认为最高根据，而且按照严格逻辑有效性要求，在切入意识存在问题时必须采取彻底前提批判形式而拒绝任何意义上的独断。这是一个富有挑战性的艰巨的认识任务，似乎以非论断方式推出一个论断是不可想象的。因此在意识存在论题上尝试进行彻底前提批判，就要求展开关于认识方式和技巧的专题性理性设计。

所谓彻底前提批判就是针对论证过程的内容提出无独断要求，尤其是要清除最高前提的独断性[1]。其难点在于为一个论断提供一个不以论

---

[1] 崔平：《实现"彻底前提批判"认识要求的逻辑方法》，《江海学刊》2008年第5期。

断为开端的论证，其成功以偶然地捕捉这样一个论证的非论断开端为条件，没有实现的必然性保障①。"彻底前提批判所要求的仅仅是关于认识对象的第一个实质论断必须是经过合理思维得出的结论，它并不关心从哪里得出这个结论，而只是要求得出这一结论的思维过程的开端必须具有绝对确实的真理性。这种作为这一过程开端的判断的真理性，应该在判断自身之内自足地给出而无需外求。只有形式为真而不依赖判断内容确定其真假的命题，才能提供这样的真理，此即逻辑真理。"② 分析命题正是这种逻辑真理的担当形式，恰当选择的某种分析命题可以发展出进行综合认识的最高普遍概念③。

彻底前提批判要求认识不能从关于认识对象的任何一个实质断言开始，包括关于认识对象的存在。因此它必须完全脱离经验而沉浸到纯粹的理性思维中。对于文化气质演绎的出发点意识来说，就是必须寻找一个分析命题，从中可以逻辑地发掘出普遍意识指称。而悬搁意识存在去重新理性发现意识的存在，这牵连存在概念，即如果有意识这种存在，那么它必然在存在概念的包络之下。所以，问题转换为追问存在概念。存在概念的一种应用表现是存在断言，即"有某物"。"有某物"作为存在概念使用的语言表达式是一个语言活动事实，而且"有某物"本身也构成一个语义封闭的分析命题，"有"必然指向其外延"某物"。这个"有某物"中包含"有"的意义，因为其使用必然把自己的本质内涵尽数贯彻到宾词"某物"上。换言之，对"有某物"进行内在逻辑分析就可以发现"有"或者说"存在"的内涵。于是，认识的秩序为，从存在概念的确定到意识存在的确认，再到意识存在规律描述、文化意识的发现和确证。《有限意识批判》《文化模式批判》二书完整地体现了这一论证系统的构造过程。

---

① 崔平：《实现"彻底前提批判"认识要求的逻辑方法》，《江海学刊》2008年第5期。
② 崔平：《实现"彻底前提批判"认识要求的逻辑方法》，《江海学刊》2008年第5期。
③ 崔平：《实现"彻底前提批判"认识要求的逻辑方法》，《江海学刊》2008年第5期。

第二节 切中意识存在并拷问其本质

从存在断言"有某物"入手，对其作判断的内在结构和作用分析，是获得存在观念的本然意义的可靠方法。设定存在概念在其作存在断言的使用中，包含了存在概念的意义（而非唯一的意义存在和显现方式）这种思路，与维特根斯坦"语言的意义在其使用中"的提法具有某种共同性。但是，二者之间的存在论区别在于，这里没有以普遍语言哲学的理论立场作出关于语言意义存在方式的普遍论断，没有超越事实的当下具体性而排除存在其他存在方式的可能性。在逻辑上，没有对作为语言基础的意识存在的考察和论断，就不可能有可靠的语言哲学论断。更重要的区别是认识方法上的，即维特根斯坦在语词的使用中追问语词意义，最终导致在逻辑上根本不能捕捉语词意义，陷入苏格拉底式的思想苦旅。而这里是对"有某物"作内在逻辑分析，认识活动被封闭在"有某物"之内而不扩展到其外，不涉及特殊的具体使用，仅仅与这一语言形式有关。

对"有某物"作内在逻辑分析，就是分析"有"和"某物"的判断内关系，披露"有"对"某物"的限定作用，其中，"有"必然将自己的全部内涵都施加在"某物"之上，否则"某物"就不会具有"有"之属性。经过思辨分析，发现存在的意义和意识[①]，其情形为："存在断言'有某物'具有异化性，断言使断言之结果独立于断言之外：'有某物'使得'某物'排斥'有'。"[②]

作为存在断言异化物的"某物"，逻辑地具有三重效应，即"某物"的存在个别化、并置化和使存在断言本身获得存在性而进入存在概念领

[①] 崔平:《有限意识批判》，江苏人民出版社2015年版，第35—38页。
[②] 崔平:《有限意识批判》，江苏人民出版社2015年版，第37页。

域①。具有重要意义的是，按照存在断言本身存在性的内在逻辑构成，即在存在断言形式之内亦即停留在断言层面而不超越断言之外断定一种存在——"某物"，就是意识②。

意识存在具有形式上的思想同一性、直接绝对存在性和内容上的绝对规定性，它们共同决定意识的实存形式为显现③。以这些存在属性为基础，可以推证意识构成具有意义单一性、内容复多性和统一包摄性，最终显现一个内容统摄三个内容，使之形成绝对规定关系（一阶包摄），进而再由三个内容分别作同样的——三式包摄扩展（二阶包摄）。由于该二阶包摄各枝之间不能实现内容上的绝对规定关系，背离一阶包摄所缔造的意识存在形式，所以不再能够扩展。因此，意识存在先验结构决定它在本质上具有一种概念形式，即在其中有占据概念内涵地位的一阶包摄，它普遍必然地承担一个意识的特定存在，而二阶包摄内容因为缺乏绝对规定关系而可以变换，形成可能的特殊个例，且在逻辑上是开放的④。

第三节 承前启后性的意识批判关键概念

意识在其先验存在结构中包含了两种重要元素，即存在的绝对规定关系和思的内在冲动。前者抽象地设定存在的普遍构成条件，后者是在意识的包摄结构中发现非存在性内容而设立使之存在化的任务。二者共同决定意识的先验发展可能性，而且这种发展可能性具有意识界内的根据完备性，即普遍存在形式不仅在意识结构内推动产生了存在创造活动的目标，而且同时提供了约束特定创造成果的规范。其功能为使意识在其当下的呈现中所拥有的自我意识之外，又增添了超越

---

① 崔平：《有限意识批判》，江苏人民出版社 2015 年版，第 37—38 页。
② 崔平：《有限意识批判》，江苏人民出版社 2015 年版，第 38—41 页。
③ 崔平：《有限意识批判》，江苏人民出版社 2015 年版，第 54—59 页。
④ 崔平：《有限意识批判》，江苏人民出版社 2015 年版，第 61—86 页。

当下存在的关于发展的自我意识，其中以存在、世界、真理、价值、真、美、善为关键概念。

一 存在

意识存在具有概念结构，即其中具有概念功能的相互间形成绝对规定关系的一阶包摄内容，设立和维持意识的存在。作为思的意识，绝对不能超出意识的存在可能性而给出思维结果。因此，关于存在所能成就的概念规定必然限于意识的存在，即意识只能将自己的存在规定原理抽象为存在概念。按照意识批判所阐明的意识存在形式，存在就应该是绝对规定关系、绝对确然性、必然显现性。由于它是一种先验规定，驻留在纯粹形式中，所以绝对普遍而没有主词。如果为了促进通常心智的理解而强行提供某种方便把握的表达方式，那么就可以沿着外延指示思路，说存在是具有绝对规定关系、绝对确然性和必然显现性的一切内容。其实质为把纯粹概念本身转换为它向特定内容的应用结构。存在概念有两种抽象显现方式。一种是在意识存在的概念形式抽象地向内容作理想运用条件下，内容整体所获得的自我确认意识。它一致于意识的自身存在形式。一种是在具体言说特殊所指内容（物）语境中，产生了内容分离和区别，出现了作为认识的言说者与作为既定给予的被言说者的对立之后，意识的存在形式转化为二者之间的关系，即存在是独立于断言之外而与主观断言行为对立的属性。

二 世界

首先需要澄清的是，在此，世界是一个先验概念，它所涉及的"内容"含义仅仅被处理为对可能内容的抽象指示，并不触及具体的特殊内容。按照意识的存在规定性，意识必然追求一切可能内容间的合绝对规定关系的关联，它要求扩展至所有可能涌现的内容间，形成整体统一秩序。这种先验的意识内容间关联理想的模型即世界。世界的构建以内在于意识存在结构的六种思维方法为工具①，面对特定的给予内容可以有不同的构建方案，同时每一种构建方案都包含包容特殊内容的限度。因此，世界的构建先验地带有历史性，即不断地拆除和重建②。但是，每个世界建构方案当下都承担起存在概念，或者说能够在认识上分享存在概念而不被其构建上的不圆满性破坏它与存在概念的逻辑适用关系。因为存在概念必须拥有自己的内容体现，在别无选择的条件下，只要有存在性的成分它就必然将其纳入自己的有效管辖范围内。

三　真理

在意识范围内，单一的意识或者说观念只能确认自身的存在性，即在其合意识存在先验形式的评判中得到存在确认。但需注意，这种存在确认的对象或意义是对其存在形式的接受，而非对其特殊内容的可接受性的认定。要针对一个意识的特殊内容进行可接受性确认，就必须按照存在概念的内容体现形式即世界为标准展开检验，可以在扩大的意识内容间构建普遍关联，形成符合存在的世界性关联关系者，才能被确认为可接受的，亦即真理。真理的本质是特殊内容对存在概念的分有。由于世界的构建方案是多元的、历史的，所以一个意识内容的真理性也仅仅是当下存在于被采纳的世界图式中，在逻辑上多元而接受历史修改，并不是永恒的有效判定。

四　价值

意识按照其定义自身存在的形式和存在结构，就是要追求存在，从而把存在概念设立为自己的目的。因此，对于可能的特定意识内容的存在建构，必然要受到存在概念的评价，即合存在性判定，其直接操作工

---

① 崔平：《有限意识批判》，江苏人民出版社2015年版，第384—390页。
② 崔平：《有限意识批判》，江苏人民出版社2015年版，第498—500页。

具为体现存在概念的世界概念，一个特定意识内容所能达到的存在关联获得何等世界性，就是它的合目的性水平，亦即价值。"对于这种特殊思维结果，存在概念必然以其内在于一切意识存在的先验本性而自动适用，以自身为标准鉴定具体思维结果的合存在性，肯定与自己相合者，否定与自己相背者，并在其中产生畅通适切或阻滞紧张的意识或情绪。这一存在概念向特殊具体内容的适用，以其标准——对象结构而具有评价性，其功能是区分好与坏，成功与失败，可取与无益，因而产生价值概念。"① 价值概念具有对特殊意识存在在普遍存在概念框架中的褒贬意义。

五 真

真是存在内容的关联关系抽象地符合存在概念的存在性的表现，即满足意识存在的绝对规定关系内部的构成环节要求，它被分析方法所造就②。与真理的世界意义不同，真是纯粹形式意义的评价，不涉及对内容特殊性的肯定问题，它并不牵连存在概念在一切可能内容上的完整实现，不要求把合存在性扩展到世界水平上，而是仅仅以存在概念的规定形式的性质即发生绝对规定关系的机制，来评判合存在性。

六 美

意识存在的先验构成有两个方面，一个是绝对规定关系这种形式，一个是一般地讲具有差别规定性的特殊内容，即抽象的内容性。追求把差异离散的不同内容纳入绝对规定关联形式中，是意识存在的本质。然而，差异内容间具有存在结构的特殊选择性，并不是可以任意发生关联的。以意识的活动目的，它必然要对给定的诸多特定内容进行合存在形

---

① 崔平：《道德经验批判》，江苏人民出版社 2015 年版，第 31 页。
② 崔平：《有限意识批判》，江苏人民出版社 2015 年版，第 399—402 页。

式建构的先验评价，自动地感受到它们之间的存在关联张力。其中，合乎存在构建形式就会产生意识活动中的愉悦，给出积极接受的反应和相应的肯定评判，此即美。相反，则为丑。美是特殊内容间相对存在普遍形式而言的和谐，是对潜在存在性的感受。美是以先验存在概念为动力的对特殊内容间关系的抽象把握。美发生在对特定内容的直接观照中，以直觉的主观形式显现①。

七　善

意识存在的本质是绝对规定关系，其逻辑要求即为所有给定内容整体地纳入绝对规定关系这种关联形式中，形成所谓世界。在意识存在的这种先验目的下，一切存在都具有合目的性，可以被先验肯定和积极评价，此即善。但是，从先验存在形式即绝对规定关系看，只有圆满达到所有内容间的存在关系建构，才是纯粹的善，那些具有自身存在性的特殊事物的善仅仅是特殊善，如果不能参与到整体存在即纯粹的善中，则成为某种恶。小善而违大善即恶。具体的善判断发生在以特定概念为统摄基础的存在建构中，与其存在建构要求一致即为善，冲突则为恶②。

第四节　先验文化意识

意识存在因其在自身中包含确立自己存在和违背这种存在的双重内容，并按照其自觉属性直接把握着这种内在于自身的存在对立，在其中，因为确立意识存在的内容带出反存在性内容，相对后者占据主导地位，所以必然产生将反存在内容存在化的冲动。有两种指向待规定意识的内在存在冲动。一是形式的，即要求反存在内容被纳入存在内容所拥有的

---

① 崔平：《有限意识批判》，江苏人民出版社2015年版，第393—397页。
② 崔平：《有限意识批判》，江苏人民出版社2015年版，第408—411页；《道德经验批判》，江苏人民出版社2015年版，第52—57页。

普遍构成形式。二是内容的,即特定的存在内容在存在统一性前提下要求支配反存在内容在存在化过程中与自己保持存在上的一致性,也就是以上位制约内容的身份要求反存在内容的存在化结果必须体现存在内容。直言之,意识的内在存在冲动采取存在复制这一释放形式①。

在存在复制中,占据支配地位的普遍必然内容与待规定而提升为存在的诸特殊内容,具有逻辑不对称关系。前者同一稳定而单一,后者差异变动而复多;前者以作用的强制性和与之相应的后者的存在构建结果的多样性,而显现为一种自己的存在在后者的特殊经验存在中的强迫重演。换言之,就是普遍必然内容成为特殊内容构建经验存在的普遍构建方式。

联系先验的世界概念、真理概念,作为普遍构建方式的特定普遍必然内容难以逃脱历史批判,即按照存在建构的先验发展图式,它们仅在当下具有存在建构的支配权力,并不能保证自己的绝对有效性和存在权利。但是,在认识上,意识不能脱离自己存在的现实性而抽象地以先验可能性为根据,否定当前所占有的特定普遍必然内容,相反,只能策略地坚持以此为世界构建的出发点。而且,由于它一致于意识存在的先验存在追求而必然被附加一种态度,即肯定和欢迎。同时,由于意识存在先验地追求存在的单一性,反对构成内容的分裂和对立,所以对于特定的存在建构方式必然形成自然的选择倾向。另外,在意识所内在的先验世界概念作用下,对于特定普遍构建方式,意识生成某种眷恋和维护取向,因为世界的普遍必然联系性赋予一个构成内容以关联性的存在挽留和稳定要求。

普遍的存在建构方式在上述存在特性下就演变为一种面对特殊经验内容时的存在构建的主观兴趣和选择,于是提升为文化。所谓文化,就是面对特定存在情境时,意识主体加以认识和处置而展开存在建构的习

---

① 崔平:《文化模式批判》,江苏人民出版社2015年版,第97—99页。

惯性主观选择，在其中，包含对一种构建方式的执着态度、自然倾向和眷恋维护①。

第五节　先验的经验性文化建构课题及其先验解决

　　纯粹文化概念是以意识存在普遍形式为根据设立起来的关于存在建构方式的规定。由于它内在于意识存在先验结构，具有自然发挥作用能力，所以其滋生并不以抽象的专题性反思为必要条件，而是一种直接的意识存在事件，毋须采取反思对象的形式就能自动表现出概念的功能②。但是，意识存在具有先验的对象关联结构，即在其构成的内在逻辑分化中包含普遍必然内容和特殊偶然内容，二者构成制约和被制约关系，前者作用于后者，后者成为前者的对象，在自己的存在化建构中体现出前者的影响力。文化就是被特殊选择和固定的前者。按照意识结构的赋义，特殊偶然内容作为可能内容出现，而且具有逻辑复多性。文化与它的作用对象之间存在内容特殊性的相互选择和匹配要求，不可以任意而为，那些没有存在对象基础而凭空杜撰的概念就不会成为文化。这意味着，一旦纯粹文化概念被占据意识存在而成为专题性意识，就必然要求拥有自己所辖的特殊内容，提出针对特殊对象领域创立特定文化观念的问题。

---

①　崔平：《文化模式批判》，江苏人民出版社2015年版，第101—105页。
②　崔平：《文化模式批判》，江苏人民出版社2015年版，第169页。

第三章

文化的经验建构及其差异命运

第一节 先验文化概念的初试经验化

面对先验文化概念的经验建构课题，必须首先解决文化的先验概念的纯粹普遍性与文化的经验建构的特殊性之间的对立问题。其实质为，先验文化概念必须建立自己经验化的处境意识并作出自我限制决断，以便赋予文化的特殊经验建构以合法权利。因为，按照先验文化概念，文化属于存在建构范畴，应该被存在的相关先验概念"世界""真理""美""善"所支配。而这些概念均包含绝对普遍性要求，否定有限的特殊存在。如果不针对作为文化的经验建构的结构性关联要素的对象，抽象地设立先验概念的处理态度，那么就不可能诞生任何文化观念。其要害为，这些概念本身将排斥特殊文化内容的存在复制作用，反对将有限而前途未卜的特殊存在固定化，否定对特定存在方式的价值肯定。具体情形为，世界概念是特殊经验存在的理想，直接反对有限特殊存在获得其当下呈现之外的任何存在意义。相应地，真理概念以其根据即存在概念的绝对规定性而反对赋予未经证实其存在的绝对联系性的一种特殊存在以真理地位。美、善两概念与特殊存在的关系亦然。尤其是，真理概念所蕴含的存在的特殊建构的历史变换性，直接否定一个当下的特殊存在内容的永恒（稳定）性，世界概念所确定的特殊存在的世界化关联的周期性重建，也直接反对一个特殊存在的稳定存在权利。因此，先验的文化概念要拥有自己的经验建构内容即外延，就有赖作为其根据的诸先验概念找到面对特殊对象的各自的调适方法，即解释各自的经验意义，设立起文化的经验建构的合法方式。

意识的有限存在结构必然发挥限制世界、真理、美、善等先验概念的理想性的作用，推动它们接受各自的经验显现的不完善性。意识的内在逻辑二元关联性决定它自生一种对象意识，在其中，存在也是有限的和不完备的。但是，意识正是在维持自己的这种存在中设立起存在的完善和创造任务，形成世界概念、真理概念、美概念、善概念等。因此，在面对存在的经验建构问题时，它必然依据其源头和根据地位，限制诸先验概念，维护确立特殊存在的持存必要性和合理性。

存在的现实是其当下存在内容，意识存在正是在特定存在下发现非存在性并设置存在化追求的。因此，在逻辑上，世界概念、真理概念、美概念、善概念等，必须接受特定存在作为自己经验建构现实显现的基础，而不能凭借自己的终极理想和特定存在内容的将来可废除性，就抛弃一切可能的当下特殊存在内容。因此，在存在的经验建构情境中，世界概念、真理概念、价值概念、善概念等，都必然限制自己的无限性和对特定存在内容的历史批判立场，而将自己适用到某种特定存在内容之上，赋予它享受诸先验概念权利，使之获得存在稳定性。其效用为，核准特定世界选择的正当性。这奠定了文化的经验建构的可能性，因为坚持特殊的存在内容而使之成为存在复制模式，正是文化的本质所在。

特殊存在内容被赋予持存驻留权力之后，先验文化概念的经验建构课题，就在"对象"范畴所抽象设定的特殊存在领域内，被限定为寻求特定的具有相对普遍性的存在内容，并确认其在可能存在建构中的同一支配权力。就此，先验文化概念完成了自己的经验建构的准备工作，具备了拥有特定外延的可能性，建立起确立特定文化内容的逻辑框架。其实质为，先验概念在自己的经验建构所逻辑包含的"对象"要素的引导下，暂停与文化的经验建构内容相关的存在概念、世界概念、真理概念、善概念、价值概念等先验概念的无限性和对经验显现的历史性判决，使它们可以接受当下的特定存在内容。这是先验无限性向经验有限性的策略性妥协。

第二节 偶然经验遭遇与文化建构方向

文化的经验建构虽然是内在于先验文化概念的要求，但是并不能先验地自主启动。因为，先验文化概念及其关联概念是纯粹的抽象形式，不能提供文化建构活动所要求的存在内容。自然，意识存在所内在的存在冲动的主动性也就没有实施作用的对象。可以说，先验文化概念的初试经验化仅仅是以抽象的对象观念即其一般逻辑属性，来激发和规定文化的经验建构的必要条件，其成果只是触及了文化的经验建构的边缘，还没有造就具体的文化的经验建构的充分条件，仍然有待特定存在对象的显现。

初试经验化是在纯粹文化概念的先验语境中所能达到的最高经验思维。因为，内容还是先验范畴，而先验文化概念的经验建构则具有对象—反应结构，特定对象的给定才能触发先验文化概念而设立文化的经验建构任务意识，并借助意识存在内在的先验存在冲动而推动文化的经验建构进入现实行动阶段。但特定对象的给定不仅是外在于意识的，从而形成文化的经验建构的被动性，而且本身是一个经验事件，按照经验结构其内容本来不在意识的原有存在之内，意识不可能主动地把握经验的方向，只能随机后验接受。这使得文化建构可能对象的涌现显现出不确定性，从而形成文化的经验建构的偶然性。被动性和偶然性一起，构成文化的经验建构的现实造就的内容偶然性。质言之，具有必然性的文化的经验建构，究竟现实地在可能的存在中的哪一方面发起一种文化的经验建构，是偶然的，只能诉诸经验的遭遇事件。

第三节 文化建构方向：偶然视角

存在建构是文化的经验建构的本质，文化就是设立某种存在建构的可重复使用的指导规范。因此，与文化建构相关的先验文化概念及其所有根据都成为文化建构的支配要素。

首先，作为一种存在建构，文化建构必须采取意识存在活动样式。意识的存在创建活动必须以一个意识存在为基础，由此按照存在相关线索展开存在建构。因此，文化建构必然以在先拥有的某种存在意识为出发点。在意识的存在建构的世界关联要求下，这种存在意识不仅仅具有启动存在建构的形式作用，而且发挥制约存在建构内容的实质作用。通过存在建构可能性的存在相关原则，它限制文化建构的对象选择，那些与给定意识存在不具有存在相关性的对象就不能被采纳为文化建构对象。用通常语言说就是，先见制约文化建构对象的选择。其实质为，在先给定的意识存在按照存在的关联扩展要求追求相关存在的创立；同时，按照特定存在内容间发生存在统一关联的特殊匹配要求，它也具有包容特殊对象内容的有限空间，不是任意特殊对象都可以与之进行统一存在建构。

给定意识存在与对象存在的存在相关确认，是以对象存在显现中的直接存在为考察内容的，而文化的经验建构则是以对象存在的全部内容为可能对象内容的。但是，并非全部对象内容作为不可分割的整体一同参与实际的文化建构，而是关切什么，把什么内容确立为文化建构的合理对象，有待依据作为先见的给定存在的内容特殊性与给定对象的某种特殊内容间的存在相容判断来选择。因为，在作为先见的给定意识存在与给定的文化建构对象之间的存在相关确认中，后者是抽象地以自己的直接存在（类属性）参与关联判断的，其所包含的诸多具体内容并未被分别审视，有可能仅仅是一部分内容参与存在相关关系，而另一部分内容并不参与存在相关关系。而作为先见的特定意识存在与可能的文化建构成果之间并不存在必然的可预见关系，由此给定对象的特殊构成内容中哪些内容具有文化建构前途便成为不可必然确定的，只能外在地根据一般经验联系为线索来选择，并不具有内在合理根据，属于一种意志决断行为。在文化建构的"普遍本质—偶然特殊内容群"结构中，对应具有偶然性，而相互匹配要求又使得不能简单地把全部对象给予内容一起纳入文化建构中，否则会产生任意关注而导致文化建构失败。

在确定的文化建构对象内容下，由于在先给定的意识存在与可能的文化建构结果之间，逻辑上具有多种可能的关联，也就是二者之间在世界概念所设立的具体意识存在关联系统中所处地位会有各种可能格局，这取决于文化建构意识存在所取得的逻辑高度。但在文化建构认识过程中，限制根据仅仅是给定的意识存在和抽象的存在相关要求，而面对特定对象内容在逻辑上有不同的存在建构方式，因为给予的对象具有复多构成内容，在逻辑上其世界化或者说存在关联构建方式是多元的。同时给定意识存在与文化建构结果之间的存在相关要求又有多种可能实现方式，所以作为文化建构成果的意识存在不可必然确定，可以有不同的世界中地位，是一种认识偶然事件，不可具体预测。质言之，文化建构的认识层次或者说根据深度带有主观偶然性。

作为文化建构活动启动基础的给定意识存在的现实涌现和被关注，是偶然的意识存在事件，而牵连出现的给定文化建构对象的何种内容成为文化建构活动的有效参与内容也是偶然的。两种偶然性叠加，使得文化建构方向被视角化，即成为产生于意识存在的某种给定和对涌现的文化建构对象特殊内容的选择意志的偶然事件。

第四节　文化的逻辑特殊性

文化建构的偶然性仅仅说明它当下存在呈现的认识不确定性，并不能以此断定它必然是可以别样的，因为意识存在建构具有创造性，不能逻辑地消除未知性而把握其现实存在与否问题。在文化建构活动范围内，是否能够真正建立起多个文化存在，是一个认识事实问题，而非一个逻辑可判定问题。但是，如果超越文化建构的认识活动视野，针对文化建构成果作形式断定，那么就可以把它放在意识构建的先验根据之上，作出逻辑特殊性判定。因为，特定的文化建构的本质是参与意识存在的世界构建，世界概念必然具有对它的限制规定权利，其效应具有逻辑力量。

世界概念是根源于意识存在形式和存在概念的存在组织形式，一切个别存在必须在世界中证明自己的存在合理性。而对于有限意识，世界概念的实现总是在历史道路上向着经验开放。因此，不仅特殊内容间的普遍存在构建具有认识上的多元可能性，而且在逻辑上，被特定概念对特殊存在内容的包摄能力的有限性和对象内容的经验开放性所决定，世界构建是可变化的。同时，由于存在概念是世界概念的根据，而存在概念坚持存在的同一性，不容两个世界建构并存，所以任何当下特定意识存在所牵连带出的世界都是可能世界中的一种，逻辑命定是一个不能排除其他存在构建方案的特殊世界。这种包含着互相颠覆作用的世界的历史变动性，决定当下的世界是一种偶然的存在组织方式，而其中的参与构建内容相应地也被定性为有待审视的临时存在，其存在性的当下确立仅仅是对当下特殊存在内容所特殊构建的世界的无批判接受。因此，就特定的文化建构而言，自然就具有一种逻辑特殊性。

对世界概念批判而生成的文化建构特殊性观念，不是基于比较性认识确立的，而是在文化建构的上位规定根据的作用下抽象地形成的，演绎而非归纳才是其论断方法。这意味着，即使仅仅拥有一个文化观念也会对之作出存在特殊性判断。

第三章 文化的经验建构及其差异命运

第五节 文化内容的存在调适

已经阐明，文化建构中存在多种偶然性，它们让文化建构在逻辑上陷入零散孤立，潜在使各个文化建构成果之间互相割裂甚至对立的可能性。然而，文化建构的本质在于追求存在，应该体现存在概念。按照存在概念，存在具有绝对规定形式，参与存在概念而具有存在相关关系即存在关联，是对共享存在概念的所有内容的要求。这意味着一切文化建构间要互相相容且构成统一于某种最高存在的存在关联关系，以"世界"的方式承担存在概念。但文化建构的认识偶然性无法直接满足文化的这一存在逻辑，文化建构在不同领域的活动存在互相隔离和彼此漠视的可能，其建构结果间可能存在对立和矛盾。

在个别文化建构的认识偶然性与文化的整体存在逻辑相矛盾这一问题上，意识界必然支持后者而要求恢复文化建构之间的存在统一性。因为，在文化建构中，以意识存在形式为根据的存在概念占据逻辑支配地位，它不容个别文化建构之间的矛盾破坏存在概念所要求的存在的世界化。申言之，存在概念虽然不能进行对个别文化建构的合世界性前瞻性控制，但必然通过世界概念对文化建构活动进行事后管理，对它们进行统一关系的检查和修正，并展开二次世界构建，增益或删除某些文化内容。

关于文化内容的存在调适不仅仅消极地局限在分散的文化内容间，而是在协调既有文化内容的过程中必然面临新存在的创立任务，只有完成文化创造才有可能满足存在概念的要求。在这种存在创造的背景下，一切推动文化建构的概念和原理再次发挥各自的逻辑作用。因此，文化建构的所有问题和发生情形都重新出现，使文化建构进入反思和探索。文化建构结果间的存在漏洞诱导发现新的文化对象，而存在矛盾推动发掘具有更高存在普遍性的文化观念，并删除某种文化构建，重建相应存在对象的文化存在。

第四章

文化气质

第一节 文化气质的缘起及概念

文化建构的内容偶然性介入文化存在之后，形成对纯粹文化概念下的文化自我理解的冲击。文化概念是被纯粹存在概念所推动而确立的，在其中，仅仅考虑存在的形式属性，并不涉及内容特殊性。当在文化的经验建构中开始确立特殊内容的存在地位后，文化存在就必然产生关于自己存在本质的自我意识的变化。质言之，带有偶然性的特定内容因素的加入，把文化的经验建构逼入一种强迫情境，即必须在违逆先验文化意识的条件下抽象地对文化内容特殊性采取某种文化确认，在文化概念范围内选择文化内容体现文化定义的方式。这必然使文化的现实存在表现出普遍变样，定义文化的本质属性必然因接受内容偶然性的作用而作出现实调整，跟随内容偶然性而有自己的具体规定。

然而，文化概念中的普遍本质属性与内容偶然性并不存在确定的作用关系，不可能生成单一的确定结果，因为偶然性本身必然是不可确定的，相应地其效应也就不可确定。但是，文化存在的本质在其现实存在上必须确定，否则就不成其为文化。这便要求在文化的经验建构中必须独断地选择一种文化概念的本质属性，即对"态度""存在构建的自然倾向""维护和眷恋"加以自由裁量和特殊规定。这在逻辑上是可能的，因为文化的经验建构已经是在先验文化概念推动下的有自觉意识的行为。

文化内容的存在偶然性可以有不同表现——否则也就不存在所谓偶然性了，内容偶然性中的每一种特定情况应该对应一种文化概念普遍属性的特定表现。但是，这种在经验建构中具体发生的关系又是不可预见的。所以只能抽象地思考"偶然性"，而其可能表现和作用交付自由裁量。也就是说，文化内容的存在偶然性使文化概念的各本质规定要素拥有一定的变样空间，在保持规定之同一质性的条件下可以有差异表现。

一旦针对文化建构内容的存在特殊性作出具体的文化概念修订，就会形成对所有可能的文化建构的普遍拘束，构成一种贯穿文化生活可能行为的原则，发挥文化存在形式和规范的功能。从文化存在的描述意义上说，它形成一种特殊面貌；从文化存在的反思意义上说，它形成一种特殊的文化自我意识；从文化存在的发展意义上说，它形成一种特殊的可预期取向。因此，面对文化内容的特殊性对文化概念所作出的抽象决断，是文化经验建构中的一种无形品格，它塑造一种现实文化存在的风格，构成文化存在的可感气质。所谓文化气质，就是根据文化内容特殊性对文化概念作出的自由变样所造成的作为文化建构前提的一种文化的普遍存在特征。它具体表现在文化概念的内涵中，沿文化态度、文化构建的自然倾向以及文化的维护和眷恋三个维度绽放，其情形为，在缺乏确切根据的条件下，把偶然性自由地独断为某种确定性。

第二节　文化情绪

对存在建构方式采取积极评价性的肯定和欢迎态度，是文化的本质构成属性。在纯粹文化概念中，它仅仅被普遍存在概念和抽象思考中的存在构建形式之间的一致性所决定，表达一种普遍接受立场，单纯而无差别意识，属于绝对质性规定，必然而明确。而在文化的经验建构中，虽然评价关系中的存在概念标准因素是同一的，但是被评价的对象却发生了变化，不再抽象地取义存在建构形式，而是伴有内容特定性。在这种条件下要作出评价性态度选择，就遇到批判性审核而使问题复杂化。因为，由存在概念所推动和引导的存在建构，其目标形式是作为绝对关联系统的世界（概念）。而在逻辑上，世界的经验建构即具体内容建构具有二重可变性，即给定内容间的关联路径的可变性和内容开放性所导致的存在构建可变性，二者都有可能要求世界重构。在此情形下，任何特定内容的当下存在构建都面临被颠覆的潜在挑战，因而其存在可接受性是不确定的，也是不可预测的。然而在文化的经验建构中却要求作出当下的某种存在确认，暂时接受其存在的确定性。于是，必须把特定文化存在偶然性纳入文化概念的使用中，具体地采取某种文化态度。

面对文化建构的特定内容给出合存在评价，是采取文化态度的必要条件，但内容的确定性并不意味着其存在意义即世界概念下存在地位的确定性，相反却充满偶然性。这种偶然性的连续变化和自由过渡空间为从完全肯定到完全否定，文化态度需要在其间权衡作出选择。由于这种偶然性本身的无根据性和不可测度性，文化态度的权衡变成一种态度强度上的自由裁量，其判断呈现比较级形态：完全接受、强烈接受、一般接受、高度冷淡、一般冷淡、完全拒绝，等等。在这一可能的变化轴线上具体停留在哪一点上，只能取决于随机独断，因为没有任何可靠的根据。由此，纯粹文化概念中的文化态度变得主观而带有立场预设性，显现为对待文化的一种抽象态度，采取了情绪形式。所谓文化情绪，就是没有可靠理性根据地对可能的文化内容主观任意地评价其存在偶然性而采取特定对待立场。

文化情绪包含对可能文化存在意义的认知性权衡，它是被先验存在概念和文化内容存在意义的偶然性之间冲突纠缠的结果，在信与疑、尊重与轻蔑之间的漂动中所采取的印象性赋值，具有强弱变化这种存在表现。

由于文化情绪缺乏普遍的理性根据，所以具有直接的意识个别性，即应该是每一文化意识主体所作出的主观自由选择。因此，普遍文化情绪或者说一种文化的社会性文化情绪，只能通过文化意识的外部存在条件来形成，在社会交往中加以约定。

主导文化情绪形成过程的是存在概念向偶然文化存在内容的抽象使用，其机制为合存在性评价，落入价值范畴，因此价值概念是制约文化情绪的基本根据。

第三节 文化器宇

存在建构方式的自然倾向化是文化概念的一个本质要素。它意味着作为存在建构方式的内容具有选择性和稳定性。在先验范畴内，这种被抽象对待的存在构建内容的主观特定化，一致于世界的构成要求，可以扩展指向世界的形式，逻辑上包含存在建构的世界化的完成，以可能的整体承担存在概念的评价，并无差别地考虑不同内容的世界地位和存在意义。但是，在文化的经验建构中，内容呈现的偶然性在逻辑上截断了文化建构通向世界化的必然性进程，使得不能保证通过已有特定内容扩展到可能的其他内容，并完成存在建构的世界化要求，从而只能有限地针对现实内容进行存在评价。因此，对于文化存在而言，特定现实内容就是其全部文化意义，只能由其承担文化评价。在这种逻辑作用下，文化存在内容的意义被合法地加上具体特殊性，存在评价具体地针对特定内容，其世界地位因其特殊性而定，价值取得亦随其特殊性而变化。

文化作为存在建构的定型化所直接涉及的是世界形成方案，在一种排他性选择中确立一种特殊的世界构建路径。因此，先验的世界概念是特定文化存在的评价和调节根据，支配纯粹文化概念的"存在建构方式的自然倾向化"这一普遍本质要素怎样具体落实在特定文化存在之上。对于存在建构而言，世界概念包含两种逻辑规定。一是世界内的内容具有有序关联结构和统一关系，特定内容被安排其中并获得特殊地位。二是世界建构具有多元性，面对同一给定内容可能存在多种存在内容的世界化方案。对于特定文化存在来说，就是特定文化存在内容具有怎样的世界存在意义和如何迎接另"元"新文化。申言之，可以沿着两个规定的方向分析世界概念对"存在建构方式的自然倾向化"的调节和限制作用。前者可称为内在纵向规定，后者可称为外在横向规定。

首先，从内在纵向规定看，"存在建构方式的自然倾向化"意味着特定文化内容对世界的定格，即选择了一种世界化的特定现实立足点。由于文化的经验建构带有内容偶然性，使得这种选择不能通向可能的更高关联内容，因而便具有文化存在上的强制接受性，限制在自身之内而不能或拒绝向可能的世界关联扩展。这意味着确定了特定文化存在的逻辑原点，从而规定了特定文化存在在世界关联系统中的位置或高度，同时也由逻辑原点内容的特殊性和其他给定文化内容的特殊性规定了文化的可能拓展空间，因为特殊内容间的世界化关联不是任意的，而是互相间具有特定要求。其结果为，作为占据"存在建构方式选择的自然倾向"的特定文化存在内容，具有内在的存在内容包摄限度，新生存在对象内容的涌现可能导致原有文化的失败和重建。从存在的世界化角度看，要求文化建构具有更高的普遍性和相应的存在建构内容丰富度。因而针对给定存在对象，逻辑上存在可能的合理世界构建方式。所以，特定的文化建构如何偶然地进入世界和切入其中的何种逻辑节点，就具有文化建构的可评价意义。其情形为，特定的文化建构占位越高，就具有越大的存在建构支配范围，越接近存在的本质，越具有推动文化内容扩展的能力。也就是说，从存在构建的世界形式看，一种特定的文化建构可以有不同的世界化属性，其最高理想为达到绝对的存在统一，而最差表现为直接触底个别经验。同时，与之相伴随，特定文化内容也影响文化扩展的前景。在这一连续性嬗变历程中，存在规定内容和关系由繁密到疏离，由精细到粗陋，由高雅到鄙俗，由深刻到浅薄，表现着一种文化对存在的把握水平，决定它的视野，可以称为文化深度。

在直接的文化建构和孤立的文化存在中，一种文化并不会产生文化

第四章 文化气质

深度的评价。但是，在反思中，根据文化建构偶然性和世界概念所蕴含的内容结构意义，却可以针对一种文化逻辑地设立起关于它的文化深度意识问题，尽管不能具体地给予评价。这种反思既可以根据相关概念而逻辑发生，也可以被不同文化间的差异所刺激而偶然发生。

其次，从外在横向规定看，由于面对同一给定存在对象逻辑上可以有不同的世界建构方式，所以在特定的文化建构选择之外，可以现实地存在其他特殊文化，或者也可以设想其他文化选择从而否定当下文化建构选择的唯一性。必须指出，所谓同一给定存在对象不仅指具体显现为具有直接存在关联的对象，而且指逻辑上具有间接类属关联的对象，前者具有空间同一性，后者可以是空间分离的。文化的经验建构的内容偶然性在逻辑上直接支持对世界概念多元性的这种使用，因为由此说明它不能把握自己的存在必然性和可确知性。世界概念的这种使用形成对特定文化选择的独断意志的限制作用，逼迫其反思自身存在的世界构建效力。其结果是，特定的文化选择建立起关于自己存在属性和地位的一种自我意识即文化地位意识并成为自己的构成内容。然而，同样是文化的经验建构的偶然性，使得这种反思具有结果偶然性。因为，它使特定文化建构选择的世界地位陷入无法理性判定状态，只能随意猜度和独断，可以在完全肯定自身而拒绝他者性文化和完全否定自身而接受他者性文化两极之间自由连续流动。偶然性导致各种可能的文化建构方案之间逻辑对等，因而特定文化的任何自我地位和权利主张都可以抗辩来自不同文化的批评。正因如此，这种反思带有偶然性，特定文化存在特殊内容本身作为在先给定的意识存在建构基础，制约着这种他者文化可能性的反思的发生和具体判断。这种反思中偶然生成的文化自我意识，成为附着在特定文化建构之上的一种意识。在文化深度的本然极限处，就应该转向另"元"新文化的建构，而受特定文化存在影响的这种文化转换可能性的反思结果，会影响能否恰当及时地实现这种文化转向。

文化地位意识关联着文化他者观念而显现，反映为文化间关系的预设和态度。它可以是宽容,也可以是偏狭。所谓宽容,就是设想其他文化的存在可能性和存在权利,在设立他者文化的可能性及其合法地位中,向文化转型或者文化学习和交融开放,因为各个同样偶然性的文化建构选择之间,相对可能的世界整体而言,逻辑上可以占有世界中不同地位而发生关联和互补。所谓偏狭,就是独断地确立自己的绝对存在地位,排斥其他文化的存在权利。异文化排斥具有意识存在先验形式的深层基础,存在概念的逻辑同一性追求世界的单一性。而文化的经验建构的偶然性可以造成不同文化建构之间的存在隔离和对立的判断选择,也可以支持另一种选择即想象它们之间的互相相容。如果是前者,那么一种文化就会陷入对其他文化的厌恶、蔑视、仇恨等消极情绪中;而如果是后者,那么就会有宽和、尊重、善待等积极情绪。由于在现实中,一种偶然性的特定文化对自己存在意义的领会可以偶然地被其实践效果和实践环境所刺激而发生变化,呈现出不同的自我确信强度,所以在两极情绪之间存在连续的量变过渡,可以有许多中间形态,即以不同的条件限定采取某种情绪类型。另外,由于文化建构本身就具有偶然性,所以也可以纯粹主观地自由改变自我确信度,从而任意改变文化地位意识而在两极情绪之间作出自由选择。可以把一种文化对待他者文化的这种态度称为文化宽度。

总之,特定文化存在的内在纵向深度和外在横向宽度一起,形成一种文化对先验世界概念的经验领悟和应用水平,表现出它对存在的世界边际的追求和胸怀,决定这种文化的世界发展可能性,是潜在的存在建构和扩展能力,可以称之为文化器宇。文化器宇是沉浸在特定文化这一有限世界中而对世界概念的追求,带有特定文化的内容特殊性烙印,是对文化的世界性的一种际遇和自然理解,表达特定的文化理想。没有离开特定文化存在的文化理想,它必须在文化存在中已有所体现。文化器宇是从特定文化存在的文化深度和文化宽度升华和抽象出来的文化存在理想。

作为文化的世界化追求的精神品格，文化器宇是以与特定文化所客观具有的文化深度相关但又具有独立性的抽象文化深度追求意识，以及与特定文化所应当具有的文化宽度相关的抽象文化宽度追求意识为构成元素融合而成的，生成一种发挥世界建构特殊功能的单一观念。因此，它具有独立于特定文化存在本真世界意义的世界建构意义，不能再简单地还原为文化深度和文化宽度。

　　文化器宇以对世界概念的追求和体现为本质，指向对给定存在对象的存在建构的提升，要求超越当下存在内容及其文化建构水平而达到对世界概念更高的占有。这构成关于存在的形而上学，只有形而上学的超越品质才能满足世界概念的经验开拓需求。在文化建构的形而上学反思中，才能敞开存在建构的更普遍境界和存在建构可能性。可以断言，形而上学的趣味和能力，完全决定文化器宇。如果缺乏或反对形而上学，那么便造成文化的狭隘，甚至完全封闭在偶然确立的文化存在之内，夸张地自我陶醉和追求霸权。相反，如果富有形而上学精神，那么就会产生宏阔的文化自我意识，不断地让文化建构向世界概念开放。文化建构中的偶然性在逻辑上支持文化建构不断重试形而上学，因为它说明任何一场基于某种形而上学的特定文化存在，其前提都不具有世界建构的逻辑稳固性，必须接受可能的另一场形而上学。

　　没有形而上学，文化建构就会陷入低俗、平庸、死板，而坚持形而上学精神，文化建构就会充满高雅、崇高、活力。因此，具有多少和怎样的形而上学因素，在文化的经验建构中便能够塑造多大的文化器宇。精神的批判品格对于文化器宇具有决定意义，因为文化的自我超越具有理想设定条件下对给定存在的批判性反思这一认识结构。

第四节　文化意志

　　"自我维护和眷恋"这一纯粹文化概念的本质规定性，是指文化总是坚持自己的存在，努力驻留于特定文化之中，抵制文化存在的毁灭。其形成机制为存在概念向文化存在作用而确认其合存在性，而得到存在确认的文化存在获得进一步的存在构建权能，走向世界性关联。在先验意识存在中，世界是存在概念的展开，一致于存在概念，世界赋予其中的特定存在以外在的存在性确认，由此存在概念的原始存在性赋予又得到其结果的反馈性加强，二者形成封闭性循环。与此同时，世界的现实存在的先验一元性逻辑地把特定文化提升为唯一的存在建构方式，从而使之定型化，并形成有意识的存在稳定性主观追求①。但在文化的经验建构中，由于包含文化建构的偶然性，它有悖于原初被思考时的单纯必然同一性（世界形式），冲击着作为"自我维护和眷恋"根据的世界概念，因此必须分析其作用效果。

文化建构偶然性说明任何特定文化建构都不能获得确定的世界化意义，因为它不能完全摆明自己的根据，从而不能证明自己是必然地通向世界关联的一部分。这不同于世界概念下的世界建构方式多元性。后者是完成世界化关联的不同方式，结果是多个世界的显现，而前者是一个世界的内部关联贯通可能性，是世界化能否完成的问题。偶然性既没有彻底否定文化的经验建构的合先验世界性，仍保留着它通向世界化的可能前途，也没有完全肯定它的世界化地位，因为建构根据的缺损使得其世界化道路充满不可把握性，迷雾重重而无以判定。质言之，偶然性使文化的经验建构是否是可接受的（合理的）世界的有机组成部分问题处于悬疑中，其世界化意义在是与否之间飘荡。此外，如果再考虑世界的多重化及其相互间的存在化力量差异和相竞，那么偶然性将给文化的经验建构带来自身世界化之外的存在优化判定的不可能性问题。因为，在偶然性限制下，文化的经验建构的可世界化规模在逻辑上是无法判定的。而在世界相竞中的存在淘汰原理下，优劣比较具有存在概念下的存在权

---

① 崔平：《文化模式批判》，江苏人民出版社2015年版，第105—106页。

利保持意义。因此，偶然性又给文化的经验建构次生一种意义的不确定性，以形式的重合性叠加在由世界化前途所产生的两极式偶然性之上，即对文化的经验建构的世界有效性判定的两可状态。

本来，世界化以存在概念为根据，逻辑上二者具有一致性。其中，世界作为纯粹的存在关联的系统形式，意义明晰而确定，必然地实现存在概念，而存在概念则把完整的存在意义赋予世界。然而，现在文化的经验建构的偶然性给其世界化前途带来了不确定性，从而丧失了参与文化概念的世界概念的确定形式意义。因此，在文化的经验建构中，世界与存在概念的原本逻辑一致性被打破，仅仅剩余可能的事实一致性，即让文化建构具体内容碰巧具有世界关联能力这一具体存在事实，来承担存在概念。其结果为，文化的经验建构享有怎样的来自世界化的存在确认支持，成为一个不确定问题，即无法理性判定与特定文化建构相应的世界的具体身份，或者完全具有世界意义，或者完全不具有世界意义，或者仅仅具有部分世界意义。

文化建构本身的世界地位的这种偶然性，使相应的世界想象丧失对存在概念的必然占有权利，其存在意义残缺而模糊。因此，作为与文化建构相牵连的可能的世界，不再能够向文化建构提供健全的存在确认支持，而是只能设想它的漂浮不定的存在支持。其后果为，世界性对特定文化内容的存在性确认这一联系环节丧失必然确定性，斩断了文化建构向世界化寻求存在确认的逻辑路径，仅仅为其留存一条被弱化的借助世界概念的自我存在确认道路，即因不可逻辑判定而让渡给主观裁量。这使文化概念中的存在确认的循环结构遭到破坏，只有存在概念向文化建构内容本身的存在确认使用这一联系仍然保持逻辑确定性，而世界化向文化建构内容提供存在确认这一联系却变得不可把握。这不仅仅简单地是文化建构的存在确认力量的弱化，而是存在确认的结构残缺，产生存在确认的成功与否问题。因为存在概念向文化建构内容本身的直接使用，是对文化建构内容本身的内在存在形式进行合存在概念判定，而按照绝对规定性和逻辑同一性，它要求一个特定存在内容要实现与所有可能存在内容的绝对规定性关联，即融入世界，然后才能获得充分的存在性。前者是存在概念向文化建构形式的内在使用，后者是存在概念向文化建构内容的外在使用。只有二者完成互补性共在，才能真正完成存在概念的完整存在确认。

　　循环性存在确认结构被文化建构偶然性攻击之后，其作用发生的必然性被撤销，作用力量陷入不确定的衰退之中，但是并没有彻底瓦解。因为，偶然性本身并未完全否定发生存在确认的可能，同时意识所内在的存在建构追求依然存在，它必然坚持利用文化建构所牵连的偶然的世界化来推动展开有限的文化建构，即以某种方式恢复世界化的存在确认效能。在逻辑上，偶然性封闭了认识的空间，因此虽然可以抽象地设想文化建构世界化的不同水平，但却不能拥有具体把握它们的可操作方法。这使得只能策略性地设定世界化的存在确认作用，同时把世界化的偶然性转换为限制其作用的结果即对特定文化建构的维护和眷恋的形式和强度。这已经不是一种理性认识活动，而是在没有可靠的认识根据条件下，凭借一种对特定文化建构的可世界化水平的信念所进行的一种博弈，超越认识能力和认识范围所作出的独断性自由抉择，落入所谓意志范畴。文化意志由此诞生。

　　由于在意识存在范围内，作为文化意志根据的存在概念及其作用是必然的，所以文化意志的存在是必然的。但是，由于文化建构世界化的偶然性及其存在确认效力的不可测度，所以文化意志的表现是偶然的，即一种文化建构采取何种自我维护和眷恋，是多样的和主观的。逻辑上，在当下接受一种文化建构后，兑现弱化其存在的可能方式就只能是限制其将来存在前途，在世界概念引导下，敞开历史变化的可能性。偶然性的存在赋值有完全肯定和完全否定以及二者之间的连续性的可能状态。因此，文化意志虽然拥有独断权利，但是也必须接受偶然性的值域限制。如果对特定文化建构的世界化前途采取完全肯定的信念化立场，那么就会获得绝对乐观的文化意志，即极端坚持对它的存在维护和眷恋，封闭任何变革可能性，这就是文化保守主义。如果采取完全否定的虚无化立场，那么就获得绝对悲观的文化意志，即极端抛弃对特定文化建构的任何存在维护和眷恋，甚至一般地放弃任何文化建构的可能性，这就是文化虚无主义。更丰富的文化意志表现存在于二者之间，即对特定文化建构的世界前途持各种各样的怀疑立场，相应地对其存在有效性采取限制，有条件地设置文化变革的可能性和合理性，接受文化的历史开放命运，这就是文化自由主义。三种不同的文化意志类型，会接受和使用不同的维护文化存在的社会工具：文化保守主义与文化虚无主义是暴力，文化自由主义是和平。因为，在逻辑上，一切极端主义都绝对刚性，敌视任何异见而欲毁灭之。相对而言，折中主义则在反思中发现问题的复杂性，为异见者保留了可能的存在合理性，从而倾向于宽柔共存，把各自的命运温和地交给历史的裁判。

一种文化采用了怎样的文化意志，是历史的偶然，是与偶然性博弈的结果。文化意志切中的是大世界还是小世界，博弈决断带来的历史存在效应是积极的还是消极的，都是不可理性预卜的。因此，文化意志的偶然表现是一种文化运气。

第五节 文化气质的现实变换逻辑

文化气质本身不涉及存在对象的实质文化内容，而是关于文化建构内容所附加的形式规定。它隐没在特定文化内容之后，并不直接显现为关于存在对象的存在建构活动，但是却潜在地支配文化建构方式和方向。因此，文化气质本身是特定文化的构成内容，作为一种文化意识而存在，参与到特定文化之中，并与其他文化内容相区别，独特地构成特定文化的某种抽象属性。它笼罩文化存在，规定和推动文化对存在对象作出文化建构反应，牵连和影响文化的现实存在。因此，文化气质必须遵守文化建构的根据即存在概念的普遍原理的一切规定，并且与其他文化构建要素一道参与存在概念统一作用下的文化建构，以便成就文化的存在现实性。

存在概念要求同一显现中的内容间必须具有统一关联和互相间的绝对规定关系。因此，文化气质作为文化存在的一种存在表现，本身必须具有合存在形式性，其各个本质要素间应该遵守存在概念所内在的逻辑原理，互相间可以存在相容。因为存在概念在逻辑上要求存在构建上的一元统一性，分离和对立与存在概念相矛盾。由此产生文化气质各个本质要素的各自不同特殊规定怎样进一步互相结合的问题。从一般可能性上说，它们的结合发生在三个本质要素所属的各种规定之间，其组合服从数学规律，具有巨大的组合空间。但是从逻辑合理性上说，其可接受的组合具有质性限制，只能发生在三个本质要素的选项之间并且不能存在矛盾。具体而言，文化情绪的选项为接受、拒绝和有限怀疑；文化器宇的选项为文化深度意识（深刻—高雅、浮浅—庸俗和游移在二者之间的实用—平凡）和文化宽度意识（宽容、偏狭和游移在二者之间的平和）；文化意志的选项为保守主义、虚无主义、自由主义。在这些文化气质的可能样式选项中，展现了文化气质的无限想象空间，除了文化情绪的拒绝和文化意志的虚无主义，以及文化器宇的浮浅和偏狭这三个极端消极选项只能作三者之间的结合，而不能与其他选项结合外，其他各种选项之间都可以任意结合，形成逻辑上具有连续性的文化气质表现轴线。因此，文化气质具有可想象的无限丰富的现实样式。

第二部分

预卜文化的竞争命运

第一章

文化多样化

第一节 文化观念的多样化逻辑

文化的经验建构缘起于特定存在对象,在遭遇某种存在领域后,纯粹文化概念在意识的普遍存在冲动推动下寻求自己具体的存在建构体现,即在该存在领域复制某种存在建构方式。这是一个普遍概念向特殊领域的适用过程,按照纯粹文化概念,应该包括构建特定的存在建构模式、确立对这种存在建构模式的自然选择倾向、形成对存在建构模式的态度和树立维护这种存在建构方式的意志。就先验文化概念而言,后三个环节普遍同一,唯有第一个环节以内容的特殊性而相互区别,预设了文化建构的不同存在,使可能的文化的经验建构成为可数的。但是,就文化的经验建构而言,以文化气质这一表现方式,后三个环节也同样成为文化的区别要素。然而,由于三者作为文化气质的出现是偶然的,而且它们也基于和针对存在建构方式而发生,所以在文化的经验建构中具有讨论价值的相互区别问题只能是存在建构方式的文化区别功能。对于文化气质的文化区别,只能一般地说它直接造就文化区别。

在存在建构方式的经验构造中,给定存在对象作为文化的承受者,决定文化内容的可能空间,即虽然文化是针对存在对象的主观设置,但由于特殊内容间的存在关联不是任意的,而是具有内在的相互契合要求,所以存在建构方式必须适应存在对象,具有内容限定性。因此,不同种类的存在对象，便会有对应的不同存在建构方式。也就是说，在文化的经验建构中，存在情境直接影响和设定不同的文化观念。另一方面，由于在文化的经验建构中，面对特定的存在对象的特殊内容，逻辑上可以有不同的存在关联方式，因而认识上可以有不同的存在建构方式，所以同一存在对象可以有不同的文化建构内容选择。两相叠加，逻辑上使作为观念的文化拥有数量开放的差异性存在。

但是，不同的文化建构观念的差异真实性受到世界概念的统一性和存在概念的同一性的质疑，文化的经验建构必须通过自身的某种属性来抵御这种消极压力。

从世界概念的角度看，暂时呈现隔离状态的各种存在关联（群）之间可以是能够加以中介和贯穿的，从而连通而共同享有同一存在意义，因为当下的分离可能是认识局限的结果，可以在认识发展中加以消除。不同存在对象所属的不同文化观念就面临这种差别意义的被取消威胁。而同一对象所属的不同文化观念，则承受来自存在概念的取消并存地位压力。因为存在概念的同一性或单一性不能接受同一存在对象可以有多种存在建构和描述这种情形，它总是企图把它们收缩为一种存在建构。文化的经验建构的偶然性一举消除了这两种取消不同文化观念独立性的可能性。偶然性使得在逻辑上否定了在各个不同文化观念间建立起必然性关联的合理性和认识可能性，同时也迫使不同文化观念的同一化停步，因为偶然性从根本上否定了在它们之间作出存在意义比较的可能，偶然性让它们处于存在意义的平等对抗之中。总之，文化的经验建构偶然性确立起不同文化观念的独立性，使它们有权利获得有效的文化观念身份。

文化建构偶然性所挽救的是世界概念和存在概念从认识发展可能性角度对不同文化观念独立性的取消，而从这两个概念的存在构成理想看，不同文化观念则面对各自自身存在合理性的质疑。因为，作为文化概念根据的存在概念和世界概念，要求至高的承担组建存在任务的地位或能力。然而，文化的经验建构偶然性使得任何文化观念都不能获得这种判定。这使得各种文化观念——不论是不同存在对象对应的不同文化观念，还是同一存在对象所属的不同文化观念——都不能进行文化建构意义上的自我肯定。文化建构中的文化气质的多样性可以提供抵御这种自我怀疑意识的力量。文化气质是确立文化的经验建构的一种策略性决断，它在经验存在之内选择一种文化的可接受性并直接适用于所意指的存在建构方式。而文化气质的多样性为不同文化观念获得这种自我肯定奠定了基础，在不同的可为自己的文化意义进行辩护的文化气质中确认自己的文化存在地位。

不同文化观念在获得存在独立性和文化地位的自我肯定后，便最终形成文化观念的多样性。其中，三者之间构成一体存在关联，即不同文化观念提出存在独立性确认问题，而存在独立性提出不同文化观念的合格文化地位问题，最后，不同文化观念的文化地位的自我肯定确认不同文化观念本身的认识有效性。

第二节 文化存在的多样化逻辑

按照文化概念，文化的本质就是坚持按照特定的文化观念去管理和构建特定存在对象，因此现实的文化存在具有文化观念与存在对象的关联结构，是文化观念被落实在对存在对象的存在建构的具体操作中。而按照存在概念，存在具有单一性，不能同时承受两种以上存在规定，即一个存在对象所设立的抽象存在（存在的内在本质尚待构建或揭示），只能接受一种存在建构方式。也就是说，在指向同一存在对象时，不同文化观念间产生对抗和排斥关系。在文化观念多样化条件下，这使得一种文化观念至少在逻辑上被置于竞争存在对象的地位，并不能当然成为现实地支配存在对象的文化观念。申言之，一种文化观念必须在与其他文化观念竞争存在对象占有权的过程中，被赋予独占存在对象的地位，才能获得向存在对象的应用机会而成为一种真实的文化存在。由此，一种文化观念的存在化包含两个环节，一个是在观念界内它如何被排他性地采纳，一个是在具有绝对统一性的存在概念下能否提供可被文化观念独占的存在对象。

在文化观念多样化这一背景下的一种文化观念，逻辑上面临存在对象适用有效性的排他性竞争，唯有经过选择程序而被采信，才能进入履行存在复制功能阶段。然而，由于文化的经验建构的固有偶然性，并没有比较性选择的可靠根据，无法给出必然的理性选择。但是被存在概念下的存在冲动所决定，文化观念的采信必须进行。因此，文化气质这一文化建构行为的奠基和自我辩护形式，便成就文化的实践要求，使一个文化建构意识（主体）可以在偶然性中主观地确认一种文化观念对特定存在对象的实践权利。文化气质使文化观念的选择获得一种独断力量。

一种文化观念被独断地采信而获得存在建构方式身份后，提升为文化信念，在存在冲动的推动下作用于特定存在对象。在这一过程中，作为多样文化观念之一的一种文化观念与世界概念存在差距，因为其自身的偶然性说明它缺乏世界所要求的内在关联必然性，其世界性存在意义是未定的。正因如此，仅仅被一个文化建构意识（主体）主观独断地设立起的文化信念，缺乏对特定存在对象的排他作用力量，不能杜绝另外文化建构意识（主体）的文化信念以合世界性为理由争夺对特定存在对象的文化作用。但是，特定存在对象只能接受一种文化的存在构建作用。因此，取得当下采信地位的文化必须获得保持对特定存在对象的存在控制的经验条件，才能现实地施加存在构建作用而成为真正的文化存在。所谓经验条件，就是成就或毁灭特定存在对象的现实存在力量，其拥有具有偶然性，或者需要主观追求以致成，或者自然随机而涌现。

在特定存在对象上实施一种文化信念，便获得某种存在建构成果，显现出文化观念的存在扩展力量和与其他特殊经验内容的存在关联能力。通过世界概念，这形成对文化观念现实性的见证，为文化观念增添了一个真理元素，即按照真理概念，与经验边际相容和关联，是一个观念的真理条件之一。也就是说，文化观念以其存在建构的存在成果进一步支持文化信念的真理地位。它属于存在概念的内容使用的形态，与作为存在概念的形式使用结果的文化观念一起，构成存在概念的完整使用。在存在上，这形成文化建构的自我维护机制，即文化建构中的存在化，按其经验本性和客观作用回环式地成为提供上述对存在对象进行控制的经验条件的一种方式。

文化观念、文化信念、存在对象的文化建构（文化建构成果）三者构成文化的现实存在化。在三者间的关联中，形成一种封闭三角关系。在世界概念的映照和批判下，文化观念多样化中的一个文化观念仅仅作为主观意识而存在，因为其内容的有限性和偶然性不能被世界概念所肯定。以世界概念为中介，文化气质推动文化建构意识主观地把文化观念提升为文化信念。之后，借助存在概念，一种文化信念获得向存在对象的实施力量，因为存在概念要求必然关联的扩展并最终触及给予性经验内容，把存在对象的内容整理和纳入文化观念模式中。在针对存在对象的文化建构中，文化建构成果触发真理概念的内容使用，生成对文化观念的真理性的支持，从而完成文化观念的存在化过程，不仅为文化观念增添了存在现实性，而且巩固了文化观念本身。

在文化观念的这种存在过程中，存在概念、世界概念、真理概念均参与其中。文化建构本来就是一种存在建构，就是创造存在概念外延的活动，因此必然以存在概念为根据。在从文化信念到存在对象的文化建构中，有存在概念的推动；在从存在对象的文化建构到文化观念的真理性加强中，有存在概念的内容使用；在从多样文化观念到单一文化信念中，有存在概念的单一性或者说同一性的规范性限制。世界概念涉及不同内容间的合存在概念关联。作为文化建构对象的存在对象需要在世界概念中找到特定位置；文化观念必须以世界为参照发现自己存在性的不足,并按照世界概念的统一性提出唯一地确立某种文化观念的存在建构权利问题;而文化信念也必须以世界概念的普遍存在关联要求设立对存在对象的文化建构命令。真理概念涉及存在概念的形式(内在关联)和内容(外在关联)使用,在文化观念的信念化中需要以存在概念的形式使用所形成的真理性确认为必要条件,而文化信念向存在对象的灌注需要在真理概念的存在概念的内容使用意义上加以规范,保持文化建构内容间的普遍关联,同时,文化建构的存在结果以真理的完整意义进一步支持文化观念。

文化的经验建构的偶然性在文化观念的存在化中发挥对包含于其中的存在概念、世界概念、真理概念的逻辑调节作用。在先验意义上,三者都具有唯一性和绝对性,要求所有可能内容被置于三者的同一(一次)使用中。然而,在文化观念的经验建构中,由于文化观念生成的认识偶然性不仅使文化观念多样化,而且使它们之间逻辑平等,不可作存在、世界、真理的排他性概念使用或相互从属性和优劣判定。这造成在文化观念多样化基础上的文化采信可以多样化,即不同的文化构建意识(主体)有权坚持不同的文化观念。而文化信念的文化存在创造对象是存在概念的外延物,即一切抽象地被置于存在概念下的内容或者说享有存在概念的存在者。与文化信念的多样化相适应,它们在逻辑上也是平等的,在存在概念的同一分享中坚持各自的独立性。因此,在逻辑上二者可以形成多样性的对应组合,即一种文化信念适用于一种特定存在对象,而另一种文化信念适用于另外一种特定存在对象,最终形成文化割据场面,即多样文化信念各自在存在对象世界(领域)中排他性地独占特定存在对象而实施文化存在建构,造成多种文化存在并存。

在文化建构中,存在概念是作形式使用的。因此,文化信念对适用对象仅仅要求对象内容简单地具有存在性,即不要求来自存在概念的内容使用所确认的存在性,便可满足文化观念的存在。在经验中,存在概念的任一外延物都承载完整的存在概念，可以提供文化存在所要求的存在性，只不过限定在其构成之内，而不牵连它的外部内容关联所生成的存在性。存在概念一旦作内容使用，就导向世界的整体化方向。文化是对存在对象的本质性存在构造，恰好应合特定存在对象的这种内在构成意义上的存在。因此，在文化的经验建构中，文化存在可以割据世界之角。也就是说，对存在者世界——存在概念的外延——进行任何经验割取，都可以成为文化存在的对象。而存在概念的外延——存在者世界——在外延之本来意义上就是可以相对独立和分离的。

文化存在的多样并存以不同文化信念所占有的特定存在对象间的存在隔离为条件，在文化建构中，这种存在隔离具有主观性和相对愁眉不开，即限定为相对文化建构而言所显现的存在对象间的互不牵连，一旦存在对象间涌现新的存在关联并显现对文化存在的干扰，或者文化建构内容的发展变化打破了原来文化存在对象间的互不牵连状态，就丧失文化存在并存而多样的基础。因此，文化存在的多样并存的现实性仅仅是一种逻辑可能性，以存在概念的抽象使用的结果即协同并存关系为条件。一旦现实经验打破存在概念的抽象使用可能性，那么文化观念割据就失去逻辑基础。所谓抽象使用，就是不具体涉及存在概念的形式使用或内容使用，而仅仅涉及存在概念的存在性赋予及其由此而产生的存在物指示意义。在抽象使用中，存在概念所确认的仅仅是存在物间的并存关系，因为存在概念的外延物间在存在概念中被揭示的仅仅是平等地对存在概念的同一分享。

第三节 文化并存

多样性是文化存在的逻辑并存，仅仅断言文化可能有不同的现实存在，但并未深入涉及它们之间的现实存在关系。因此，只能说多样的文化存在是文化概念的可能外延，它们的存在之间可能有怎样的存在关系并不能根据外延属性加以确定，外延作为类的个例存在者，所能论断的仅仅是互相间的本质同一性和平等的特殊性。

文化存在的多样性肯定了存在这一前提，是作为存在概念的外延的文化存在的复多性。因此，存在概念外延之间可能有什么关系，诸文化存在之间就会有怎样的关系。

作为存在外延的存在者确认具有世界结构，即按照存在概念，作为其外延的存在者不仅要接受存在概念的形式使用以确认其存在内容间具有符合普遍存在形式的关联关系，而且要求针对其特殊构成内容作存在概念的内容使用，证明它们具有存在性，即要形成与外在特殊内容的合存在关联关系，在统一联系的合存在概念的世界中证明自己特殊内容的存在性。文化观念本身已经具有内在的合存在概念性，所以其存在问题聚焦它的世界性关联方式。

按照存在概念所建构的世界，在诸可能特殊内容间建立合存在概念的整体关联。世界在逻辑上具有多种可能的构建内容和构建方式，每个特定世界直接完整地承担存在概念，互相之间独立而不能一同分享存在概念。也就是说，世界是封闭的，互相间不能同现于一次存在概念的使用中。一个世界当下占有存在概念，必然使另外世界失去对存在概念的占有而流失存在身份，造成自己的存在灭失。

在逻辑上，作为存在概念外延的存在者与仅仅具有与存在概念的单纯属性赋予关系，并不包含与存在概念的承担者世界的关系规定，即虽然可以明确存在者必然寄居于世界中，但具体归属于哪一特定世界是自由的，可以设想在同属存在概念的承担者的不同世界间进行选择。也就是说，在逻辑可能性上，两个存在概念外延意义上的存在者可以寄居于相异世界，也可以寄居于同一世界。

如果不同文化存在寄居于不同世界，那么被存在概念的世界拥有单一性所决定，它们只能随世界的更替而依次流变，不能共同保持存在性，最多也只有一个文化存在拥有存在现实性。另外，被世界间的存在隔离所决定，它们之间不能发生存在关联和相互作用。因此就存在的现实性而言，它们之间并无并存关系，但就对存在概念的同属而言，它们具有间接并存性。可以称为时间性并存或逻辑并存。

相反，如果不同文化寄居于同一世界而各自割据世界一部分，那么它们便一起共享存在概念而分别拥有存在现实性，真正形成并存关系。可以称之为空间性并存或实在并存。

第二章

文化经验的交互主体性

按照文化的先验规律，文化建构被逻辑地设定为从主体间对话而获得社会普遍性的过程[①]。但是其经验实现的特定条件和方式还有待具体描述。

文化存在的直接现实是意识，而意识存在仅仅限定在直接的关联性呈现内容范围之内。因此，关于文化存在的意识只能发生在具有独立存在意义的一个个别意识（主体）之内。在文化的经验建构偶然性条件下，这意味着，文化的经验建构的不同意识间逻辑上处于存在分享状态，不能自然地达到必然同一。因为，意识的存在封闭性已经把不同意识确立为互相外在的存在者，而文化建构的偶然性又使它们之间失去面对同一存在对象取得相同文化建构的保证，前者在存在上割裂了意识个体，使它们成为特殊的独立意识活动者，后者在认识上消解了不同意识个体之间的观念统一必然性，使它们成为独立自由的文化建构者。因此，可以说，个体是文化的经验建构的真实实在主体，文化存在的个体建构原理是一切文化存在现象的基础和真理。

意识存在的先验形式和活动规律所产生的先验文化概念和存在的文化冲动，是文化的经验建构的根据。在世界概念的同一性中介下，先验文化概念包含了文化存在的社会普遍性，要求文化存在的个体创造者之

[①] 崔平：《文化模式批判》，江苏人民出版社2015年版，第164—165页。

间形成一致认识。在逻辑可能性上，对于陷入个体独立性的文化的经验建构来说，这种一致不能先验地默会而在特殊经验认识之前形成，相反，只能在经验建构发动之后形成，因为先验按照其本性即不涉及特殊存在内容而没有确定的存在实施视域，其关于文化的经验建构的要求只能跟随经验的显现而后验作用。由此，便提出文化的经验建构个体间的对话问题，其程序可以逻辑地分解为文化存在的自我确认和他者确认、文化存在的共建意识（协商态度）、文化的经验建构间的相互解读、文化圈形成。其认识实质为，针对文化的特殊经验建构，首先将其归属于纯粹文化概念之下而确认其"文化"身份，然后对其构成内容和存在效应进行具体把握。

第一节 文化的自我意识与他者意识

在文化的经验建构中，文化建构意识（文化主体）陷入特殊经验存在中，它需要按照意识的本性把握自己的存在和自己的存在处境。确立自我存在意识和他者存在意识，是展开文化建构对话的前提。文化如果没有自我意识和与自己相关的同样的文化建构他者意识，那么文化对话冲动就不可能产生。

文化存在是文化观念的复制，具有意识建构属性，对其存在的把握的逻辑结构应该是存在本质。因此，关于文化存在的直接反思意识包含两个环节，即作为意识的存在和作为文化的存在，其任务在于对文化的存在进行一般确认即身份确认。前者遵循意识存在的确认原理和程式，后者是将先验文化概念适用到特定文化存在现象之上。由于文化存在在经验存在中与个体文化建构者可能具有两种关系，即存在同一和存在分离，所以关于文化的存在反思便有两种情形，即一个文化建构个体对自己文化创造内容的反思和对外在于自己的文化存在的反思。之所以必然对异文化存在进行反思，是因为它是文化建构的必然存在相关者，具有必然的相互存在关联。

　　一种文化建构作为意识，必然要具有关于自身的存在的意识，这是发生在普遍意识层面上的反思，即仅仅一般性地确认作为意识的存在，并不涉及文化的特定内容。意识关于自己的存在并非一种当下直接的直观，而是有思维过程的存在概念向特定意识的适用，因为针对特定内容而进行，所以是存在概念的内容使用，要求在世界性关联的展开和完成中加以确认。其结构为从给定意识出发，经过中介性意识关联，最终回到原初给定意识。其结果为自我意识（概念）。一种文化建构意识，在经验存在中遭遇另一种文化存在，它必然关注其存在现象，并按照与自己的自我意识的同一形成结构和程序，形成关于外在于自己的文化存在的意识存在属性的确认，因为它与自己具有存在的分离性，所以被确认为异己的意识存在，形成他者意识。由于这种存在确认决定于确认的展开形式而与内容特殊性无关，所以二者具有存在同一性，被判定为本质同一。正是在这种同构中，二者成为同质、对等的①。

　　在抽象地解决了文化存在的意识存在确认问题后，便迎来针对特殊的文化存在经验确认其普遍本质的问题。文化的经验存在是按照先验文化概念针对特殊存在对象展开的存在建构的结果，因此虽然具有内容特殊性，但必然包含普遍的文化本质。一个文化建构个体，对于自己特殊文化建构的经验存在表现，可以反思地确认其文化本质，即在其中发现先验文化概念的普遍规定，从而将文化存在在自我意识基础上进一步规定为文化。同理，一个文化建构个体，在另一种文化存在现象中寻找和发现合先验文化概念规定性，从而在文化存在的他者意识基础上，进一步将其身份规定为文化。至此，文化的存在得到抽象规定，即仅仅断定其"有"，自我意识和他者意识确立了文化的"有"，而"文化"这一身

---

　　① 崔平：《有限意识批判》，江苏人民出版社2015年版，第137—153页。《消解"主体间性"难题》，《天津社会科学》2005年第1期。

份确立了这"有"是什么。

在文化的经验建构条件下，对文化存在的确认是针对具体的特殊文化存在现象展开的，具有现象—本质的反思结构。因此，即使是文化建构意识对自己文化创造成果的存在确认，也具有与对他者文化存在的存在确认一样的对象认识结构。

第二节 文化自我意识的活文化依附与泛他者意识

意识是文化的直接存在形式，而意识的存在具有当下呈现性和存在作用效能。因此，只有那些被意识主体所拥有并发挥其特殊内容的存在关联作用的意识，才是现实存在的活意识。相反，那些丧失了现实的意识存在主体而飘荡在纯粹记忆中的意识，或者已经被意识存在主体所抛弃而丧失存在关联作用的意识，就是作为意识存在历史事件的死意识。相应地，文化作为意识，也按其是否具有现实的文化建构主体和是否保持文化的经验建构效能而划分为活文化和死文化。活文化是保持意识主动性和文化建构效能的文化，而死文化是失去意识的主体归属而作为对象被意识，但已然没有文化建构效能的文化观念。

文化存在的自我意识是从一个被文化建构意识主体所拥有的文化意识出发的意识存在确认过程，与现实的意识活动主体保持同一，因此它必然发生在活文化内容之中，具有对活文化的绝对依附性。离开活文化，就不会有文化的自我意识。文化之"我"，不是经验人格之"我"，而是有效文化意识对本身存在性的逻辑确认，是存在概念向其使用所造成的中介性回环自指形式。只有在活文化中，才能发起关于自身存在的存在确认活动。

活文化这一文化自我意识的发生条件，在严格限定文化自我意识范围的同时，扩大了文化他者意识的对象范围。首先，它把文化自我意识建立为与文化相关且以文化为参照中心的一种存在确认，其"自我"所指为纯粹的文化观念的逻辑有效性结构,而非在自然因果中作为意识主体的经验人格主体。按照后者,一切属于经验人格自我的文化观念,包括现已被否定放弃的,都以经验自我的人格同一性为中心而被看成"我的"文化。一般所谓文化传统或以文化传统为对象形成的"自我"统一性,就是这种文化自我意识。应该说,作为经验自我主体同一性的文化历史概念的文化传统,其中的文化自我意识并非文化的自我意识,而是人的自我意识,所确认的是诸文化的自然归属主体的同一性。相反,按照文化自我意识的活文化条件,同一文化传统中已经丧失文化存在建构效力的一切文化均被排除在外,成为文化他者,进入文化的他者意识范围。如此,任一作为文化建构者的经验自我所拥有的文化,都可以区分为当前有效的文化存在和因丧失存在建构有效性而抛入历史范畴的文化观念。在澄清文化自我意识与文化传统的文化自我意识意义之间的区别,并划分文化历史与文化现实之后,文化的他者意识中便包括与文化建构者当下文化存在相对的诸历史文化和一切其他文化建构者的当前有效的文化及其作为历史的诸文化。

文化的自然主体的同一性或存在连续性所形成的实体性"自我",完全不同于文化意识的当下存在所建立起来的直接同一于存在概念的适用逻辑的"形式性自我",前者的存在结构为"我的文化",后者的存在结构为"我即文化"。以经验自我为同一归属而发生连续关系的诸文化被看成文化传统,它用思维者的同一来塑造文化认知和建构上的关联亲近性。

在失去存在现实性的历史文化成为相对文化自我意识的他者之后,文化自我意识面对两种文化他者。一种是与自己具有世界中存在关联的现实存在的文化他者,一种是没有这种关联而仅仅以观念形式存在的文化档案中的文化他者,包括文化他者之历史性他者和文化自我意识之历史性他者。由于后者是通过经验人格自我这一中介建立起来的间接同一性来成就其历史性的,而非与文化自我意识具有直接的世界化意识存在关联，所以与文化自我意识并无真实的对立和平等关系，其历史连续性并不能赋予文化传统以触及文化自我意识的属性。

第三节 文化圈：文化建构的先天个体性及其后天限制

文化是面对存在对象的存在建构方式选择，表现为按照某种存在构成规则复制存在，其主体是现实的意识主体即意识个体。申言之，单一意识个体即能完成创造文化和存在的文化创造活动，逻辑上并不涉及文化他者。但是，文化存在要独占其作用对象，而且文化的经验建构的偶然性也不能保证面对同一存在对象时不同文化建构个体间的认识一致性，这可能引发不同文化建构个体的文化冲突。而世界具有统一性和单一性，不容在其同一存在构成内容上采取差异的存在建构作用。这又使得不同文化建构个体在存在上可能是相关的，一旦它们在文化的经验建构活动中偶然地在世界中遭遇，即一同指向同一特定存在对象，那么这种相关可能性就变成现实的存在相关，导致文化建构上的可能冲突。不论是自然契合，还是现实地发生冲突，按照世界统一原理都要求形成文化建构一致性。而这种一致性必须被不同文化建构主体所意识。因此，在经验存在中，文化建构的现实存在可以归属单一文化个体，也可以归属诸多文化个体。如果把文化存在的个体有效性范围称为文化圈，那么它的形态便是从单一文化个体开始不断扩大，走向文化社会性的过程。在逻辑上，文化社会化是被经验上的文化个体间的存在接触所触发的历史事件，由经验条件偶然成就，而非先验的文化存在的必然形式。但是，一旦文化个体间在存在活动中触发了存在接触这一条件，文化的社会化就必须生成，否则文化无以存在。

同一的存在对象，或者说对存在对象的经验共有所造成的存在活动的关联，按照文化对存在对象的独占性，把不同的文化个体约束在可能的同一文化之内，要求他们共同接受一种文化建构。可以说，文化圈是文化建构的存在对象的同一性向文化个体提出的主观观念的统一要求，具有客观性和强制性。但是，文化建构是一种主观活动，如果文化建构个体没有内在的文化建构普遍性意识和文化建构对话愿望，那么在文化的经验建构偶然性条件下，文化圈就只有万分渺茫的形成可能性，即幸运地出现各个文化建构个体偶然的默契情况。因此，文化圈所要求的必然性，只能加以自觉地追求，通过文化个体间的认识对话来形成文化建构共识。换言之，文化支配对象的同一性所客观设定的文化同一性，需要文化建构个体具有主观上的响应和承担能力。

具有意识普遍存在形式的文化建构自我意识，对于特定存在对象的文化建构单一性要求必然有所领悟。与此同时，在与文化建构他者的经验遭遇中，它也把握到与文化自我对称的文化他者。在二者的同质和平等关系中，文化建构自我认识到与文化建构他者的同一性，从而把他者设立为应该与之进行文化建构交往的主体，并且判定为能够进行对话的主体，即可以互相理解和进行文化观念整合。因为，文化自我意识与文化他者意识的确立结构相同，而二者的文化建构者身份、功能和权利正根源于这种存在形式，由之规定它们的存在意义。

文化的经验建构具有内容偶然性，因此面对特定存在对象，文化建构个体具有思维紧张意识，在非必然性中觉察到文化建构并非自然顺畅而结果唯一，对于与文化他者的文化建构分歧可能性具有抽象预期。在文化的本质意识和文化气质观念条件下，这种文化建构分歧不仅仅是纯粹的认识差异问题，而且带有情感和意志因素，使得文化建构个体不会轻易放弃自己的文化建构观念，因而在文化自我与文化他者之间形成张力。正是这种张力使文化建构个体产生严肃的文化建构对话准备，放弃对单向文化观念输出的乐观态度。

同样是文化的经验建构的偶然性，使文化建构个体的文化建构观念的真理性判定处于不定状态，这推动文化建构个体产生对自我和对他者的谦虚，即意识到他者的文化建构观念可能优越于自我的文化建构观念，真实的文化存在价值需要通过对话来澄清。而文化的目标是追求对存在概念的特殊经验实现，因此抱有文化建构愿望的文化个体必然希望获得更具有存在优越性的文化，亦即拥有展开文化建构个体间的对话意愿。在经验世界中与他者的遭遇，冲击了文化个体偶然禀赋的文化气质所具有的文化自信和文化封闭功能，使其走向开放。文化的经验建构的偶然性使他者在逻辑上成为自我的真正对立者。是文化个体对他者文化建构能力的平等对视而非抽象地对他者权利的尊重，让文化建构自我个体走进与他者的对话。因此，当某种文化气质独断地打消了这种文化建构中的谦虚，那么所谓文化建构自我与他者的对话就将蜕变为宣讲性单向灌输，亦即文化霸权野心。

文化对话的发生具有存在强制性，即被存在关联及存在对象的文化建构单一性所必然触发。因此，共同的存在及其存在关联域规定只能有一种文化。反过来说，一种文化必然获得它的存在支配领域和相应的参与存在之中的文化个体群体，形成特定的文化圈。

第四节 文化个体间的交互认识原理

抽象地把文化概念适用到关联其他文化个体的文化现象之上，从而一般地确认一种文化他者的存在，这一认识过程在本质上不同于对他者文化的构成内容及其存在意义的理解。前者是根据某种观念的存在化主张的功能即观念活动的外在表现作出合文化概念审核，凡具有存在构建普遍化要求且表现出维持意志和亲近情绪的观念就是文化，而不追问作为文化的观念的构成和思想根据。而后者恰恰是具体探寻作为文化的观念内容及其构成结构。前者包含主观任意性的情感和意志因素，而后者则仅仅包含理性认知，并不涉及情感和意志的独断成分。

从文化形成的过程和根据看，文化概念的三个要素均以存在建构的文化观念为基础，是意识存在按其规律针对文化观念施加作用的结果。存在概念的评价产生文化观念的合存在判定，造成文化态度；意识存在普遍形式的单一性赋予文化观念这种概念形式以自然的存在建构选择倾向；世界概念所定义的存在建构的必然关联和稳固性使文化观念具有自我维持要求。这三种意识都是某种理想概念向特定存在建构观念作评价使用的结果，并无强度上的确定性和必然性，具有主观随意性，即使属于同一文化的不同文化个体也会出现差异，所以没有充分理性根据，不能加以分析把握，只能看成给定事实而加以经验描述。根据对文化气质的定义，它们恰好属于文化气质表现范畴。因此，文化个体对文化存在的感受表达就是有效的文化气质认知材料。相应地，在超越文化个体的社会文化学层面上，一种文化所公开赋予自己的文化气质性表白，就是这种文化的普遍文化气质的有效认知材料。这就是说，附着在文化观念上的这三种属性即使在它的直接拥有者那里，也是没有中介意识过程的某种直接体验，对于外在于它们的认识者来说，仅仅倾听和接受关于它们的表达，就可以完成对它们的内容的认识。因为，一来不同文化个体具有相同的先验的文化意识生成根据，从先验文化根据到针对文化建构观念的评价的直接生成，为不同文化个体所同有。二来直接拥有文化评价结果的文化个体，并不拥有比其他文化他者更多的认识内容，同样只是纯粹地直接享有评价结果本身，而这种结果直接表现在文化个体的外在表达中。这两方面共同决定，关于文化气质，不同文化个体间的认识具有同构性，尽管不能真实体验对方的具体文化气质性感受，但可以互相理解或"体会"对方的文化气质性观念。由于针对文化观念的评价具有任意性和偶然性，所以其认知过程并无具体根据，仅仅决定于评价机制，与被评价文化建构观念的内容特殊性无关。因此，对文化气质表达的理解已经就是对它的终极理解，达到了与内在地拥有文化气质的文化他者相同一的意识存在水平。偶然性没有理性过程，对于理性来说，理解到认识的偶然性本身，就是最高的终极认识。也就是说，把握到具体

第二章 文化经验的交互主体性

表现的偶然性就是达到了对本质的把握。

相比文化他者的形式性存在确认的认知简单性,对文化他者所属的文化建构观念的内容认识更加复杂,因为虽然它在总体上是偶然的,但在内部却具有认识中介过程,所需理解者不仅有先验文化根据的诸多作用,而且还有特殊内容间的关联关系的展开,包括其起点和发展环节。两种偶然性的种类不同,后者是内容偶然性,而非质性基础上的强度偶然性。从文化的诞生逻辑上说,是先有特定的存在建构观念,然后才有对之进行先验评价的诸种表现。但是,从对他者文化的认识秩序上看,却是先确认文化他者的存在,然后再依据文化概念针对它所设置的文化建构内容的构成进行提问。也就是说,文化个体对文化他者的文化建构观念的认识,是文化他者文化建构观念的建构的逆序操作。因此,对他者文化建构观念的认识任务是从其外在经验显现着手,还原其存在建构普遍构成内容。就他者文化在这种认识中的给定精神存在物身份而言,它具有文本属性,这种认识活动是一种文本解释。

面对他者文化这一文本,另一文化个体是否具有解释能力?问题的实质为,不同文化个体间针对文化建构内容是否具有普遍认识结构,或者说不同文化个体针对特定对象是否具有对称的文化建构能力。申言之,这一问题可以具体化为,第一,对象同一性和同一的存在建构先验原理,是否能够克服文化建构的内容偶然性所潜在的文化个体间的认识差异,使之达成关于存在建构的共同认识;第二,是否可以互相确认这种共同认识结果的"共同性"。

在逻辑上,要判定文化个体间能否互相理解,或者说文化文本可否被他者解读,就必须首先承担一个诠释学基础问题,即一般地确定诠释的合法对象及其相应的合理任务。理解的可能性必须针对特定的诠释对象和任务来判断。

文化个体间的理解是一种认识或者说思维行为,因此其根据的源头应该在思维的一般存在原理中。按照思维的意识发生原理,存在的建构是它的追求目标，发现承载存在的非存在内容即在不具有合存在性内容之上先验地设置存在可能性，是思维的起点①，即思维对象。可以称设立起思维对象的意识为对象意识。对象意识并非抽象的对象概念，它是原初意识存在，而非反思中被放置在主观—客观分离对立框架内而与认识主体相对峙的作为客体范畴的对象概念。对象意识是前主客区分的直接意识存在，在其中，某种存在意象确立起来，包含成就意识存在显现的具有绝对规定关系的概念内容和与之相牵连的缺乏互相间规定关联的非存在性内容。这种内在对立被意识存在所内在的存在扩展冲动所关联，使非存在性内容成为有待接受思维能动作用而改造为存在的对象。虽然作为思维对象的内容显露出非存在性，但它已然被它所寄居其中的意识存在的绝对规定性内容赋予了存在性，但却不知其何以关联而成就自己的存在。这使得一个意识在自身内提供一种与思维主动性相对应的被动性思维对象，成为对象意识。进一步说，对象意识是反思中的对象概念的外延，是一种特定意识存在，在其中，存在概念向非存在性内容抽象地施加作用，拟设出某种有待揭示其内在存在构成的特定存在，并以其相对概念内容的纯粹存在性的异质性而呈现分离和对立，让对象意识观念总是伴随发生外在化投射效应。在对象意识中，针对非存在内容先验地设立起关联着概念内容的思维压力，即要求按照存在概念建立与原有概念内容发生必然存在关联的非存在内容间的存在关联关系，最终达到关于非存在内容所拟设的可能的存在。思维的终点是存在，因此原初设定了怎样的存在或存在的可能情形，就会有怎样的思维前途。可以说，对象意识的内容特殊性规定思维的展开，其中的概念内容决定思维方向，规定作何种存在构建，而非存在性内容即思维对象内容的特殊性规定思维的具体展开，即按照设定的思维方向对思维对象内容作合存在概念的组织建构，将思维对象内容归属和统一在概念性存在之下，揭示对象内

---

① 崔平：《有限意识批判》，江苏人民出版社2015年版，第220—224页。

第二章 文化经验的交互主体性

容的存在构成或者说其存在意义。

对象意识就是特定的存在意识,是"意象对象"。对象意识与实在意识不同,前者是存在的构成和显现本身,后者是对象意识(观念)的分化意识,即在反思中产生主观与客观区分后的具有客观性的对象意识。对象意识是意识的原初存在,实在意识是描述对象意识的一个次生属性的观念。前者是意识的存在确立,是存在概念的形式使用;后者是随后的反思评价,是存在概念的内容使用。对象意识就是确立一种特殊内容的存在构成,它必然是特殊的。作为概念,它的定义只能是意识存在本身,其日常形态只能是一般指称而非概念。

对象意识作为一般意识存在,在其存在结构中包含思的冲动,即有待思的作用的非存在性内容和立足存在性内容而指向非存在性内容的思维要求。这便决定对象意识可以按照其概念内容即存在性内容的不同,自由触及不同的非存在性内容。同时,这一结构也决定,在逻辑上,它揭示了两种意识存在,即未经思维的原初给予内容和作为思维结果的内容。因为其中的思本然包含着非思内容和思的结果这种预设。而且,通过特定概念,思的结果可以被置于被思地位。因此,对于意识,全部可能显现的内容按照与思的关系无非这两种意识内容。未思原初内容可以称为自然对象意识,而思维结果内容可以称为文本对象意识,因为它必然以某种表达物形态进入对象意识。

自然对象意识与文本对象意识的区分具有认识上的根本区别。前者包括一切非思维结果的东西,物体和作为活动能力的精神都归属于它。后者仅仅是思维的产物。在自然对象意识中所拟设的存在是存在概念的绝对使用的结果,追求的是本然的存在关联,处于可能的世界性关联之中,可以自由构想它的存在规定。而在文本对象意识中,存在概念的使用对象为本然的思维构建成果,因此存在概念的使用受到描述限制,即不能绝对地放任存在概念的"绝对规定关系"内涵的作用,相反要尊重思维结果的本然状态。而在思维结果中,按照意识存在结构却有两种可能，即存在关联和非存在关联性的关联缺失。这意味着，与文本对象意识相关联的思维前途既包括建构存在关联，也包括放弃存在关联，即在思维结果的存在关联断裂处及时终止，描述性地接受非存在关联。自然对象意识下的思维可以无限开放可能内容的涌现，但文本对象意识下的思维却只能封闭在有限的文本内容中作存在关联构想。一个思维者的自然对象意识下的思维结果可以转换成其他思维者的文本对象意识，同时，一个思维者以往的在自然对象意识下的思维结果也可以以反思方式转换为自己的文本对象意识。而文本对象意识可以成为关于精神存在的自然对象意识。

显然，对于关于文化的认识来说，文化属于文本对象意识。因此，文本对象意识下的思维展开前途问题对于具有社会性要求的文化的经验建构占据基础地位，具有本体构成意义。

面对存在对象的直接的文化建构思维归属于自然对象意识。但是，不同文化建构个体的这种文化建构思维结果，逻辑上在文化建构个体间却应该互相成为文本对象意识。然而，文化的经验建构的偶然性阻断了对象同一性之联系不同文化个体的中介作用，使文本对象意识的形成及其思维展开成为一个文化个体间的交互认识问题。因为在普遍同一的先验思维形式原理条件下，如果文化的经验建构具有认识必然性，那么对象同一性就保证不同文化个体间的文化建构认识活动具有同一性，因而可以直达或者说契合和认同对方的文化观念。而在文化建构偶然性条件下，文化个体间的文化建构在逻辑上出现差异可能，互相间的"文化"身份确认及其内容感知和接受都成为一种认识活动，其中的认识发生原理和程序需要澄清。其焦点为，在思维结果可能出现差异的条件下，如何在不同文化个体间建立文化认知的同一确认。

文化建构个体的自我意识和他者意识之间的同构，使得它们之间建立和保持最基础的精神存在同一性意识，可以把对方想象为具有同一存在属性和活动形式的同类存在者。由此，个体之间关于思维形式成为可

第二章　文化经验的交互主体性

互相猜想的，即我的意识活动形式可以平等地被判定为他的意识活动形式。进而，在对象内容同一性和特殊内容存在建构的非任意双重条件下，思维结果便具有抵制存在建构多元性的某种力量而获得个体间性可能性，即我的思维成果可能便是他的思维结果。因为自我在其思维中就是被先验思维形式的强制规范和特殊内容对思维的制约这双重限制中显现自身的，其必然性成分限制特殊内容间存在关联建构的偶然性空间，设立起某种同一可能性及其实现机会。

首先，意识存在具有内在的表达冲动和表达结构以及作为其表现的表达活动①，因此自我对他者的内在意识存在的外部表现具有表达确认和意识存在确认的能力。在此基础上，自我意识与他者意识的同构所建立起来的不同意识个体间的意识存在和意识活动形式的同一性判断，使自我可以而且必然按照自己的意识存在和意识活动形式去接受和把握归属于他者的意识现象。按照意识存在先验规律，统一性和规则性是意识存在的先验形式和追求，因此对这种现象的发现就会触发认知者类比下的"有意为之"信念，从而追寻其中的"意"。其实质为，发现了一个文本存在，其中包含已经显露的表达与未显露的存在建构观念系统，从而牵连地概念式设定一种理解即发现未知部分的认识任务，要求按照认知者的先验存在概念和规则建构或者说重构文本存在。面对特定存在对象，意识的存在建构的偶然性给这种理解设置了歧异和阻碍，但是与之同时存在的意识的存在建构的多元性即多元世界概念却成为一种调节因素，它设立起理解过程的存在建构的主动变化能力，使得理解在逻辑上得以可能。

在形成文本对象意识后，理解的第一任务就是具体把握表达本身的构成，包括表达材料和表达形式。由此获得认识活动的基础，掌握切入文本意义即还原或者说重构表达所包含的意义的接触点。这一过程也就

---

① 崔平：《有限意识批判》，江苏人民出版社2015年版，第154—162页。

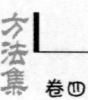

是理解者按照自己的表达经验的形成原理和机制，在文本表达现象的限制条件下建立关于文本表达工具的经验，统一性和规则性贯穿其中。对表达的形式辨认导致文本意识，"偶然的涂画"不是文本。直观具体的表达形式、"有思想"的断言、表达物（材料）三者构成文本意识的概念规定。表达对任一意识都是一种亲历经验，是存在论地共生的，因为意识之内就具有语言存在冲动和展开逻辑①。

表达与被表达的意识存在之间存在本质差异。按照意识存在结构，后者具有存在统一性，构成内容间不可拆分，同一共存，否则即灭失。而前者按照意识之内的语言存在生成规律，表达具有相对被表达意识存在的绝对分离性，它总是片段地形成对被表达意识存在构成内容的存在指引，最终使被表达意识存在碎片化。② 表达的方向是从统一性意识存在走向与其个别构成内容相关的特殊内容，必然远离被表达意识存在而分散出诸多不同的特殊意识存在。不论对于专题言说性表达，还是对于具有表达功能的意识存在的行为性显现，都是如此。因此，对于表达的理解，其任务是借助表达中的存在关联返回到被表达的统一性意识存在。表达相对于被表达的意识存在而言，恰像一只破碎的古董。被作为理解单元的意识存在与对立的表达之间的这种逻辑距离所决定，文本理解的任务都是修复破碎的古董，具有技艺属性③。

文本对象意识所确认的文本存在，按照先验意识存在形式和先验思维形式，是在存在概念指引下的存在关联系统的建立活动，应该具有构成观念群和观念间相互的逻辑关联秩序。在逻辑上把握文本存在有两种方法，即从最高观念到最低观念的综合方法和相反操作方向的分析方法。两种方法具有不同的认识过程和逻辑有效性。综合是与存在同一的认识方式，具有认识的逻辑有效性。分析带有更大的存在重构偶然性，因为

---

① 崔平：《有限意识批判》，江苏人民出版社2015年版，第163—174、183—208页。
② 崔平：《有限意识批判》，江苏人民出版社2015年版，第175页。
③ 崔平：《有限意识批判》，江苏人民出版社2015年版，第175—176页。

它与存在的逻辑关联方向相反，在思维的当前环节缺少作为其存在制约条件的上位存在内容。相比而言，综合方法更具有文本理解的成功可能性，是优于分析方法的一种理解技艺。表达与理解活动同向（构），表达的构造是用相对特殊的内容去关联和揭示普遍内容，而理解也是从特殊内容回溯普遍内容，重构完整存在。但从文本所包含观念系统的哪个特定观念开始理解活动，却是可以选择的。

显示文本存在的可感材料包括行为和表白。行为显示了文化的存在对象，表白显示了文化的构造结构。二者具有不同而互补的文化理解功能。行为个例在逻辑上具有普遍观念的意义饱满性，即必然在特殊内容中包含完整的作为根据的观念内容，否则行为个例就不能成就自己的特定存在。而对文本存在的专题性的解释性表达，相对普遍观念具有破碎性，但它却直接陈述文本存在的构成。后者可以指引对前者的解释，而前者可以校正对后者的理解。后者提供普遍概念的专题性抽象描述，实现问题关注和内容点画，而前者提供整体性理解范例，帮助发现抽象描述的内容空白（意义缺口）和补写引导（意义踪影）。前者显示普遍概念要素作用间的关联性，后者显示分离的诸要素。

相对待把握的文本存在，语言和行为都是完整性存在的碎片，具有同等的文本理解功能，都是对文本存在的有限提示符号。通过它们，可以追溯其后的完整意识存在。因为，第一，虽然特殊内容间的存在关联方式可以多元，但也不是可以任意结合的，存在构建的内容来源和互相关联根据要按照存在概念的形式约束在给定内容群中发现。第二，文本存在的构建方法作为形式可以在特殊内容中直接显现，它成为存在构建的一种约束。（文本的存在构建思想必然已经在文本经验中有所透露。）这便使在先验同一意识推动下的文本存在内容的构建活动，成为在存在构建多元化支持下的一种存在建构方式的不断调节过程，并在逻辑上设定能够达到重构目标。因此，虽然个体间无法直接进入他心，但有可能重历他者的思维世界。同一的先验基础、共同的思维材料、普遍的存在

构建方法，使得不同个体间具有怀着追求观念同一性目标而揣度他者观念的权利。

表达中不能表述的文本存在内容在文本解释中可以同构补白，但创造也必须接受文本材料空间的约束。在解释限制条件下的综合创造带有成功偶然性。

与文本理解的成功偶然性对称的是，文本的意义也有双重偶然性，即内容存在本身的偶然性和偶然性观念主观生产过程的偶然性。前者是文本内容间缺乏存在关联和根据，陡然进入文本。后者是对一种具有存在偶然性的内容加以主观接受本身的偶然性。文本意义的这两种偶然性源自意识存在的先验结构，为文本作者和理解者所同有。二者减轻了文本理解的成功偶然性，因为它们减少了对文本的存在关联预期，给文本存在的偶然性留下了空间。如果要消除这两种偶然性，那么就从文本解释转向了存在解释，超越文本本身的存在而实质上进行存在概念的无限使用，需要补写对象内容关联和精神存在的深层活动原理。但对于文本理解而言，理解的任务就是提示文本内容的存在关联和看破某些内容的偶然性，对偶然性的确认本身就是对文本的彻底理解。对一切偶然性的观念是不能提出认识要求的，因为其主体本身对它也没有关于它的生成的连续中介观念，也是跳跃的和理智空白的。因此理解它的任务也就对称性地是达到对它的主观事实性描述，并理解它的生成和过渡的偶然性。理解的顶点是存在，对于自然对象意识下的理解，存在是概念性存在关联的建构，对于文本对象意识下的理解，存在则是文本内容的主观事实状态。

在对文本对象意识下的认识任务作出严格限定后，文本的主体间对话和理解成为可能。其基本原理为，自我意识与他者意识的同构规定了二者进行存在建构的先验基础相同，因此对方认识活动的意义可以抽象确认。同时，虽然存在上有隔离，但针对同一存在对象可以发生认识默契或拥有互相进行创造性揣测的权利。然而，存在建构的内容偶然性给文本认识增加了变数,使之成为可错的。所幸,这种偶然性在特殊内容互相间存在关联上具有限制,不是无限的,而是有边界或者说变化域狭窄的,同时理解者的存在建构又是多元开放的,可以变换不同的理解方式。这构成一定意义上的补救。

文化作为一种文本,其理解问题的特殊性在于文化气质对文化对话意愿的影响。如果一种文化的文化气质含有自大或盲目排斥倾向,则会取消文化对话和理解程序。

第五节 文化的理解方法

文化存在的构成有内容(存在建构方式)和附带其上的选择倾向、情感、意志等要素,也可以更深入地说,有文化观念和文化气质两个方面,内容属于文化观念,选择倾向、情感、意志的具体落实构成文化气质。因此,一旦满足文化理解和对话的主观条件,即文化气质许可,对一种文化的理解便包含两个方面,一个是文化观念,一个是文化气质。以往,流行一种说法,即文化是不可理性认识的,因为文化的情感、意志效应和力量是唯有文化中人才体会得到的,故有所谓参与法。其实,根据已经提示的文化气质的存在原理,它是完全主观自由的,没有任何普遍法则,即使是同一文化中人也会因个体主观特殊性而不同。按照已经提示的文化理解任务,即构建必然联系和描述偶然性,文化理解的任务就是在存在同构的不同文化个体之间发现对方的文化观念和文化气质,对其中的偶然性因素,包括偶然的文化观念,理解的任务就只是给出定性确认基础上的现象描述,因为这恰好就是文化生活的真实事实。可以断言,针对文化中具有理性品质的构成要素,理解的方法是理性分析,而对于那些非理性构成要素,理解的方法就是直接描述文化行为,或者转述文化的相关表白。

第三章

文化相待

第一节 一般性讨论：文化间相待方式的两个关联要素

文化的本质是存在建构方式，是对特定存在对象的支配。而按照意识存在规律，要求存在概念的统一使用，即将所有可能的特殊存在对象纳入同一存在概念的规定之下，其具体表现为它们作为一个关联的"世界"而一起承担存在概念。显然，文化被存在概念所支配，与世界发生直接的介入关系，陷入世界之中。因此，不同文化必然被世界的整体关联性牵扯到某种存在关系中，一种文化不可能逃逸对另一种文化的过问冲动，必然采取某种对待措施。

但是，一种文化如何对待另一种文化却是偶然的，随两种文化在世界关联中的存在距离而变化。因为在世界中的存在距离，影响两种文化之间实际的存在构建相关性，可以有三种情形。第一，两者的作用对象互相远离，不发生文化干扰。第二，两者的作用对象边界已经接触或即将接触，互相间的文化干扰迫在眉睫。第三，两者的作用对象已经交叠，文化干扰现实发生。这三种情形决定一种文化的世界处境，具有文化建构思维的本体意义，必然释放出不同的文化对待反应。

在特定存在距离条件下，文化对待也会随文化气质的不同而不同。

文化气质涉及文化的自我意识，其偶然表现必然牵连面对文化他者时的关联性反应。

第二节 异文化好奇或冷淡

当两种文化在作为文化构建对象的世界中遥远地相隔，只是以世界概念为中介才发生存在相关时，意味着它们可以不受对方干扰地独占各自的存在对象，不存在具体处理文化建构同一性问题。但是，世界概念给它们带来的逻辑上的存在相关，仍然刺激起它们的互相关注兴趣，只不过因为缺乏现实的存在建构调节课题，即使这种兴趣的充分表现也只可能是纯粹的认识冲动，而不会出现文化构建范畴内的文化对话。

在没有当前现实的文化建构干涉情境下，相异文化间所能激发的主观反应取决于一种文化自己的文化气质。如果文化气质包含自我中心、自我傲慢、自我封闭等因素，那么就会出现冷淡反应，停步于一般的文化存在确认而漠视其特殊内容，熟视无睹而保持陌路。如果文化气质包含开放、谦和、高雅等因素，那么相异文化必然激起某种程度的好奇心，试图深入了解异文化的存在构成，在纯洁的纯粹认识目的下展开对异文化的观察和分析。

好奇总是已然具有某种存在结果，异文化好奇则是对异文化建构活动主观状态的探寻，除了须具备文化内容的类同一确认之外，还须以文化建构的先验同一意识为基础。冷淡也是一种态度，以文化内容的类同一判定为基础，只是忽略了其背后的主观同一性。好奇是比冷淡更复杂、更高级的异文化相待方式。冷淡是仅仅着眼于当前现实存在上的无关，直观而缺乏理性透视，实用主义地简单搁置异文化。而好奇则超越当前存在上的直观无关，把异文化放在世界关联及其发展的层面加以看待，把异文化建构的主观智慧放在文化建构先验原理的基础上加以比较，从而达到更高级、更细腻的存在关联意识。

第三节 异文化关切或藐视

当两种文化的存在构建对象领域彼此足够接近甚至边缘相邻并且具有直接或间接的互相干涉性质时,就会造成文化建构存在空间的拥有,从而不再能够保持利害无关条件下的超然姿态,把彼此的存在严肃地看成必须认真考虑的问题。因为,文化存在建构对象具有独占性,两种文化的互相抵近必然使对这种独占性的挑战迫在眉睫。同时,文化的本质是一种存在冲动,它必然要不断扩大其存在建构对象领域,因而其现实性可期的关于存在独占性的潜在挑战,逻辑上直接转化为现实风险意识,是不待存在建构对象领域的现实交叉而自然发生的危机期备活动。

存在构建对象在存在距离上的逼近,使得两种文化不再淡定、恬然而无忧。但是,采取怎样的对待行为却是不确定的,只能视文化气质而定。因为,不论风险本身多么浓重,毕竟还是一种可能性,包含发生上的偶然性,如何对待文化接触的可能发生,必然与如何看待文化接触结果紧密相关,而后者会随文化气质的不同而不同。

如果一种文化气质开放而较少对文化变换的抵触,对文化他者持包容和尊重的态度,那么它就会因为彼此间的逼近而投入对异文化的关切,即凝重、严肃、善意地关注异文化,认识其内容,把握其动向,反思其可能影响。

如果一种文化气质封闭而自傲,倾向于简单地拒绝文化变换,对迫近的异文化的可能冲击持消极态度,那么它就会对异文化表现出藐视,不予理会而立定随时驱赶和彻底湮灭它的意志。

异文化关切或藐视是与异文化好奇或冷淡性质不同的文化间对待方式。后者是在缺乏利害意识条件下的纯粹认识反应,而前者属于在具有利害相关可预期条件下的实用策略范畴,可以是从后者发展而来,也可以是陡然间的直接闪现,完全依据存在建构对象领域接近这一事态本身的发生情形而定。

第四节 异文化竞争或霸凌

当文化建构的存在对象发生交叠时,按照世界的现实存在的一维性和文化对存在对象的独占性,两种文化之间必然发生文化权冲突,争夺对存在对象的占有,以维持自己的存在。但是,究竟以何种方式展开文化间互动,像前两种情况一样,却是复杂的,有文化气质的影响。不过,更为复杂的是,在两种文化发生存在构建对象交叠情况下,利害关联的介入以及反应方式关联着对方的文化存在,使得文化对待不再是某一方的单纯自我主观态度问题,而是其现实可接受性受到对方反应的影响,因而内在某种平衡要求和客观属性。也就是说,在此,不是一种文化而是两种文化交互作用的结果,规定文化对待的具体方式。

存在构建对象的交叠让两种文化间的互相作用不可规避,存在的纠缠要求必须有相应的文化统一。在逻辑上,满足这一要求可以有四种形式。第一,一种文化彻底消灭另一种文化而完全统治存在对象。第二,文化混合,即两种文化各有损抑而拾取文化片段加以机械组合。第三,文化融合,即两种文化按照存在构建规律形成关于存在对象有机组合,各自接受内容调整而形成统一的文化。第四,文化共创,即两种文化都放弃自己的存在内容,面对存在对象而共同筹划普遍的存在建构方式,创立全新文化。

虽然文化的本质是存在建构方式,有其先验的存在概念根据,世界化为其标准,但是文化的经验建构的内容偶然性使存在效能判定失去可比较性,不能确认相对优越者。因此,两种文化相遇后,各自采取怎样的行为方式不是一个简单的认识问题,即不能一般地诉诸文化存在的互相认识加以解决。两种文化间如何互动以它们各自采取怎样的自我存在立场和他者对待态度为前提。因为，在一般地确认对方的文化身份之后，接下来的任何作为都是前认识的，包括文化认识本身都首先是一种决断，需要一定的先在条件的支持。在文化存在中，伴随文化的经验存在而原始滋生并针对文化的经验存在的有效作用因素，是文化的一切先验根据和先验规定，以及它们的一般经验化显现即文化气质。文化间的互相作用是一种经验事态，文化唯有在经验建构中才会出现分离性存在，才会有互相作用的可能性。因此，文化的经验存在的规定性才是文化间相互作用的载体，围绕文化的经验建构所形成的文化意识，才是对待一种现实文化存在的有效根据。因此，在文化的经验存在中发生作用的因素中，先验内容一般地规定文化的存在及其互相作用的性质和方向，而最终现实地发挥具体作用的是它们的经验显现。也就是说，一种文化在自身中包含怎样的对文化经验存在的意识，它就会相应地将其适用到文化的经验存在之上，支配文化间的相互作用方式。申言之，满足文化统一的四种形式的选择根据在文化气质之中。

对于第一种情形即一种文化彻底消灭另一种文化而完全统治存在对象来说，其文化气质条件为，至少有一种文化的自我意识，其文化情结为完全接受，文化器宇中的文化宽度为偏狭，文化意志为文化保守主义。因为唯有在这三种文化自我意识内容的综合作用下，一种文化才能表现出刚愎自用而完全排斥其他文化这种特性，才有可能完全蔑视其他文化的存在而拒绝一切对话，试图直接独占存在对象领域。至于能否顺利实现这种文化霸权野心，则要取决于对方的文化自我意识类型。如果遭遇同样具有霸权野心的文化，那么就会发生激烈对抗，最终结果取决于各自对抗手段的现实力量。如果遭遇的是其他相对温和柔弱的文化自我意识类型，比如文化情结的强烈接受、一般接受、一般冷淡、高度冷淡、完全拒绝等选项，文化器宇的文化宽度维度上的宽容和谦虚选项，文化意志的文化自由主义和虚无主义，那么就会虽然必然发生一定抵抗，但斗争强烈度相对低弱，缠斗主要表现为观念论辩，相对较少暴力对抗色彩。

对于第二种文化混合情形,即两种文化各有损抑而拾取文化片段加以机械组合来说,其文化气质条件为,两种文化同时采取除第一种情形文化气质组合外的相同文化气质类型。被机械性所决定,两种文化的文化气质应该是,文化情结的一般接受、一般冷淡,文化器宇的文化深度维度上的疏离、粗陋、浅薄,文化宽度维度上的宽容,文化意志的文化自由主义。因为唯有在这种文化气质的组合中,才能互相适应而容许文化内容的机械混合发生。如果有一种文化或者两种文化同时具有强烈完全接受、高度冷淡或完全拒绝的文化情结,那么文化间的机械混合就会因冲突或否定文化本身而不会发生。如果一种文化或两种文化同时具有繁密、高雅、精致、深刻的文化深度这种文化气质,那么也不会允许作无批判地机械混合操作。如果一种文化或两种文化同时具有文化保守主义或文化虚无主义文化意志,那么文化间的机械混合也不会发生,因为前者导致不妥协冲突,而后者导致根本否定文化的存在意义,从而丧失进行文化间协调的兴趣。

对于第三种文化融合情形,即两种文化按照存在构建规律形成关于存在对象的有机组合,各自接受内容调整而形成统一文化来说,其文化气质条件为,在排除第一种情形和第二种情形中的文化气质条件外,两种文化同时具有接受性文化情结,宽容性文化宽度和繁密、精致、深刻的文化深度,文化自由主义的文化意志。因为,融合的有机性要求通过理性慎思作出文化内容的组建安排,需要在存在概念和世界概念的引导下批判性地展开文化内容的创造和综合,需要在坚持存在建构的文化形式之下,相互对文化内容采取开放态度。如果文化双方中有一方缺乏这种对称的文化气质,那么就无法发起文化的有机融合对话。

对于第四种文化共创情形,即两种文化都放弃自己的存在内容,面对存在对象而共同筹划普遍的存在建构方式而创立全新文化来说,其文化气质条件为,两种文化共同具有强烈接受的文化情绪,精致、高雅、深刻的文化深度和偏狭的文化宽度，自由主义的文化意志。强烈接受的文化情结使两种文化坚持采取存在的文化建构化，使得在互相以严格的文化器宇审视中批判地拒绝各自的文化内容之后，仍然在自由主义文化意志下谋求新的文化建构方式。在此，积极的文化情结抵制了否定两种文化内容后的文化虚无主义走向，从而以文化理想主义追求存在概念、世界概念的优化使用。在此，必须是两种文化共同具有相同的文化气质，否则就无法实现这种文化互动，因为不基于共识和共同意愿，同时放弃原有文化并立志创造新文化，就会使一种文化仍然存在而不能展开全新的文化创建活动。在这一文化相待类型中，文化器宇的纵向深度的高要求和横向宽度的不宽容瑕疵，发挥关键作用，它使得两种文化在对照和对话中都各自发现了对方和自己的不足，推动双方放弃各自的文化内容而敞开更好文化的追求前途。需要指出，从文化本质上说，文化是要促使自己存在的，共同放弃而走向文化共创这种结局，只是竞争力量持平下的选择策略。

第五节 自然状态：文化间的虚假和睦与明争暗斗

诸种文化间的互相作用方式和作用结果，看似都具有某种文化观念反思形式，即使第一种方式中的一种文化完全消灭另一种文化，也必须一方作出主观上的观念放弃行为和接受行为。但是，这一切必然都是面对现实的无奈的策略性选择，没有达到文化心理上的脱胎换骨，逝去的文化内容会以传统身份遗存人们的心中，保持对人们的情感和意志的作用痕迹，以历史芥蒂这种隐晦形式潜伏下来。因为在文化作用中，文化并没有改变其伴随文化的经验存在而自然携带的文化情感、文化意志，所进行的操作仅限于对文化内容的认识上的改变，而且即使这一点也因文化的经验建构的偶然性而不可能达到理性上的彻底观念解决（心悦诚服）。可以说，文化间种种作用和妥协，发生在文化的自然状态之下，其一切自然存在属性—仍禀受，因此在策略权宜的背后，私底下埋藏着对本己文化难以割舍的顾念。

从意识结构、存在概念、真理概念、世界概念、价值概念、文化概念到文化气质，一以贯之的是意识的内在力量的推动，是依次的直接衍生，显现为文化存在的自然状态。其中，包含理性内容，也包含非理性内容。除文化气质以外，都是先验概念和原理，是理性的、普遍的、不可置疑的。但文化气质涉及经验偶然性，是非理性的，它沿用文化概念的普遍规定便发生了确当性问题。因为，文化概念的本质规定来自相关纯粹概念，具有逻辑确定性和恰当性，比如态度化产生于存在概念和抽象的文化建构的合存在概念的存在形式，这是没有问题的。但文化气质针对特定的文化建构内容而采用文化概念中的本质规定，就具有逻辑不确定性和非恰当性，因为特定的文化建构内容在文化的经验建构中不一定经得起存在概念的推敲，不能保证就是终极世界的合法参与内容。如此，则针对它而设立的任何态度化都陷入问题纠缠中。质言之，在文化的经验建构中直接继承先验规定便出现了逻辑断裂，其连接转承包含非理性成分。

文化气质作为文化的经验建构中的产物，其内在的非理性品性一旦遭遇文化间作用场景，便会显现难以合理控制的消极现象。由于一种文化所秉持的文化气质是非理性的，所以不能通过理性认识来推动它作出调整，从而也就不能必然地使它放弃对自己内容的那份情感和意志，只能偶然地使其压抑和埋藏自己的情感和意志，充其量也只是偶然地自愿放弃。对于先验概念向经验领域过渡使用的非理性属性本身的无意识，导致一种文化的文化气质自然地获得先验概念的必然支持，从而加强文化气质捍卫一种文化内容的顽固性。

在自然状态下，文化获得一种非理性的存在冲动，即在特定文化气质夹持下，总是对自己的存在内容怀有存在留恋，试图维护自己的存在。其合理逻辑为，在文化间的相遇和作用中，本能地走向争斗而欲求保持自己的存在甚至进行存在扩张，排挤或消灭其他文化，而对话、和睦仅仅是退而求其次的权宜和策略。也就是说，在本质上，文化在互相间的接触中，必然秉持文化本位思维，优先考虑自己的存在权利，即使在文化对话中，也会隐藏这一目的，用理性反思形式包装和偷运非理性的文化情感和文化意志。

第六节 文化竞争的工具：对话或暴力

文化存在的构成有两个要素，即文化观念和文化观念在现实存在上的实现。从本质上说，文化观念是文化存在的根本，但是按照文化的存在建构宗旨，没有在存在对象上的支配性显现就没有文化的真实存在，徒然寄存于内心而止于纯粹观念形态的所谓文化不成其为文化。连接观念与存在的现实形式是实践活动。因此，文化竞争最终落实为文化观念对实践的控制力量的扩张。而实践是特定主体在观念的支配下对存在对象的占有和改造活动。显然，文化竞争的实质是对信奉文化者和存在作用对象的争夺，即让更多人相信某种文化和让更多的存在领域按照某种文化来建构。可以断言，文化竞争就是对实践规模的扩展追求，包括社会支配规模和存在支配规模。二者之间具有某种不甚确定的联系，社会规模会影响自然存在规模，反之亦然。但不同性质的竞争需要相应不同的方法，必须遵循各自的存在规律。

文化如果要扩大它的社会规模即增加其信奉主体数量，就必须让文化观念进入更多人心，使其成为更多人的观念。这是观念认知问题，只能以观念的方式加以解决。其任务为，说服其他文化主体接受本文化的内容。由于观念是纯粹认识活动，不能通过非认识过程加以强制改变，所以这是一个必须采取对话方式才能完成的任务。在对话中，一种文化说明和展示其作为存在建构方式的选择的根据，以自己的合存在概念、世界概念、价值概念的品性，晓谕另一个文化他者，借助共通的先验文化意识和原理的普遍规范作用,来推动对自己特殊文化建构方式的理解和接受。获得了文化他者对文化内容的理性认知上的同意后,立足"存在建构方式的自然倾向"这一文化概念的本质构成要素,再继续展开存在概念的合目的评价和运用世界概念加强存在确认的活动,获得文化概念的另外两个本质构成要素,即态度化与存在维护和眷恋。

文化如果要扩大它的存在规模即增加其适用的现实存在领域,就必须加强其对存在对象的独占范围。文化的存在对象属于外在现实领域,其独占必须采取现实力量形式,而不能仅仅通过意念来完成。在排他性独占中,让文化观念可以支配存在对象的现实力量必须是暴力,因为唯有暴力才能对抗和阻止另一文化的同样独占性支配要求。现实存在只能以同质的现实存在来发生有效作用。一种文化在剥夺或抢占了另一种文化的存在对象之后,便自然抵制或消灭了另一种文化。

暴力可以通过撤销某种文化的观念释放空间而窒息这种文化,使其失去现实存在效应和文化形象,在历史性的记忆衰减中达到扼杀文化观念的目的。反过来,一种文化通过使用对话工具同化更多的他者文化个体,会让自己拥有更多关联着特定存在对象的文化实践者,从而拥有对存在对象的更多控制范围。因此,对话和暴力这两种文化竞争工具具有间接的存在联系。没有不伴随存在对象剥夺的成功的文化对话,也没有不触动文化观念本身的对文化存在对象的暴力剥夺。

在文化竞争中使用何种工具,与文化气质类型紧密相关。文化情绪亢奋、文化意志极端保守、文化器宇粗陋偏狭,则倾向于暴力。相反,则倾向采用对话工具。

第七节 文化圈:文化的先验社会普遍性的经验形态

文化竞争表现为个别文化的自我存在维护和存在统治扩张,但其根

据却是统治意识存在的存在概念的世界一元化要求，为每一个别文化所内在。也就是说，表面上看，文化竞争是某种文化的私欲，但本质上却是超越个别文化的意识存在先验公理的表达工具。因此，每一种个别文化在推行文化兼并时，总是携带理直气壮情绪和正当性堂皇叙事，从而毫不悲悯他者文化的阵痛和牺牲。

存在概念要求绝对统一的世界，而世界概念的逻辑单一性要求深陷世界经验中的文化模式的同一性①。前文已经阐明，文化模式的同一性要求参与存在构建的文化主体的社会普遍性和对存在对象的统一文化支配。世界统一性要求不同文化主体间的文化一致化，而具有同一先验文化意识的不同文化主体各自持有不同的文化内容，这种在同一基础上的差异必然生成冲突，即在追求经验存在的同一中回归先验同一。因此，文化竞争是文化的特殊差异化的经验存在对世界概念的响应，是世界概念的有限经验体现的塑造，其结果直观地显现为文化圈的形成和扩展。所谓文化圈，就是由一定范围的文化主体和特定范围的文化构建对象共同形成的某种文化模式的实施空间。

文化圈作为文化的先验社会普遍性的经验体现者，在逻辑上其理想为追求内容的世界完美性和文化个体构成上的社会整体性。因此，文化圈会伴随文化竞争的历史而不断扩大。虽然被文化建构的内容偶然性所决定，特定文化圈可能被世界重构所否定，文化圈的扩大并不呈现稳固和线性形态，但在世界概念的推动下，文化圈必然具有不断相对扩大的历史。

第八节　文化豁达

自然状态中的特定文化把自己理解为存在目的，从而获得了神圣意

---

① 崔平：《文化模式批判》，江苏人民出版社2015年版，第158—160页。

义,完全俘获了情感意识和意志力量,其要害为以先验存在概念为首的诸多先验概念(世界、价值、真理、善、文化)向特定文化内容的无阻碍直线式使用,使得特殊的文化经验建构不当地直接秉承了诸先验概念的先验属性,即有限的经验存在借用了它不能与之匹配的无限的先验禀性。在先验到经验的这种跨越瑕疵中,特殊文化存在被目的化,遗忘了它仅仅是通向文化所追求目的的手段这一经验性文化存在的本位。这种反转和错位的后果为,本为服务于文化主体的存在追求的手段的文化,却成为拘执和役使文化主体的神圣目的,形成文化异化局面,不是文化为人而存在,相反人是为文化而活,文化成为人的存在意义。

文化异化使文化绑架了人,扭曲了文化变革的意义,使其显像为人的自我失落,给文化对话设置重重心理障碍。这在本质上阻碍或破坏文化经验建构通向先验文化目的的历史发展使命,因此需要实施反思而加以破解。

文化的经验建构的内容偶然性是文化反思的切入口。虽然文化的经验建构是在先验存在概念、世界概念、价值概念、文化概念的推动下展开的,但由于其内容设置具有偶然性,所以不能保证它能够切合世界概念而保持存在概念在世界化中的绝对有效性,即在世界化关联的建构中有可能被废弃而进入世界的重构程序。也就是说,文化的特定经验存在有可能偏离存在的先验目的,不能通达体现存在概念的世界关联整体。如果文化的特定经验存在恰是符合存在概念的永恒世界的构成内容,那么它有资格承接文化的先验品性,并获得目的身份。而面对其内容偶然性,从逻辑上否定了作出这种证明的可能性。理性的举措只能是限制对其文化先验属性的理解,把它看成实现文化先验目的的一种工具,即策略性地接受特殊文化经验建构,在历史变动中接近文化的先验目的的实现。

在把文化的经验建构还原为存在概念的实现工具之后,便来到了关于文化的经验存在的批判关口。特定文化由于它与存在概念本身的逻辑距离，不能被赋予绝对目的地位，相反只能恰当地把它看成可以变更的存在构建策略。因此，文化概念的本质规定不能无保留地转移到特定文化存在之上，"存在建构方式的自然倾向"就应该成为"临时倾向"，"态度化"就应该成为"临时偏好"，"自我维护和眷恋"就应该成为"临时坚持"。质言之，就是以实用态度对待特定文化，把文化的知、情、意因素限定在使用价值范围内，为文化内容的历史变迁开放心理空间。

批判使文化祛魅。对文化的工具本性的挖掘和披露，打破渗透在文化自然状态中的神圣形象，使其步入自我反思和自我明智的文明状态，不再围绕自身过度纠结自己的存在，而是自觉地对待文化存在的吐故纳新，除掉附加在文化上的过度的情感和意志，轻松地回归理性，倾听存在概念的呼声。

文化的文明状态重归存在追求的本然轨道，在文化的经验存在中表现出文化豁达，面对文化变更超然而怡然，摆脱一切特殊文化的纠缠，坐看浮云漫卷，闲谈风来雨去，顺时乘物，应变逐日。文化竞争由此具有崭新面貌，用作为工具的文化竞争代替作为目的的文化竞争，更加理性、轻便和有效。

文化豁达通向文化发达。因此，文化豁达一致于文化的真正目的。

第三部分

文化竞争力

第一章

关于文化竞争力本质的分析

第一节 演绎文化竞争力概念

不同文化间的存在接触和交叉必然引起文化内容上的互相竞争,这是被文化的存在概念和世界概念根据所规定的命运,其竞争结果的形式与文化气质相关。但是,至此未明的是,竞争结果的内容如何产生,即在不同文化内容的碰撞中,特定内容缘何取得相对优胜,或者得以保存,或者支配新文化内容的生产。在经验直观中,这显现为文化内容的存在权利争夺能力,就是文化竞争力。但是,其内在存在本质却有待加以理性分析和揭示。

文化竞争围绕文化建构而展开,所涉及的是具体的文化构成内容。仅仅纯粹的文化内容的特殊性不能蕴含相对存在优势,因为在逻辑上,特殊内容间是对等关系。可以断定,特定文化内容的竞争力品性必然与它作为文化而牵连的文化存在根据相关。进而,由于文化间的竞争发生于文化的经验存在形态层面,所以文化竞争力的根据必然蕴含在文化的经验存在所牵连的给定的文化性存在表现中。申言之,文化竞争力必须在回溯现实文化存在的逻辑根据中加以确认。

竞争基于某种同一性而发生,是具有同一意义的差异内容对同一意义的实现程度的比较优势。在逻辑上,没有同一性的纯粹差别不具有可联系性,不能进行比较,不会发生相互作用。已经分析表明,文化竞争起源于不同文化的文化概念同一性,即它们作为文化存在,按照文化概念所规定的存在本性,互相排斥而意欲独自承担文化概念。而文化概念有其更高根据。具体说就是特定存在建构方式作为文化,以意识存在普遍形式为最高根据,是意识存在的二阶包摄结构(普遍—特殊分野)使特定存在建构方式逻辑地具有在特殊可变对象上的强迫重演性,在意识存在单一性作用下使其成为存在构建选择倾向。同时,意识存在结构定义存在概念并使之成为意识活动的目标。此外,意识按其普遍存在结构把存在概念的内容实现形式确定为绝对关联整体即世界。这三者均内在于意识存在普遍结构,故具有存在关联性。作为自然倾向的存在建构方式被存在概念所评价,因其合存在目的性而获得一种肯定的态度化属性,被世界概念所支持而获得内容上的存在确认,从而具有存在意志性,即维护和眷恋自身存在。在存在建构方式的自然倾向、态度化以及自我维护和眷恋之间又形成互相间的绝对规定关系[1],共同表现"存在建构方式的强迫重演",使之成为文化。在文化概念的这种构成中可以确定,文化概念、存在概念、世界概念三者同等归属意识存在结构,因为文化概念的奠基要素"强迫重演"和本质规定之一的"自然倾向",像存在概念和世界概念一样,均直接根源于意识存在结构,稍有复杂的是,其本质规定"态度化"与"维护和眷恋"来源于存在概念和世界概念指向存在建构方式的评价。不过,这两个要素恰好体现意识结构造成的三个概念间的存在关联,即反过来,文化概念规定世界概念的实现方式,世界概念规定存在概念的实现方式。

存在、世界、文化三个先验概念是在纯粹意识存在形式中被设立起来的,因而具有逻辑必然性,清晰而确定。三者在同一意识存在结构的关联作用下,互相一致和匹配,存在概念完全肯定文化概念,文化概念具有完全实现世界概念的能力,世界概念完全体现存在概念。文化概念

---

[1] 崔平:《有限意识批判》,江苏人民出版社2015年版,第108页。

第一章 关于文化竞争力本质的分析

包含存在性而支撑起世界概念,存在概念是内容显现和确认的合法形式,世界概念是存在性关联的形式,文化概念是存在性关联的内容建构行为(活动)概念。存在概念是没有考虑内容要素的纯粹显现的形式条件,世界概念是考虑内容要素后内容的可接受的存在形式,文化概念是为存在概念的世界形式充实内容的操作方式。文化、存在、世界三者间发生绝对规定关联,即文化追求存在,存在展开为世界,而世界通过文化来实现。

然而,一旦步入现实的经验建构环节,存在、世界、文化这三大先验概念及其相互关联的清晰性和必然性就被破坏。在经验存在中,存在概念表现为由特殊内容承载的特定存在成就,世界概念表现为由特殊概念关联实现的特定世界化关联,而文化概念转化为特定文化气质。根据前面已经专题阐明的文化的经验建构的偶然性,三种先验概念的经验成果以及它们之间的关联关系都被偶然性所冲击而发生逻辑变异。首先,三个先验概念的经验显现是偶然的,即得到怎样的特定存在成就、特定世界化关联、特定文化气质是不确定的,它们在何种程度上实现作为各自根据的先验概念不能判定。所能肯定的只是,它们都含有各自所属先验概念的成分,而不能确定具体的符合性,所能判定的只是抽象的"有",其可能范围从无到圆满,呈现连续的量值。其次,这便导致三个先验概念的偶然经验显现互相间在逻辑上可能具有非协调性、非匹配性,即特定存在成就、特定世界化关联、特定文化气质之间可能失去各自所属先验概念之间那样的绝对规定和绝对支持关系,不能保证它们之间能够按照先验根据之间的圆满匹配关系协同呈现。因为偶然性本身在逻辑上包含三种经验显现的内在自由性、任意性和互相间的参差错落。申言之,每一种先验概念的特定经验显现的量值之间,如果不能恰当地匹配性对应,就会造成互相间存在上的不协调。所以只能充分地肯定它们之间有继承于先验根据的关联,但不能必然确定这种关联的性质和情形,一切须根据经验事实而分析确定。

由于文化的经验建构的内容偶然性，特定存在成就、特定世界化关联、特定文化气质的合先验概念性的判定具有偶然性，虽然均有给定的文化内容作为判断对象，但因为内容的非必然性而使通达先验概念的品性不能通彻显现，只能经验独断，使主观任意性获得存在权利。这给三者之间的关系反思和非反思都留下机会，既可以无视三者之间的匹配与否问题，平静接受经验存在，也可以面对特定文化内容而任意赋予其先验存在概念、先验世界概念、先验文化概念意义，从而在文化的特定存在成就、特定世界化关联、特定文化气质的参差中，挑起文化的内在质疑和矛盾。

在单一文化孤立存在情况下，具有自由对待和处理文化的经验建构的先验根据意义的便利，即可以无视而非思地对待自身合理性问题，不理会特定存在成就、特定世界化关联、特定文化气质之间的协同与否，恬静地接受文化存在，也可以在主观设立它们的先验意义基础上审议它们之间的相互关系，从而作出存在合理性的自我评价。但是，在不同文化接触条件下，尤其是进入文化竞争阶段，必然触发文化反思而激起对特定文化内容的先验意义的权衡。直言之，主动的自由反思和被动的现实推动，是文化审视的两个发动原因。

文化竞争发生于主张自己文化身份的不同的存在建构方式争夺对存在对象的存在建构控制权之时，根源于文化概念所内在的世界概念的逻辑一元性和存在概念的逻辑统一性，以及意识存在单一性所决定的存在建构方式独占性。因此，不同文化存在的同一先验根据是文化竞争的发生基础，差异的文化内容争夺对同一先验根据的占有是其表现。进言之，文化竞争也就是争夺关于文化概念的排他充实权。在不容并立的文化中，以同一为自己意义的差异间必然相互排斥，因为这同一包容不下复多。显然，在文化竞争中，不同文化存在就是要通过各自对文化概念的体现的比较优势，来实现对自己文化身份合理性的现实维护。由于文化概念在其存在中与存在概念和世界概念相牵连，所以文化竞争也就是在特定文化存在中发现与文化概念、存在概念、世界概念的同一或者说兑现程度。可以断言，一种现实的文化存在所包含或牵连的相应于这三个先验概念的因素参与文化竞争，具有文化竞争属性和意义。关于三个先验概念的经验表现的分析表明，这样的因素就是特定文化气质、特定存在成就、特定世界化关联。

一种文化包含的特定文化气质、特定存在成就、特定世界化关联所具有的相应先验概念的属性，决定它接近先验文化概念的程度，在与其他文化的竞争中就是进行关于这种接近程度的比较，依据取得的相对优势而获得文化生存权。文化存在所包含的每一种具有文化竞争意义的经验表现，都直接参与文化竞争。但是，它们各自并不能单独决定文化竞争结果，而是必须相互有机关联地综合发生作用。因为，由于文化的经验建构偶然性的影响，文化、存在、世界这三个先验概念与其现实的经验显现之间缺乏必然性关系，这造成同一文化存在的特定文化气质、特定存在成就、特定世界化关联的先验意义还原陷于主观不确定性之中，还原结果之间可能不具有同一文化竞争意义，互相在文化竞争中呈现歧异和不协同，所以不能简单机械地叠加作出论断。此外，已经说明，文化概念、存在概念、世界概念三者之间具有存在关联，互相规定而获得各自的存在意义，这决定作为三者经验化表现的特定文化气质、特定存在成就、特定世界化关联，也必须在综合联系中统一发挥作用，尽管不能简单照搬它们的先验根据之间的关系模型，但还是必须回溯到一般意识存在结构而宽松地断定它们之间有关联，其间生成的关联效果才真实地参与和决定文化竞争。在文化竞争的比较语境中，这种综合关联效果决定文化间对抗的结局，显现为文化竞争力。所谓文化竞争力，是文化竞争中由一种文化的特定经验存在即特定文化气质、特定存在成就、特定世界化关联所蕴含的合其先验根据即文化概念、存在概念、世界概念的一般性质和量化程度，并在互相间关联作用中生成关于自己文化存在的特定存在权利，具有存在权利比较优势的文化获得文化生存权。

文化竞争力批判——实践一种捕捉哲学真理的精准操作方法

按照文化竞争的发生情形即文化观念的理性对话和存在对象的强制独占，文化竞争的可能手段不仅有论理，而且还有暴力。在文化竞争力概念中，包含使用不同文化竞争手段的根据。由于文化建构的内容偶然性，文化概念和特定文化气质之间、存在概念和特定存在成就之间、世界概念和特定世界化关联之间均为偶然关联，即必然有关联却不能确定有怎样的关联，其间具体关联关系的生成夹带主观独断性，所以不同的文化主体面对同一文化内容，可能作出不同的关联判断，从而会产生不同的文化竞争力。因此，文化竞争力是有客观基础制约但又掺杂主观任意性的一种文化现象。正是这种偶然性连带的主观性，可能带来不可对话性，使文化竞争陷入非理性状态，被逼入暴力手段方向，从而使特定文化气质中的文化意志成为重要因素。而暴力手段本身的存在现实性也牵连文化的存在创造能力条件，从而凸显文化竞争力的客观性因素，牵制其主观意志性。

文化竞争根源于文化的经验建构的偶然性及其一系列逻辑后果。没有偶然性，各种文化建构活动就会自然契合相关先验概念而必然具有统一存在性，不可能发生在同一存在概念下的存在冲突，因而经验与先验合一，一切文化都能达到必然理解和认同。恰恰是偶然性阻断了不同文化内容的世界一元性的理性可理解性和可确认性，衍生文化间的冲突逻辑，既在存在论上也在认识论上把不同文化推向冲突态度的合理化轨道。相应地，文化竞争力也是一个被偶然性触发的概念，假如特定文化气质与文化概念、特定存在成就与存在概念、特定世界化关联与世界概念之间的关系都是可必然确认的，并且三者之间是齐一协同的，那么不同文化的特定文化气质、特定存在成就、特定世界化关联就会具有相同或互补的先验存在意义，因为在必然性中预设了不同文化存在的绝对先验意义和价值，从而绝对地辩护自己的存在权利，不存在包含文化内容取消可能性意义的所谓文化竞争力。

第二节 关于文化竞争力分析的关键拓展

文化竞争力的存在已经被文化竞争力概念所明示。按照文化竞争力概念,文化竞争力首先是一种文化存在对文化概念的切合度,归根结底是对存在概念的贴近,其次表现出以此为根据的文化间竞争存在建构权利的功能。但正是在文化竞争力概念内部,同时包含超越当下文化存在的限制甚至否定这种文化竞争力的因素。文化竞争力形成于针对特定文化内容所作的存在概念评价。对于有限的特定文化存在而言,除了获得某种存在肯定之外,在逻辑上还有某种否定,即因为它与存在概念的差距而被确认不是存在本身,需要被撤销而追求可能的具有更高存在性的文化,只不过在文化概念本质规定的相互关系作用下,任务被规定为确立当下文化存在的文化存在性,从而只有肯定性评价被凸显出来,而压抑了否定性的显现。因此,关于文化竞争力必须设置专题性反思才能全面把握其性质,把它的概念规定性完全显露在经验现实形态中。因为文化竞争力的竞争使用包含一个特定文化对另一特定文化的排斥和否定,这一情形牵连文化竞争力概念所内在的逻辑上的自我否定原理,没有后者,文化竞争的实现就成为非理性的绝对对抗,不可能接受竞争游戏。所以对文化竞争力概念所包含的对同一特定文化存在的逻辑否定的分析,可以加深对文化竞争的理解。

通过否定环节,文化竞争力概念内在地显示文化竞争力的绝对存在形态即先验的圆满存在,而一切特定的有限文化存在都不可能是确定不移的文化竞争力,因为按照实现存在概念的世界概念,不完满的存在关联内容在更具有存在性的世界关联重构中可能会失去地位,不能完整保留下来,这被文化的经验建构的偶然性所加强。这意味着在否定环节特定文化的文化竞争力被撤销,而不再以"存在量"形式保留其价值。同时,先验存在概念在否定环节内设立理想的文化竞争力即圆满存在,并在给定的特定文化存在与理想文化竞争力之间逻辑地拟设文化竞争力的连续差别序列，规定文化竞争力的流动性。即使不考虑世界重构对特定文化的毁灭，它也在逻辑上取消一切个别特定文化内容的文化有效性，销毁其存在意义。在这种作用中，文化竞争力带给特定文化内容的目的性被摧毁，使其彻底丧失目的地位而变成实现文化的先验目的即绝对存在的工具。特定文化存在只是相似于存在概念，而不是存在。于是，处于文化竞争力概念之中的特定现实文化存在，在现实的文化竞争之前便先验地经受着文化竞争力的危机体验。文化竞争力概念已经把即使享受它的竞争胜利者也卷入挑战想象中，拖入危机意识。也就是说，文化竞争力并不固定附着在特定文化内容之上，不是内在地为特定文化所有的文化存在权利，而只是当下被权宜地出借的存在概念使用权。因此，文化竞争力说明的不是特定文化的永久存在权利，而是走向更圆满存在的文化更替过程。

文化竞争力概念所包含的对存在概念的追求和争夺，设定了文化存在间和相应的文化竞争力间的关联和发展关系。这使得由文化竞争力概念的内在否定环节所逻辑拟设的文化竞争力连续流动序列，不再是外在的机械排列，而是蕴含着特定存在属性，具有独立的统一意义。当文化竞争力在连续意义上关联着发展基因时，意味着它已经不仅仅属于特定文化构建内容，而是被提升为在不同竞争力的文化间的存在决裂和创造性诞生意义上的文化创造力。

由于文化竞争力与特定文化存在在存在论上相分离，不再专属于特定文化存在而是随机漂流，同时文化竞争力本身蕴含文化创造力宗旨，所以文化竞争力不带有为片面追求特定文化存在的凝固性胜利而授权的意义，它支持的不是特定文化存在本身的存在，而是其中的先验存在意义。从文化竞争力概念中不能发展出如下结局：某种特定文化篡夺存在概念地位而成为目的化身，从而披上理想盛装而拒绝文化变革，封闭新文化大门。

对于特定文化存在，文化竞争力不是一个理论有效的概念，即不是可以将其作为概念通过向特殊文化存在的应用而使某种特定文化存在永远拥有文化竞争力，而是一个实践有效的概念，即在当下特定现实条件下，将其作为概念权宜地向特定文化存在使用，策略性地使特定文化存在发挥存在建构功能，避免文化存在真空，但同时明确意识到获得文化竞争力确认的特定文化存在的历史本性，从而将其视为实践工具而接纳工具的历史优化可能性。

按照文化竞争力的内在否定环节的规定性，终止文化竞争力序列的是圆满实现存在概念的文化。然而在文化的经验建构中，由于文化建构内容的偶然性，这是不可能达到也不可能有效判定的文化存在状态。因此，文化竞争力概念的逻辑效果是设置了一个永恒竞争处境，即存在概念否定一切给定文化经验而超验地预设新的可能文化竞争，而且文化的现实建构活动无法打破这一逻辑。

第三节 思辨推动下的文化竞争力主体翻转：从文化到人

当文化竞争力与特定文化存在剥离，既不是文化在竞争，也不是为特定文化而竞争，文化竞争力的实质显现为文化创造力之后，文化竞争力的主体即谁在竞争便成为需要解决的问题。

既然文化竞争力带有不同文化竞争力的连续流动形式，是对存在概念的经验追逐，表现为文化创造力，那么它就归属于某种包含这些品性的事物。

文化竞争力序列对应诸个别特殊文化，而已经说明，文化竞争力序列间应该具有统一关联，所以必然有超越诸个别特殊文化或者说诸文化竞争力的同一根据。自我否定成为文化竞争力的构成要素，这使文化竞争力超出文化实在，因而需要寄托在新事物上。文化的直接创造者是意识，同时存在概念也是意识存在结构的先验规定结果。因此，意识是文化竞争力的直接载体。意识按照其内在普遍存在规律创造着文化，其目标就是实现意识所追求的存在概念，文化是被使用以达到存在追求的特殊工具。文化竞争就是通过创造不同竞争力的特定文化而竞争参与有效竞争力序列的机会，是包含先验存在概念的意识创造新文化的活动。

意识存在具有自我意识和他者意识，在其现实存在中表现出经验分化，即在其存在上，与它的经验关联者相结合，采取人的形式，显现为不同的个别存在。个别人的意识是现实活动的意识。因此，参与文化竞争的意识也必然是现实的个别人的意识，或者可以就意识归属于人这种认知结构而言，是现实的人。

在把文化竞争力的主体确定为人之后，直观地看，文化竞争就成为不同人之间的关于存在建构方式主导地位的争夺。文化竞争力的意义是趋近和通达存在，是新文化创造能力，因此文化竞争力就是人的文化创造智慧，是创造文化流转而追求圆满存在力量的竞争。人关于文化的竞争就是参与文化竞争力序列的努力，表明其与存在的同一性以获得存在使者身份。要言之，文化竞争力就是拥有存在概念和创造存在方式的智慧的人，以特定方式创造文化的能力，其竞争意义首先是个体自我基于对文化竞争力序列的自觉而对特定文化采取自我否定态度并拟设和追求更高竞争力的文化，其次才可能以此为基础，接受和实现人之间的文化竞争。拥有健全文化竞争力意识并具有强大文化智慧的人，即使没有遭遇他者文化也会保持足够水平的文化竞争力的理性躁动。因此，深入地看，文化竞争力的表现有两种方式，即人的文化创造智慧的内在性自我超越和人与人之间的存在使者身份竞争。

对存在的动态的完善化追求是文化竞争力的本相，而文化按照其概念规定所包含的存在单一性和先在内容对可能新生内容的后摄范导作用，具有维持特定文化内容的属性，表现为人的传统情结，即在意识存在单一性和先在内容对思维的后摄制约作用下，产生对原有文化的依恋和推崇，从而为其附加高于本真存在价值的文化地位。基于文化概念的本质规定所产生的这种传统情结，会把文化存在的历史持久性变成维护或保卫某种文化的理由和力量，它有益于增加一种文化的现实作用力强度，提高现存文化的实践竞争力。但是，被传统情结所纠缠会消减甚至封闭人的文化智慧，降低甚至扼杀人的文化竞争力。能否平衡以及如何平衡文化概念所内在的这两种冲突的经验存在效应，是对人的文化智慧的考验。其要求是，按照意识对存在的追求本性，既不能因为追求文化竞争力而陷入抹杀现存文化竞争力的文化虚无主义，又不能因为片面顺从文化的传统情结而采取放弃文化竞争力眼光的极端文化保守主义，把一种历史文化推上极权式的对人的实践的文化专制统治，而应该在文化的普遍根据中发掘出一种平衡策略。

文化概念关联着世界概念并作为自己的根据，其"维护和眷恋"就是借助世界概念对文化内容的存在性确认形成的。而作为传统情结根据的"存在建构方式的自然倾向"、作为文化竞争力根据的"态度化"，均作为文化概念的本质规定与"维护和眷恋"发生存在规定关联。因此，世界概念同时关联着传统情结和文化竞争力，居间中介和调节二者。存在概念的内容组建方式是世界，而世界概念的经验实现具有片段性、多元性。文化的经验建构的偶然性在逻辑上应合世界的经验建构的片段性、多元性。文化竞争力以存在圆满性为标准设立内在的否定性，对应世界概念的完整实现，没有采用世界建构的片段化属性。如果完整采用世界概念的经验建构表现，那么就会同时承认特定文化的当下有效性，允诺其实践合理性。这是在新文化创造之前落实存在概念的权宜，其目的是策略性地保证文化工具在创造存在中的现实使用而避免出现存在概念的经验真空，可以称之为文化宽容条款。而传统情结是"存在建构方式的自然倾向"借用片段化的世界的经验建构中所包含的存在性确认力量形成的，没有同时考虑多元性带来的对世界片段的存在否定作用。在世界概念的经验建构意义的完整应用中，就会同时生成对特定文化内容的现实支持和逻辑否定两种态度。由于多元化在世界的经验建构中是一种逻辑拟设的可能性，所以这种否定只能是抽象的对既有文化内容的存在有效性的质疑，警告它是可以被反思、批判和替代的，不能无条件地加以固守。这就是在一切文化中加入一条伴随条款，使文化变革成为一种预期并合理化，可以称之为文化启蒙条款。宽容条款是传统情结借助世界概念的经验建构片段性走进文化竞争力而取得在新文化涌现前延迟其否定作用时机。而启蒙条款是文化竞争力借助世界概念的经验建构的多元性走进传统情结，造成新文化创造空间。在世界概念及其经验建构逻辑的补充下，文化概念的先验根据在文化的经验建构中得到完满体现，建立起文化的经验存在可能通向先验文化目标的行为模式，触顶文化智慧。

启蒙条款和宽容条款是面对两种异质而不能同时实现的文化建构要求，以不同于内容陈述的未然祈使方式变通地作出的兼顾安排。其方式为，在不能具体确定所意欲之物的条件下抽象地警示该当注意事项，防范片面满足一种要求而完全牺牲另一种合理要求，在肯定一方的前提下，平衡地设立另一关联方的存在权利，把理论上不能思辨完成的文化存在建构任务交给文化建构实践过程，使得文化概念在实践上获得圆满实现的逻辑可能性。这是对文化建构理性把握能力的有限性的自觉和恰当应对，可以称之为文化明智。拥有文化明智观念的人才是文化概念的合格承担者，具有最充分的文化竞争力。文化保守主义使文化丧失未来，而文化理想主义使文化丧失现在，两者都背离存在概念，需要施以平衡性调节。因此，接受启蒙条款和宽容条款的文化才是好文化，而拒绝者为坏文化。

文化明智的两个条款具有文化气质属性，最终汇聚到文化气质之中。与其他文化气质内容的非理性形成不同，这两种文化气质内容是理性安排的结果。

第四节 文化明智的触发条件

在现实的文化存在状态中,并不包含文化明智的两个条款,也就是说它不会伴随文化的经验存在自动发生而成为文化存在的自然构成内容。因为,文化以特定内容的存在建构方式出现,按照文化概念的本质规定性而展开,在其直接构成中必然以肯定文化存在的内容和与文化概念直接关联的方式充实文化概念,而不可能有否定的和反思的内容参与其中。然而,从文化明智条款的分析和规定过程可以断定,它恰恰带有否定性,是一种反思性发现。值得指出的是,特定文化存在按照文化概念从意识存在结构的作用、存在概念和世界概念的评价使用中所获得的文化属性,似乎具有概念反思结构,但它们是先验作用,因而其经验式作用就直接自动发生,无须专题性反思活动。相反,文化明智条款的形成并不针对具体的文化构成活动及其特殊内容,而是一般地考虑文化形成后的存在地位问题,落入经验范畴,需要专题性反思才能发掘出来。因此,文化明智条款仅仅是蕴含在文化概念之中的和逻辑上具有意识显现可能性的潜在规定。

然而,略有不幸的是,文化明智条款的反思发生不是逻辑学必然的,而是具有心理学偶然性。问题在于,第一,存在现实难度。文化在其现实存在中具有强烈的肯定自身禀性,肯定自身的存在意义,肯定自身的天然存在权利,因为它在当下以其对文化概念的显现似乎直接接近和覆盖文化概念,直观地占有文化真理。这有利于传统情结和特定文化内容的目的地位的形成和巩固。由此,造成一种不利于文化明智条款形成的思想格局,即文化明智条款违逆文化的经验存在禀性,同时后者掩盖文化反思的必要性。第二,存在逻辑难度。从文化明智条款的分析过程可以看到,其认识环节具有复杂性,要回溯到某些深层次的先验概念,同时还要克服文化竞争力主体是特定文化这一假象,寻找文化竞争力的真正主体。质言之，文化明智条款被文化经验所深度埋藏。第三，事后看，文化明智条款的反思活动在纯粹概念领域，针对未然的逻辑可能性而展开，是一场抽象的超验思辨，需要强烈而深沉的形而上学兴趣和操作能力。可以说，没有充分的形而上学思维勇气和技艺，就不可能完成发掘文化明智条款的论证。而一个人是否具备与此相应的形而上学能力，是一种偶然的心理学事实，是某种可遇而不可求的运气事件。

  需要指出，文化明智的两个条款虽然具有逻辑对等性，但在实践效用上却是不对称的。在理论上，文化明智同时包含文化启蒙条款和文化宽容条款，但是在实践上，文化竞争力被其特定文化主体错觉所误导而直接加强特定文化存在，从而支援传统情结，有利于特定文化存在的自我肯定。此外，文化竞争力的本真主体（人）需要反思才能显露，不易发挥作用，所以不待宽容条款，文化就一般会自行宽容之事。因此，对于文化明智来说，重在启蒙条款。故在客观上看，由于文化竞争力不易执行其否定功能，并因此使其对文化的传统情结失去约束作用，所以文化理想主义的威胁相对遥远，对文化进行文化明智改造的任务，经常显现为文化启蒙。

第二章

文化气质的简单*文化竞争力效应

按照文化竞争力的文化表现的规定，三种文化竞争力表现要素之间要联合统一发挥文化竞争力效用，因而并非每个文化竞争力表现要素可以独立影响文化竞争力，但关于文化竞争力的分析必须首先确定各个文化竞争力表现要素本身的文化竞争力效应，才能以此为基础综合考虑文化竞争力。因此，对各文化竞争力表现要素的简单文化竞争力效应的分析，是不可或缺的理论环节。

作为文化竞争力表现要素之一的文化气质，包含文化情绪、文化意志、文化器宇三种本质规定性，因此，其简单文化竞争力效应的分析应该包括文化情绪、文化意志、文化器宇的简单文化竞争力效应和复杂文化竞争力效应以及最终的简单文化竞争力效应的综合生成这三个分析环节。这也是此后一切文化竞争力效应分析的共同逻辑模型。

第一节 文化情绪的简单文化竞争力效应及其函数表达

文化情绪是文化概念之"态度化"这一本质规定在特定文化内容上

---

* 在此，引入一对此后普遍使用的重要概念，即简单和复杂。在针对具有外在存在联系的某物进行关于特定论题的论断中，当理想地仅仅孤立考虑某物自身的内在存在而不涉及其外在联系的影响时，便称该论断为简单的。相反，当现实地考虑其外在联系的影响时，便称该论断是复杂的。

的显现，伴随特定文化内容而必然发生，是先验存在概念针对特定文化内容进行合存在目的的评价结果，由经验的先验条件依赖性所支配。这种评价自动进行，自然而无须特殊的反思为之。但是，由于文化的经验建构内容的偶然性，无法判定特定文化内容的绝对客观的合存在性程度，特定文化内容应该获得怎样强度（多少存在性比例）的赞赏和欢迎态度可以主观赋予，所以特定文化内容所附着的文化情绪的强弱度是偶然的。可以说，文化情绪的性质是单一的，即欢迎亲近态度，这可以确定地普遍判定，然而其强弱量是不能必然确定的。如果考虑文化竞争，那么才有针对特定文化的文化情绪的性质转变，即被否定的特定文化失去文化情绪的肯定性支持，转而被历史化处理并淡化为一般观念，或者遭受一种厌弃性文化情绪。但这种负面情绪的出现正是在特定文化内容被放弃之后，存在概念撤销了对它的支持而不再具有文化的存在建构竞争力，它被看作一种非（死）文化而接受的审视。一种文化在它的秉持者那里，其文化情绪必然是肯定性的欢迎。从某种意义上说，文化情绪的厌弃表现并不具有存在独立性和与欢迎这一肯定情绪的平等对待性，而是后者的衍生，是被评价的不同文化均得到肯定性文化情绪后，按照文化的实践相斥原理一个文化取缔或销毁另一个文化的结果。严格讲，厌弃并不是一种真正的文化情绪，不是存在概念的评价使用的结果，而是文化间存在价值比较的理性认知和选择，已经不属于情绪范畴。其实，对被放弃文化的厌弃情感也不一定发生，可以中性地作纯粹认识处理。

　　文化情绪的性质是绝对单纯的，情感色调只有积极肯定一种表现，对要求差别性比较的文化竞争来说并无意义。相反，却是文化情绪的量占有对文化竞争的文化竞争力的本质决定地位。文化情绪不论其强弱，一般地讲，都支持文化内容的存在，但是在文化竞争力的内部张力即维护特定文化存在与坚持文化发展的平衡要求的条件下，却因量而发生变异和分化。对于特定文化存在来说，文化情绪越强烈，越有利于获得维护其存在的力量，从主观力量到客观力量。在主观上，文化情绪越强，越推高维护文化存在的非反思性和反应坚定性，走向放弃论理而径直坚守特定文化。在客观上，文化情绪越强，越接近对特定文化采取暴力维护手段，使特定文化具有刚性的生存冲动，远离文化对话可能性。民粹主义是最强烈的文化情绪。但是，从文化变革的文化竞争力意义上看，并不是文化情绪越强越好，而是在文化情绪超过某种强度之后会阻碍文化变革，压缩文化变革空间。一种被文化情绪完全笼罩的特定文化，只有暴力才能打破它的秉持者的顽固。因此，文化情绪的量有其文化竞争力功能上的质变节点，即从支持特定文化存在的量值区间，中经一个特定量值而转向反对文化变革的量值区间，这个作为转折点的特定文化情绪量值是最佳文化情绪，既最大限度地让特定文化存在发挥文化的存在建构功能，又向文化变革敞开大门而不存在丝毫对文化变革的阻力。在这一转折点上的文化情绪，具有最大的文化竞争力效应，可以称为黄金情绪。可以说，文化情绪与主观性地激发文化的现实力量成正比，而与文化的将来可变性成反比。

　　文化情绪的文化竞争力效应涉及两个方面，即对现存特定文化存在的支持作用和对未来文化变革的支持作用。由于这两个方面纠缠在一起，所以文化情绪并不能通过简单地分别表现对现存特定文化的支持作用和对未来文化变革的支持作用来形成自己的文化竞争力贡献，而是必须综合地表现出一个文化竞争力效应。同时，由于两方面作用互相消长，所以不是通过就高就低或者机械加和形成文化情绪的文化竞争力效应，相反两种作用是相与关系，有机地融合成某种文化竞争力效应。

　　以文化情绪黄金点为分界，低于者相对理想条件来看减弱对现存特定文化存在的支持，增强对将来文化变革的支持。而高于者的文化竞争力效应则恰好相反，即相对理想条件来看，增强对现存特定文化存在的支持，减弱对将来文化变革的支持。在这种对黄金点的偏离中，其文化情绪的文化竞争力效应中虽然同时包含对文化竞争力两个构成要素即对现存文化存在的支持度和对未来文化变革的支持度的反向增减，但结果并非互相平衡等效而对冲,而是造成文化竞争力的综合性衰减,偏离越大,相对黄金点最大文化竞争力就越小。这种关系具有函数特征,即各个影响文化竞争力效应的因素的一个取值都只有一个对应的文化竞争力效应值,因而可以设立相关函数直观地把握其中的复杂作用性质和具体情况。

为实现对文化情绪的文化竞争力效应的函数描述,必须确定它的定义域和值域,即文化情绪的可能取值和文化情绪的简单文化竞争力效应的可能取值。

关于定义域,可以按照文化情绪的生成根据加以分析确定。文化情绪(Q)是文化概念的构成要素"态度化"向特定文化存在偶然主观落实(投射)的结果,其根据为存在概念。因此,文化情绪的最大值为完全符合存在概念所规定的绝对存在形式,而最小值为完全不符合存在概念所规定的存在形式。前者作为逻辑圆满者,可以规定为1,后者作为逻辑上的绝对存在缺失,可以规定为0。这两个值为极限值。不论文化情绪可以有主观上对特定文化存在内容客观上的存在价值的怎样偏离,逻辑上都只能在这个极小和极大区间选择,即在0—1之间变化。

关于值域,可以按照文化情绪的存在贡献方式及其结果加以考察确定。

就文化情绪(Q)而言,其简单文化竞争力效应的生成方式是分解为两种不同性质的作用,即对现存文化存在的支持(Q_x)和对将来文化变革的支持(Q_j)。按照文化情绪的性质,文化情绪越高,则Q_x越大,反之则越小,从0—1呈递增状态,一一对应,可以建立关于它的函数$Q_x = f_1(Q)$,其中,$0 \leq Q \leq 1$,是一个单调递增函数。另一方面,文化情绪越高,则Q_j越小,反之则越大,从0—1呈递减状态,一一对应,可以建立关于它的函数$Q_j = f_2(Q)$,其中,$0 \leq Q \leq 1$,是一个单调递减函数。由于Q_x和Q_j是对Q的分解和占有,而且处于反变关系中,此消彼长,所以二者均被限制在Q的存在范围之内,对应Q的0—1值域区间而有Q_x为0—1和Q_j为1—0。相应地二者在自己的值域内定义各自的文化竞争力函数F_{Qx}和F_{Qj},$F_{Qx} = f(Q_x)$,$F_{Qj} = f(Q_j)$。文化情绪的简单

第二章 文化气质的简单文化竞争力效应

文化竞争力效应（F_Q）就是 F_{Qx} 和 F_{Qj} 的有机叠加的结果。由于文化情绪以存在概念的绝对存在形式为规定和目的，Q_x 和 Q_j 都指向同一存在，所以它们的文化竞争力效应函数 F_{Qx} 和 F_{Qj} 的最大值都只能是达到绝对存在，以其整体完满性可以规定为 1，最小值为完全缺失存在，可以规定为 0，从而对应文化情绪的定义域为 0—1，F_{Qx} 的值域为 0—1，F_{Qj} 的值域为 1—0。同时，由于 Q_x 和 Q_j 在存在概念的统一下关联而共同成就存在概念，其结果是任一文化情绪 Q 的分解 Q_x 和 Q_j 都形成相对存在概念的互补贡献而共同作用实现同一绝对存在，以其整体完满性可以规定为 1。也就是说，文化情绪的简单文化竞争力效应 F_Q 普遍同一，对任何文化情绪取值都为 1，可以表达为 $F_Q = f(Q) = f(F_{Qx}, F_{Qj}) = 1$，其中，$0 \leq Q \leq 1$。上述文化情绪的诸函数关系如图 1、图 2 所示。

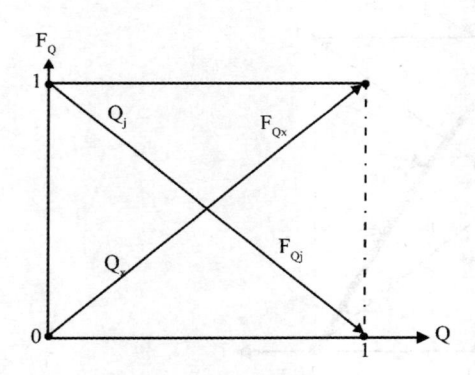

图 1 文化情绪的分解及相应文化竞争力效应生成图

注：简便起见，Q_x 与 F_{Qx}、Q_j 与 F_{Qj} 共用一线示意与 Q 的关系。

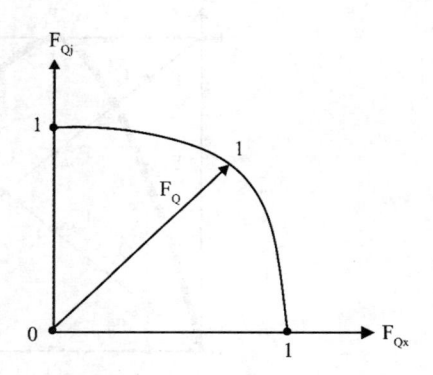

图 2 文化情绪的文化竞争力效应生成图

注：F_{Qx}、F_{Qj} 的自变量取值是同一 Q 值的分解值 Q_x、Q_j。

在获得关于文化情绪的简单文化竞争力效应的上述定义域和值域之后，便可以进一步讨论文化情绪的简单文化竞争力效应的实际函数关系。在现存支持和将来变革支持比例协调、互相匹配的条件下，即对于文化情绪黄金点来说,任何现存支持和将来变革支持的强度取值都产生最大的或者说圆满的文化竞争力,其值为1。而这种成对匹配性取值的具体值直接关联着特定文化存在内容,即它造就客观上的对现存文化存在的应有支持和相应的应有的文化变革开放态度。对于每一特定文化存在,当文化情绪偏离自己的这一黄金点,不论具体发生的是怎样的偏离,都必然降低文化竞争力效应,偏离得越多,降低得就越大。申言之,文化竞争力的降低幅度与偏离特定文化存在文化情绪黄金点的差(Q_C)成正相关,有函数关系 $F_{QC} = f(Q, Q_C)$,其中,$0 \leq Q \leq 1$,$0 \leq Q_C \leq 1$,$0 \leq F_{QC} \leq 1$。因为,偏离意味着施加在特定文化存在上的文化情绪背离存在要求,显然背离得越多,产生的损失就越大。这种情形如图3所示。

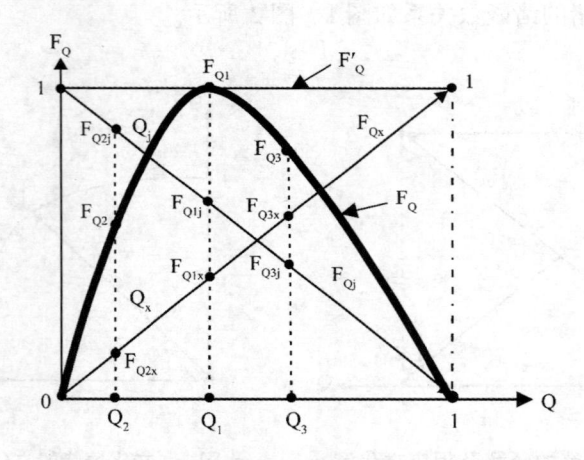

图3 文化情绪的实际简单文化效力效应生成图

图注:$F'_Q = f(Q) = 1$,$F_Q = f(Q, Q_C)$,

其中 $0 \leq Q \leq 1$,$-1 \leq Q_C \leq 1$,$0 \leq F_Q \leq 1$。

当 $Q_C = 0$ 时,F_Q 的值最大,为1。

图例说明:

Q_1:特定文化存在的文化情绪黄金值。

F_{Q1x}、F_{Q1j}:特定文化存在文化情绪黄金值 Q_1 下对特定文化存在的支持和对未来文化变革的开放态度。

F_{Q1}:特定文化存在文化情绪的最大文化竞争力效应。

Q_2、Q_3：特定文化存在的文化情绪的实际主观取值。

F_{Q2x}、F_{Q2j}/F_{Q3x}、F_{Q3j}：特定文化存在文化情绪实际主观取值 Y_2/Y_3 下对特定文化存在的不当的支持和对未来文化变革的不当开放态度。

F_{Q2}、F_{Q3}：特定文化存在文化情绪实际主观取值下的文化竞争力效应。

F'_Q：文化情绪主观取值保持与特定文化存在实际情况相符即完美匹配条件下的文化情绪的文化竞争力效应。

F_Q：文化情绪实际主观取值中包含偏离文化情绪黄金值情况的特定文化存在文化情绪的文化竞争力效应。

从上述作用原理可以看出，文化情绪的文化竞争力效应表现是复杂的。然而，更为复杂的是，按照文化气质的本质要素之间的存在关联关系，文化情绪处于互相关联和制约之中，并不能单独地直接参与文化气质的简单文化竞争力效应的塑造，而是要接受其他因素的影响，在作出一番响应后才能实际参与构造文化气质的文化竞争力效应。

第二节 文化意志的简单文化竞争力效应及其函数表达

文化意志是文化概念的"自我维护和眷恋"这一本质规定要素在特定文化存在上的投射，其根源是世界概念对特殊存在关联内容的存在性的确认，从而赋予其客观存在性，它与文化情绪属于存在概念向特定文化存在的形式使用不同，等效于存在概念的内容使用。在先验的文化概念中，一切均作纯粹概念考虑，所以"维护和眷恋"的意义是完整的、确定的。但是，在文化的经验建构中，由于文化建构的内容偶然性，普遍文化概念向特殊文化内容的使用虽然保持逻辑必然性，即确定地使特殊文化内容保有文化概念的品性，但是却失去了存在完整性，即对于特定文化内容享有多少世界性以及这种世界性在可能的世界变更中享有怎样的命运，是不可确知的，所能断言的仅仅是，一定有所减损。因此特定文化内容究竟获得怎样的文化概念品质继承，是有主观任意裁量成分参与的结果，表现为客观内容上的主观赋予即文化意志。由于依赖特定文化存在内容的世界关联地位，而这必须在专题反思中才能有所判断，不是先验世界概念的自动经验使用，所以文化意志与文化情绪不同，是一个有反思参与才能生成的概念。此外，它还与文化情绪的纯粹形式本性不同，是针对特殊内容作出的。

从表现方式上看，文化意志有观念重申和现实防卫两种性质不同的选择。所谓观念重申，就是文化主体针对特定文化存在向自己和他者反复申明其存在正当性和存在权利，宣示维护其存在的主观立志。而所谓现实防卫，就是动用强力手段反对一切妨碍或侵害特定文化存在的活动，外在地捍卫特定文化存在对存在建构对象的支配权利。之所以存在两种文化意志表现形式，是因为文化意志的对象——特定文化存在——本身具有两种存在构成即观念和观念的存在建构作用，两者互相关联而共同成就文化存在。观念重申和现实防卫可以单独出现，也可以同时并用，因为二者具有不同属性，是不同范畴的文化意志存在，可以分离也可以叠加。

从构成内容上看，文化意志产生于文化内容在世界化关联中所获得的存在确认，而世界化关联有广度之别，其赋予存在性的能力也与之相关联，即世界化关联规模越大，越接近存在概念，其中参与关联的个别内容所获得的存在确认力量就越大。但是，这种存在确认的力量效应又不能完全视给定关联规模而定，因为由于文化建构内容的偶然性，在逻辑上就不能必然地判定特定文化内容在世界中的地位和关联的发展前途，更不能确然明了它在世界概念经验化的多元性条件下的存在有效性，即是否在可能的世界化关联发展中被作为具有更优越存在性的另一元所代替。在这种多重偶然性情况下，特定文化内容的存在性确认最终就必须引入主观裁断打破犹疑僵局，以便在模糊条件下把文化概念的本质规定要素"维护和眷恋"策略性地落实在特定文化内容之上。在理论上其强度是一个连续的量变区间，从极小的"有"到极大的"有"，即从施以微弱意志到绝对意志。文化的绝对意志在逻辑上是证成特定文化的世界

第二章 文化气质的简单文化竞争力效应

化关联与世界概念达到同一条件下的结果,是最饱满、无保留、不动摇的永恒维护和捍卫。显然,对于人的有限意识的文化建构来说,这是一个文化意志的理想值或者说理论极限。

对于文化竞争力来说,文化意志的质性规定即对特定文化存在的自我维护和眷恋这一自然倾向并无意义,因为所有特定文化都能同等地享有它,只要是文化,就必然已经涉及世界化关联,就必然获得一般意义的文化意志的作用。相反,对文化竞争力有意义的是文化意志的强弱即量的规定,因为正是这种强弱量介入文化间竞争存在权利时的比较和冲突,参与决定一个文化的存在前途。尽管有主观裁量因素存在,但文化意志的量首先代表文化意志生成的客观基础即围绕特定文化存在的世界化关联,其次代表最终主观上赋予特定文化存在的世界化关联意义。由于文化建构的内容偶然性使得关于与特定文化存在相关联的世界化关联的世界概念意义难以判定,这种文化意志的主观性量值就必须被策略性地看成文化竞争力的合理依据。

但是,文化意志的文化竞争力意义并不简单地就是其量值,也就是说,并非文化意志越强文化的竞争力就越大。因为,文化竞争力不仅仅是特定文化当下取得文化存在权利,而且被存在概念对当下特定文化存在的内在逻辑否定所决定,同时也是文化创造力推动下的文化变革走向存在概念的能力。这使文化意志的文化竞争力问题变得复杂。文化意志量值发挥实质作用的原因,就在于特定文化存在所关联的世界并非世界概念所要求的圆满世界化关联,而是有差距的,在逻辑上严格地说,是非本真的世界。如果与特定文化存在相关联的世界化关联现实或潜在地(具有发展成本真世界的必然性)达到与世界概念的同一,则会取消任何文化竞争,不论在观念上还是在现实上都不会再有文化竞争的踪影。恰恰是世界意义的不充分才导致文化存在向着具有充分世界意义的文化不断更替,也才有文化竞争现象。在这一过程中,文化意志被夹在特定文化存在的现实存在建构竞争力与未来的文化发展之间的张力中,因为显然文化意志量的增强有利于前者而不利于后者,但新的特定文化存在又像前者一样需要一定的文化意志。这就需要保持文化意志在张力结构中的平衡,智慧地设计文化意志的量以便获得最大的文化竞争力效果。

从特定文化存在发挥存在构建效能的角度上看,文化意志越强越有利,而文化竞争力的题中之义显然包含一种文化的现实作用力量,否则文化的存在意义无从谈起。因此,增加文化意志的强度量值具有直接的文化竞争力价值。

然而,从文化的演变实现角度看,附着在特定文化存在之上的文化意志对文化更迭来说总是一个负面因素,因为文化意志作为文化的维护努力一定要具有具体的现实性目标文化,否则它无以施加影响。也就是说,文化意志对现实特定文化和未来可能文化的作用是不对称的,只能施加在现实特定文化之上。如此,文化意志对于未来可能文化的被思考和诞生具有阻碍作用,当这种阻碍作用随文化意志量值足够大时,就会严重伤害文化的发展可能性而使人丧失文化创造力。因此,必须合理限制特定文化存在所获得的文化意志的强度。

综合以上两方面的分析,可以断定,在文化意志的连续量变轴线上,应该有一个临界点,在这一临界点上,恰好使特定文化存在获得文化执行力所要求的足够的文化意志,同时又不伤害文化变革而不适当地延宕新文化诞生,可以称之为文化的黄金意志。在逻辑上,黄金意志不是一个可以预定的固定值,而是应该与特定文化存在的世界化关联水平相联系,世界化关联水平越低,黄金文化意志的值越低,反之则越高。理论上在极端的无世界关联情况下应该为零,而在极端的圆满世界关联情况下则应为绝对完满。在这一点上充分反映了文化意志的反思品性,需要以对特定文化存在的世界化关联的认识把握为基础。

在对文化意志的简单文化竞争力效应分析中已经确定,存在一个产生最大文化竞争力效应的黄金值。以这一黄金点为分界,低于者相对理想条件来看减弱对现存特定文化存在的支持,增强对将来文化变革的支持。而高于者的文化竞争力效应则恰好相反，即相对理想条件来看，增强对现存特定文化存在的支持，减弱对将来文化变革的支持。在这种文化意志对黄金点的偏离中，其文化竞争力效应中虽然同时包含对文化竞争力两个构成要素即对现存文化存在的支持度和对未来文化变革的支持度的反向增减，但结果并非互相平衡等效而对冲，而是造成文化竞争力的综合性衰减，偏离越大，相对黄金点最大文化竞争力就越小。这种关系具有函数特征，即各个影响文化竞争力效应的因素的一个取值都只有一个对应的文化竞争力效应值，因而可以设立相关函数直观地把握其中的复杂作用性质和具体情况。

为实现对文化意志的文化竞争力效应的函数描述，必须确定它的定义域和值域，即文化情绪的可能取值和文化情绪的简单文化竞争力效应的可能取值。

关于定义域，可以按照文化意志的生成根据加以分析确定。

文化意志（Z）是文化概念的构成要素"维护和眷恋"向特定文化存在偶然主观落实（投射）的结果，是存在性的确认，其根据为世界概念。因此，其最大值为得到绝对世界关联的支持，圆满无损，可以规定为1，而最小值为完全没有得到世界关联的支持，可以规定为0。一切得到部分世界化关联支持的情形所产生的文化意志处于二者之间，即0—1之间的小数。在特定文化存在中即使发生文化意志偶然偏离客观应有强度的情况，其主观文化意志也只能在这个区间即0—1内变化。

关于值域，可以按照文化意志的存在贡献方式及其结果加以考察确定。

就文化意志（Z）而言，其简单文化竞争力效应的生成方式是分解为两种不同性质的作用，即对现存文化存在的支持（Z_x）和对将来文化变革的支持（Z_j）。按照文化意志的性质，文化意志越高，则Z_x越大，反之则越小，从0—1呈递增状态，一一对应，可以建立关于它的函数$Z_x = f_1(Z)$，其中，$0 \leq Z \leq 1$，是一个单调递增函数。另一方面，文化意志越高，则Z_j越小，反之则越大，从0—1呈递减状态，一一对应，可以建立

关于它的函数 $Z_j = f_2(Z)$，其中，$0 \leq Z \leq 1$，是一个单调递减函数。由于 Z_x 和 Z_j 是对 Z 的分解和占有，而且处于反变关系中，此消彼长，所以二者均被限制在 Z 的存在范围之内，对应 Z 的 0—1 值域区间而有 Z_x 为 0—1 和 Z_j 为 1—0。相应地二者在自己的值域内定义各自的文化竞争力效应函数 F_{Zx} 和 F_{Zj}，$F_{Zx} = f(Z_x)$，$F_{Zj} = f(Z_j)$。文化意志的简单文化竞争力效应（F_Z）就是 F_{Zx} 和 F_{Zj} 的有机叠加的结果。由于文化意志以世界概念的绝对关联形式为规定和目的，Z_x 和 Z_j 都指向同一绝对世界，所以它们的文化竞争力效应函数 F_{Zx} 和 F_{Zj} 的最大值都只能是达到绝对世界，以其整体完满性可以规定为 1，最小值为完全缺失世界关联，可以规定为 0，从而对应文化意志的定义域为 0—1，F_{Zx} 的值域为 0—1，F_{Zj} 的值域为 1—0。同时，由于 Z_x 和 Z_j 在世界概念的统一下关联而共同成就世界概念下的同一绝对世界，其结果是任一文化意志 Z 的分解 Z_x 和 Z_j 都形成相对世界概念的互补贡献而共同作用实现同一绝对世界，以其整体完满性可以规定为 1。也就是说，文化意志的简单文化竞争力效应 F_Z 普遍同一，对任何文化意志取值都为 1，可以表达为 $F_Z = f(Z) = f(F_{Zx}, F_{Zj}) = 1$，其中，$0 \leq Z \leq 1$。上述文化意志的诸函数关系如图4、图5所示。

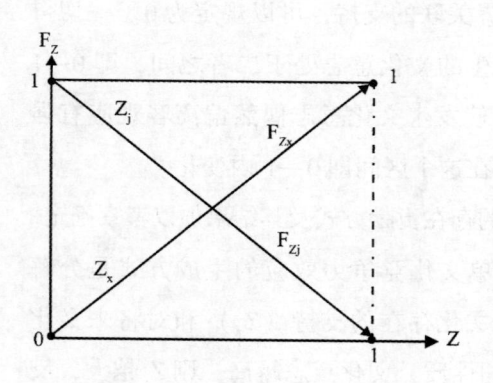

图4 文化意志的分解及相应文化竞争力效应生成图

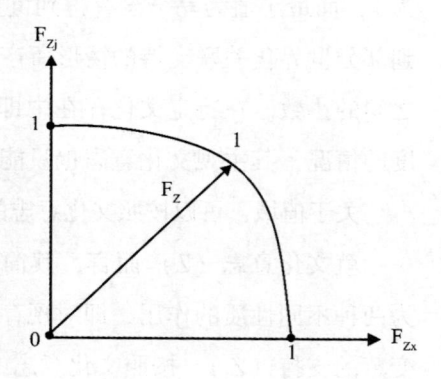

图5 文化意志的文化竞争力效应合成图

第二章 文化气质的简单文化竞争力效应

在获得关于文化意志的简单文化竞争力效应的上述定义域和值域之后，便可以进一步讨论文化意志的简单文化竞争力效应的实际函数关系。

在现存支持和将来变革支持比例协调、互相匹配的条件下，对于文化意志来说，任何现存支持和将来变革支持的强度取值都产生最大的或者说圆满的文化竞争力，其值为1。而这种成对匹配性取值的具体值直接关联着特定文化存在内容，即它造就客观上的对现存文化存在的应有支持和相应的应有的文化变革开放态度。也就是说，每一特定文化存在都有自己的理想的文化意志强度，即黄金值，在这一点上，所获得的文化竞争力效应最大，为1。对于每一特定文化存在，当文化意志偏离自己的这一黄金点，不论具体发生的是怎样的偏离，都必然降低文化竞争力效应，偏离得越多，降低得就越大。申言之，文化竞争力效应的降低幅度与偏离特定文化存在文化意志黄金点的差（Z_C）成正相关。因为，偏离意味着施加在特定文化存在上的文化意志背离存在要求，显然背离得越多，存在的损失就越大。这种情形有函数关系 $F_{Z_C} = f(Z, Z_C)$，其中，$0 \leq Z \leq 1$，$-1 \leq Z_C \leq 1$，$0 \leq F_{ZC} \leq 1$。这种情形如图6所示。

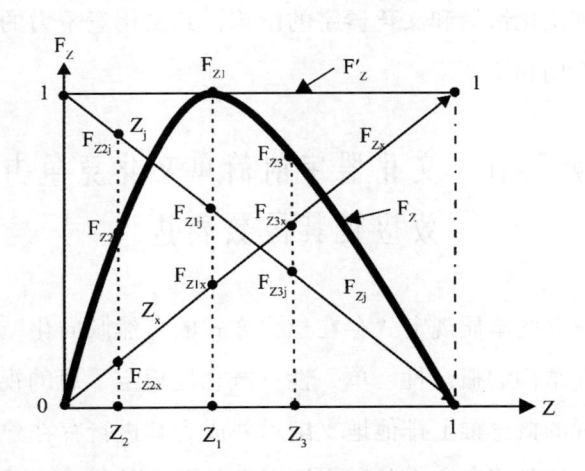

图6 文化意志的实际简单文化竞争力效应生成图

图注：$F'_Z = f(Z) = 1$，$F_Z = f(Z, Z_C)$，

其中 $0 \leq Z \leq 1$，$-1 \leq Z_C \leq 1$，$0 \leq F_Z \leq 1$。

当 $Z_C = 0$ 时，F_Z 的值最大，为 1。

图例说明：

Z_1：特定文化存在的文化意志黄金值。

F_{Z1x}、F_{Z1j}：特定文化存在文化意志黄金值 Z_1 下对特定文化存在的支持和对未来文化变革的开放态度。

F_{Z1}：特定文化存在文化意志的最大文化竞争力效应。

Z_2、Z_3：特定文化存在的文化意志的实际主观取值。

F_{Z2x}、F_{Z2j}/F_{Z3x}、F_{Z3j}：特定文化存在文化意志实际主观取值 Z_2/Z_3 下对特定文化存在的不当的支持和对未来文化变革的不当开放态度。

F_{Z2}、F_{Z3}：特定文化存在文化意志实际主观取值下的文化竞争力效应。

F'_Z：文化意志主观取值保持与特定文化存在实际情况相符即完美匹配条件下的文化意志的文化竞争力效应。

F_Z：文化意志实际主观取值中包含偏离文化意志黄金值情况的特定文化存在文化意志的文化竞争力效应。

在其单纯而直接的文化竞争力贡献考量中，文化意志的文化竞争力意义已经显得非常复杂。但是，更为复杂的是，在文化气质内部，文化意志还要受到文化情绪和文化器宇的影响，其文化竞争力的实际效果要经过二者的作用和调节。

第三节 文化器宇的简单文化竞争力效应及其函数表达

在文化概念的本质规定"存在建构方式的自然倾向化"中，其根据源自意识存在结构的概念性、单一性。概念性规定了思的视域，而单一性把现实显现的概念推上排他地支配思并成为其进行存在建构的思的自然倾向地位。这种规定完全基于意识存在的普遍结构，不涉及具体意识内容，对一切可能的存在构建思维同等有效。因此，它必然在文化的经验建构中无差别地被一切可能的特定文化存在所拥有，并无文化竞争意义。但是，由于文化的经验建构在逻辑上具有内容偶然性，使得诸特定文化存在选择互相间产生相对世界关联的绝对差别性，即在逻辑上不可判定它们的世界关联意义，进而不可判定它们之间在世界中的相互关系，对于相互之间的存在距离、可否相通都无法加以确定。假如两个文化存在内容之间可以互相发展出来而呈现逻辑相容和过渡甚至蕴含关系，那么在存在论上看二者就是同一的，从文化竞争角度看就没有差别意义。当偶然性把不同特定文化存在内容隔离之后，某一特定文化存在内容就具有独立承担世界概念的地位和权利，固定地设立一种独特的世界可能性，以同一世界概念为基础，在世界建构的多元意义上参与文化间的存在竞争。某一特定文化存在内容因其特殊性而有特殊的世界关联建构可能性，因为特殊内容间的必然存在关联具有特殊性要求，即特殊内容间不可以任意进行存在关联，而是一种内容的特殊性决定了与其可发生存在关联的特定内容范围。就此而论，作为不同"元"的某种特定文化存在内容的世界化存在关联意义并不是等价的，而是具有不同的可描述的世界意义。所以，一旦在文化的经验建构中偶然地采用了某种特殊内容作为存在建构自然倾向的体现者，就注定了文化存在的特殊面貌。可以说，不是一般的文化建构倾向，而是占据了这种倾向的特定内容的特殊性才具有文化竞争意义。

围绕特定文化存在的特殊内容，以文化的经验建构的内容偶然性所形成的存在封闭和隔离效应为条件，分化出具有文化存在意义的世界内内容建构空间和世界外内容变革空间，前者是所谓文化深度，后者是所谓文化宽度，合称文化器宇。与文化情绪、文化意志在先验概念中对给定文化存在的评价中生成不同，文化器宇是在对给定文化内容的世界概念式发展计量中生成的。文化深度是文化内容相对其作用对象的逻辑高度和文化内容的系统发展，反映对存在的包容层级和覆盖范围，文化的抽象水平越高，文化深度就越高。它客观地伴随特定文化存在，无须反思而自然释放文化的存在建构效能。但是，在文化竞争问题语境中，客观的文化深度必须采取主观意识的方式即文化深度意识，因为参与竞争是一种主动活动，所有参与要素都必须具有可主观操控属性。于此，文化深度出现重大属性增益。文化深度是特定文化存在的世界内地位和内容扩展，本来是客观的。但是，由于文化建构的内容偶然性在逻辑上阻断了对它的客观判定可能性，其反思性意识必然给偶然裁量留下可能空间，使其可能偏离客观的文化深度而带有某种任意性，从而成为一种主观意识。文化深度意识对客观文化深度的偏离，产生对维护现存特定文化和推动将来文化变革两种文化竞争力要素的不同性质作用。客观的文化深度在文化竞争中发挥应有作用而获得最大文化存在效果，而偏离客观文化深度的文化深度意识，不论偏高还是偏低，都必然降低文化存在效果。如果文化深度意识高于客观文化深度，则会减弱对将来文化变革的应有支持而不当增强对现存特定文化存在的支持；如果文化深度意识低于客观文化深度，则会不当增强对将来文化变革的支持而减弱对现存特定文化存在的应有支持。因此文化深度意识的文化竞争力效应呈现以客观文化深度为最大值的对称性变化，可以称客观文化深度为黄金文化深度意识。显然，由特定文化存在的存在构成状况所决定的客观文化深度，整体上决定文化深度的文化竞争力效应。

从文化竞争的实质是存在性比较看，由于文化深度与文化的存在性成正相关，文化深度越高，文化的存在性越强，所以文化深度有利于增强一种文化的现实存在力量，两种文化相遇，文化深度高的具有更强现实文化竞争力表现。此外，客观上，文化深度与文化的变化难易无关，在逻辑上，只要一种文化没有达到绝对存在性，就要接受文化变革，而达到绝对存在性的文化无须变革。所以，与其他文化气质不同，文化深度没有所谓黄金深度。但是，文化深度意识却有黄金深度，即与客观文化深度相同的文化深度意识是黄金文化深度意识。

而在文化宽度中，文化以世界概念的经验体现的多元可能性和文化的经验建构的偶然性为基础，逻辑地推定特定文化存在之外的其他

第二章 文化气质的简单文化竞争力效应

文化存在的可能性,并非直接伴随特定文化内容而发生,所以必须是反思的。这种反思的结果是针对特定文化存在作出被废弃可能性的确认,同时作出接受新文化的准备。由于文化的经验建构的内容偶然性给特定文化存在的世界意义带来不可透视性,所以严格地讲,在逻辑上这种反思可以确然论断的仅仅是世界概念的经验实现的多元性向特定文化存在的抽象使用,所断定者也仅仅是无差别的"可能"。但是,既然被评价文化存在显现着它的与世界化关联形式相联系的存在构成,抽象地看它的内容在逻辑上也具有与世界概念达到一致的可能性,同时多元世界建构方式之间的取代也以世界意义的大小不同为依据,那么特定文化存在的文化深度作为文化建构质量的反映,就可以被采纳为作出文化变化可能性判定时的参考因素,从而依之限制文化宽度反思,使之呈现强弱变化。从文化深度出发通过世界概念的评价使用而获得文化宽度这一过程夹带主观任意性,在逻辑上必然是自由裁量的结果。因为,在文化建构的内容偶然性条件下,不可能必然判定其对世界概念的符合程度。

文化宽度同时与文化的现实存在和将来变化问题相关。因为文化宽度作为对未来文化的根本变革可能性程度的设定,具有双重意义,即对当下文化存在的信任度和对未来新文化出现合理性的评估。文化宽度值与文化的现实存在利益成反比,文化宽度值越低,越有利于特定文化主张自己的现实存在权利,反之,则越不利于维护现存文化。而对于文化的存在性提升来说,文化宽度值与文化变革成正比,即文化宽度值越低,越不利于文化变革,反之,则越有利于文化变革。由此可见,文化宽度对于同属文化竞争力构成要素的特定文化的现实存在力量和文化的存在性进化变革,具有性质相反的作用,必须智慧地加以协调而兼顾双方,取得最佳文化竞争力效果。因此,文化宽度应该存在黄金宽度,它在无害文化变革灵活性前提下最大限度地满足特定文化的现实存在要求,同时又在不损害文化的正当现实存在限度内最大限度地保持足够的变革开放态度。如果文化宽度出现极端情况，其值为"0"，则根本毁灭文化变革这一文化竞争力要素；其值为绝对变化的"1"，则根本损毁特定文化的现实存在权利这一文化竞争力要素。显然，在文化宽度的处理问题上，需要展开复杂思维以平衡两种要求。对于特定文化存在，其黄金文化宽度就是对应客观文化深度的恰当文化宽度设定，因为如其本然地确定对特定文化存在的支持和变革预期，恰好符合存在概念对世界建构的要求。文化宽度的文化竞争力效应呈现以黄金文化宽度为最大值的对称性逐渐减小变化。

文化深度意识和文化宽度意识是特定文化存在按照先验世界概念的存在展开，是特定文化存在的独立属性，并非依赖比较才能生成的认识论断。因此，文化器宇具有绝对的文化竞争意义，可以自然进入文化竞争语境。

文化器宇的两种生成要素文化深度和文化宽度之间具有文化竞争力效应的关联性。文化深度在文化宽度的形成中发挥着基础性诱导作用，与文化宽度呈现负相关或者说具有反比性关联。而文化深度本身自然地发挥着对现存特定文化存在的不同支持作用，即文化深度越低，给予特定文化存在的支持力量越小，反之则越大。也就是说，文化深度对特定文化存在所施加的维护作用与文化深度的值是线性正相关关系。由于文化深度和文化宽度牵连同一世界概念而存在，且具有同一载体即特定文化存在，所以二者不能独立地分别形成和显现自己的文化竞争力效应，而是必须相互融合各自的文化竞争力贡献，形成同一文化竞争力效应。在这种融合中，首先，由于二者互相干涉此消彼长，所以不会是机械叠加，也不会是非此即彼的选择，而是逻辑性相与，有机作用。其次，由于文化深度意识的文化竞争力效应与文化宽度意识的文化竞争力效应具有相同的生成原理和变化趋势，而且两者的最大竞争力效应都对应客观文化深度，所以其结果必然是合成一个与原来变化形态相同的文化器宇竞争力效应，作为特定文化存在所内在的世界性扩展能力。综上所述，可以断定，文化器宇的文化竞争力效应表现为对现存文化存在的支持和对将来文化变革的支持，文化器宇越大，则对现存文化的存在肯定越强，对将来文化变革的支持越弱，反之，文化器宇越小，则对现存文化存在的肯定越弱，对将来文化变革的支持越强。由于文化器宇在其现实存在上表现出主观意识性，可能偏离特定文化存在本然的文化器宇，从而产生不当的对现存文化存在的支持和对未来文化变革的支持，造成对世界概念的亏损，所以产生最大文化竞争力的文化器宇黄金点是特定文化存在的本然文化深度和相应文化宽度所对应的文化器宇。

文化器宇的文化竞争力效应问题是围绕文化内容作世界意义判定。虽然文化器宇作为一种对文化的存在建构的世界化理解和追求观念，其存在独立于它的来源即特定文化存在的文化深度和文化宽度，但它却把这两种对文化建构的不同性质的作用包含在自己的存在中，从而具有文化竞争力的基本属性，即对现存文化存在的支持和对未来文化变革的支持。但是，由于文化器宇作为对文化深度意识和文化宽度意识的统一的观念独断，已经脱离了在其形成过程中所具有的重（双）值可能性，即同一文化器宇可以由不同的两组文化深度和文化宽度构成，只要等值地对换其中文化深度和文化宽度的值，使得一组中的文化深度值等于另一组中的文化宽度值，文化宽度值等于文化深度值。相反，在文化器宇中，其值具有唯一对应的对现存文化存在的支持强度和对将来文化变革的支持强度。

文化器宇的简单文化竞争力效应存在一个产生最大文化竞争力效应的黄金值。以这一黄金点为分界，低于者相对理想条件来看减弱对现存特定文化存在的支持，增强对将来文化变革的支持。而高于者的文化竞争力效应则恰好相反，即相对理想条件来看，增强对现存特定文化存在的支持，减弱对将来文化变革的支持。在这种对黄金点的偏离中，其文化竞争力效应中虽然同时包含对文化竞争力两个构成要素即对现存文化存在的支持度和对未来文化变革的支持度的反向增减，但结果并非互相平衡等效而对冲，而是造成文化竞争力的综合性衰减，偏离越大，相对黄金点最大文化竞争力就越小。这种关系具有函数特征，即各个影响文化竞争力效应的因素的一个取值都只有一个对应的文化竞争力效应值，因而可以设立相关函数直观地把握其中的复杂作用性质和具体情况。

为实现对文化器宇的文化竞争力效应的函数描述，必须确定它的定义域和值域，即文化器宇的可能取值和文化情绪的简单文化竞争力效应的可能取值。

关于定义域，可以按照文化器宇的生成根据加以分析确定。

文化器宇（Y）是文化概念的构成要素"存在建构方式选择的自然倾向"向特定文化存在偶然主观落实（投射）的结果，其根据为意识存在结构的单一性和在先存在内容对后续存在建构的制约作用，表现为特定文化存在内容的文化深度（W_s）即世界内存在地位和系统展开，与文化宽度（W_k）即对其所在世界外的多元世界建构方案的开放态度。前者的最大值是发展为绝对世界，可以规定为1，最小值是没有世界意义，可以规定为0。后者的最大值是指向绝对世界而否定当前特定文化存在，可以规定为1，最小值是当前特定文化存在被指认为绝对世界而拒绝和封闭一切文化变革可能性，可以规定为0。二者按照各自对世界概念的关联和意义，应该具有反变关系，即W_s越大，W_k越小，反之亦然。按照已经确定的两者互相关联和相与融合的存在合成原理，它们融合生成的文化器宇的取值应遵守有机法则。由于两者共同被世界概念的绝对关联形式所限定，互相关联而指向世界概念，相对世界概念形成互补关系，所以合成的文化器宇应该总是1，但如果文化深度和文化宽度判定的主观任意而可能偏离恰当的互补关系，则会小于1，甚至为0。因为二者只能活动在世界概念范围内，所以主观偏离的结果只能是文化器宇（Y）对世界性的损失，直至完全缺乏世界性。上述文化器宇的构成要素分析结果反映在作为对世界概念的特定

第二章 文化气质的简单文化竞争力效应

追求能力和意识的精神特征的文化器宇上，就是文化器宇的最大文化竞争力效应就是完整达到世界概念，其值为1，亦即黄金文化器宇的取值。一切偏离黄金文化器宇的文化器宇，都使世界概念的实现遭到减损，其相应的文化竞争力效应小于1，直至为0。因此特定文化存在取得文化器宇的偶然性取值必然在0—1之间选择和变化。

关于值域，可以按照文化器宇的存在贡献方式及其结果加以考察确定。

就文化器宇（Y）而言，与文化情绪和文化意志略有不同的是，在其形成中不是单纯的某一先验概念的作用结果，而是由文化深度和文化宽度复合而成，是关联性综合作用的结果。但是，从文化深度和文化宽度的本质意义可知，其中仍然包含文化竞争力作用性质的分化，即对现存文化存在的支持（Y_x）和对将来文化变革的支持（Y_j）。因为，文化深度（W_s）和文化宽度（W_k）是关联着世界概念并在其统一和限定下而设立的，形成文化器宇（W_y），而文化深度表征了文化的存在肯定性，文化宽度表征了对特定文化存在否定性和将来变革的开放性，所以在文化竞争力范畴内，文化器宇的简单文化竞争力效应（F_y）就分解为文化深度的文化竞争力效应（F_{Ws}）和文化宽度的文化竞争力效应（F_{Wk}），二者发生关联并在实现世界概念这一目标的限定下而存在。理论上，如果文化器宇保持对世界概念的满足状态，那么其值必然普遍为1，如果不满足，那么其值小于1直至为0。根据文化深度和文化宽度以及它们之间的世界概念内的关联关系的分析结果，在理想情况即满足世界概念时，文化深度（W_x）与文化宽度（W_j），以及相应的文化深度的文化竞争力效应（F_{Ws}）与文化宽度的文化竞争力效应（F_{Wk}）之间，应该对应文化器宇（Y）的值为1，形成反变互补的两种变化取值。具体说就是，在保持文化器宇的简单文化竞争力效应（F_Y）为1的条件下，Y_x、F_{Yx}越大，Y_j、F_{Yj}越小；反之，Y_x、F_{Yx}越小，Y_j、F_{Yj}越大。可以把这一关系表达为文化器宇的简单文化竞

争力效应函数 $F_Y = f(Y) = f(F_{Yx}, F_{Yj}) = 1$，其中，$F_{Yx} = f(Y_x)$，$0 \leq Y_x \leq 1$；$F_{Yj} = f(Y_j)$，$0 \leq Y_j \leq 1$。如果 Y_x 和 Y_j 之间失去关于世界概念的存在互补匹配关系，则 $0 \leq F_Y < 1$。这种函数可以如图7、图8所示。

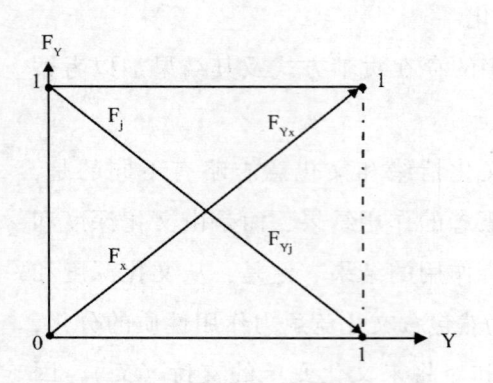

图7 文化器宇的分解及相应文化竞争力效应生成图

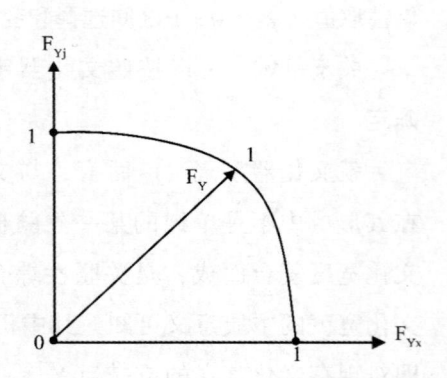

图8 文化器宇的文化竞争力效应生成图

在获得关于文化器宇的简单文化竞争力效应的上述定义域和值域之后，便可以继续讨论文化器宇的简单文化竞争力效应的实际函数关系。

在现存支持和将来变革支持比例协调、互相匹配的条件下，对于文化器宇来说，任何现存支持和将来变革支持的强度取值都产生最大的或者说圆满的文化竞争力，其值为1。而这种成对匹配性取值的具体值直接关联着特定文化存在内容，即它造就客观上的对现存文化存在的应有支持和相应的应有的文化变革开放态度。也就是说，每一特定文化存在都有自己理想的文化器宇，即黄金取值，在这一点上，所获得的文化竞争力最大，为1。对于每一特定文化存在，当文化器宇偏离自己的这一黄金点，不论具体发生的是怎样的偏离，都必然降低文化竞争力，偏离得越多，降低得就越大。申言之，文化竞争力效应的降低幅度与偏离特定文化存在文化器宇黄金点的差（Y_c）成正相关。因为，偏离意味着施加在特定文化存在上的文化器宇背离存在要求，显然背离得越多，存在的损失就越大。文化器宇的简单文化竞争力效应的这种情形有函数关系 $F_{Y_c} = f(Y, Y_C)$，其中，$0 \leq Y \leq 1$，$-1 \leq Y_C \leq 1$，$0 \leq F_{YC} \leq 1$。这种情形如图9所示。

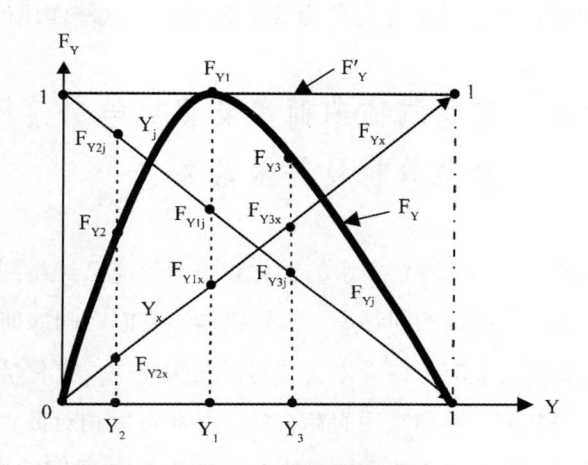

图9　文化器宇的实际简单文化竞争力效应生成图

图注：$F'_Y = f(Y) = 1$，$F_Y = f(Y, Y_C)$，

其中 $0 \leq Y \leq 1$，$0 \leq Y_C \leq 1$，$0 \leq F_Y \leq 1$。

当 $Y_C = 0$ 时，F_Y 的值最大，为1。

图例说明：

Y_1：特定文化存在的文化器宇黄金值。

F_{Y1x}、F_{Y1j}：特定文化存在文化器宇黄金值 Y_1 下对特定文化存在的支持和对未来文化变革的开放态度。

F_{Y1}：特定文化存在文化器宇的最大简单文化竞争力效应。

Y_2、Y_3：特定文化存在的文化器宇的主观取值。

F_{Y2x}、F_{Y2j}/F_{Y3x}、F_{Y3j}：特定文化存在文化器宇实际主观取值 Y_2/Y_3 下对特定文化存在的不当的支持和对未来文化变革的不当开放态度。

F_{Y2}、F_{Y3}：特定文化存在文化器宇实际主观取值下的文化竞争力效应。

F'_Y：文化器宇主观取值保持与特定文化存在实际情况相符即完美匹配条件下的文化器宇的简单文化竞争力效应。

F_Y：文化器宇实际主观取值中包含偏离文化器宇黄金值情况的特定文化存在文化器宇的简单文化竞争力效应。

文化器宇的文化竞争力问题的复杂性更在于，按照文化气质概念的内在规定，它要受到文化情绪、文化意志这两个文化气质要素的有机制约作用。特定文化器宇的文化竞争力效应是综合了这些作用后的结果。

第四节　文化气质的简单文化竞争力效应的复杂分析及其函数表达

文化气质的三个本质规定要素的文化竞争力效应已经得到分别分析和描述。有必要进一步提出的问题是，作为整体，它们之间如何共同形成文化气质的文化竞争力效应。在文化气质的存在构成中，文化情绪、文化意志、文化器宇是互相联系和制约而存在的，并非可以相对孤立地直接参与构成文化气质。因此，相应地，三者的文化竞争力效应也不能独立显现和发挥作用，而是必须发生关联和融合，综合地形成一个文化气质竞争力效应。在文化概念下的内在关联中，"态度化"支持影响"存在建构方式选择的自然倾向"，而"自然倾向"支持影响"自我维护和眷恋"，返回来，"自我维护和眷恋"又支持影响"态度化"。相应地，作为文化概念经验化的表现的文化气质，必然是文化情绪支持影响文化器宇，而文化器宇支持影响文化意志，返回来，文化意志支持影响文化情绪。在文化概念中，三者的关联概念式地设立，逻辑上互相契合匹配。但是，由于文化概念的经验实现过程中存在的内容偶然性所造成的文化气质各个构成要素的具体强弱的偶然性，使得特定文化存在的文化气质各个构成要素的实际存在，可能失去互相间的协调匹配。理论上，文化概念各构成要素间的逻辑匹配这种状况在文化气质中的投射，就是其各个构成要素的文化竞争力效应黄金点之间形成的文化气质构成。因为只有文化气质各个构成要素的文化竞争力黄金点达到了存在概念的要求，它们作为同一存在概念的满足者，必然具有在存在概念中的一致性。这是一种文化存在的理想状态，或者可以说

第二章 文化气质的简单文化竞争力效应

是相对存在概念这一文化的绝对根据的恰如其分的文化存在。然而，在文化的经验建构的内容偶然性面前，理想文化的现实存在是一种奢侈的运气，更多遭遇的是失落内在匹配关系的文化气质。对于文化气质的文化竞争力形成而言，虽然构成要素间存在同样的互相间作用，但构成要素间理想匹配情况和非匹配情况具有重大差别。在理想匹配条件下，由于互相间作用均衡并恰好按存在概念满足接受作用者的要求，从而作用并不改变被作用者的文化竞争力效应，所以三个构成要素的文化竞争力相与所生成的文化气质的文化竞争力效应，就是各要素文化竞争力效应的值。也就是说，在这种情况下各文化气质构成要素间的内在互相作用并不外在地显现在文化竞争力效应的存在结果计量上。然而，在非匹配条件下，各构成要素的内在相互作用就会具体地差异化发生，从而改变被作用者孤立考量条件下的文化竞争力效应，实际显示对被作用者文化竞争力效应的限制和调节作用。可以把不考虑接受作用前的文化竞争力效应称为某种要素的简单文化竞争力效应，而对照地把考虑接受作用后的实际文化竞争力效应称为某种要素的复杂文化竞争力效应。理想条件下的某种构成要素的复杂文化竞争力效应就是它的简单文化竞争力效应。因此，要确定文化气质的简单文化竞争力效应，就必须一般地考虑各文化气质构成要素的复杂文化竞争力效应，并在此基础上确定它们的融合方式，从而获得文化气质的简单文化竞争力效应，即没有考虑文化存在的文化竞争力构成要素（特定文化气质、特定存在成就、特定世界化关联）之间的相互作用及其对文化气质的文化竞争力效应的影响这一条件下的文化气质的文化竞争力效应。

首先，复杂地考虑文化气质各构成要素在文化气质统一关系中的文化竞争力效应，即按照它们根据互相规定关系对相关方简单文化竞争力效应的影响，来综合分析确定文化气质三个构成要素被调节修正后的文化竞争力效应。

按照作为文化气质的存在根据的文化概念的本质要素之间的内在规定关系，"态度化"规定和支持"自然倾向"，"自然倾向"规定和支持"自我维护和眷恋",而"自我维护和眷恋"返回来又规定和支持"态度化"。因此,相应地,在文化的经验建构中派生的文化气质的对应本质要素间,也存在同样的内在规定和支持关系,即文化情绪规定和支持文化器宇,文化器宇规定和支持文化意志,而文化意志又返回来规定和支持文化情绪。其中的规定和支持作用具有存在构成联系性质,形成被规定和支持一方的存在条件,因此互相间必须同时存在才能有各自的存在,也才能有文化气质的存在。缺失任何一方,都必然使其他两方失去存在意义,不能发挥文化竞争力功能。以文化气质的统一先验存在目的而论,其构成要素间存在一个指向实现同一存在目标的黄金点,在此存在点上,各要素间互相匹配,恰好实现完满的存在。但是,在文化的经验建构中,内容的偶然性逻辑上包含各构成要素偏离黄金点而失去文化气质内在匹配的可能性。具体而言就是,特定文化存在的文化情绪、文化器宇、文化意志,或者高于或者低于各自的黄金值,其效果为,高于黄金值意味着给予了被规定和支持方充分作用,文化竞争力效应的作用不变;而低于黄金值则意味着亏欠了对被规定和支持方的应有作用,降低其文化竞争力效应的作用效能。因此,所需分析的就是各文化气质构成要素在低于各自黄金值情况下,文化情绪、文化器宇、文化意志的简单文化竞争力效应的变化。

  在文化气质各构成要素中出现一个或直至全部要素低于黄金值情况下,必然使得相应的被规定和支持方的简单文化竞争力效应减弱,而且低得越多,文化竞争力效应减弱得越多,直至趋于消失,因为只要存在文化,它们就不可能为零。按照文化气质各本质构成要素的文化竞争力效应的复杂关联情形,其受规定和支持不足影响所产生的文化竞争力效应的降低效应,应该不仅与小于黄金值的差有关,而且与被规定和作用方的简单文化竞争力效应的值有关。因此,这种使简单文化竞争力效应降低的效应可以理解为发挥规定和支持作用的一方的黄金值与实际值之间的差,以及被规定和支持方的简单文化竞争力效应的值的函数。设 F_0 为原简单文化竞争力效应,P 为文化气质各要素的黄金值和实际值之间

第二章 文化气质的简单文化竞争力效应

的差，F'_0为修正作用后的文化竞争力效应，则可有函数 $F'_0 = f(F_0, P)$，其中，$0 < P < 1$，$F'_0 < F_0$。如图10所示。

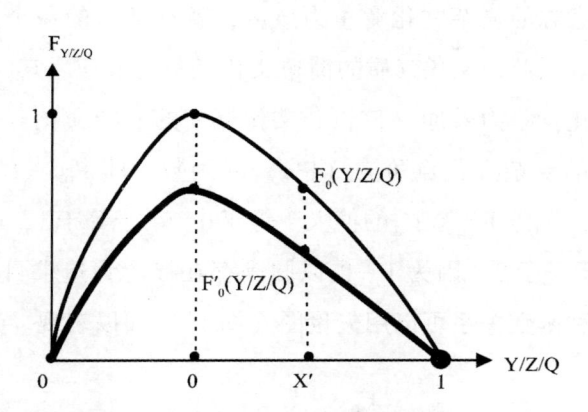

图10 文化气质的实际简单文化竞争力效应取值图

图注：为简单而合并一图示意。F_0是文化情绪、文化意志、文化器宇的简单文化竞争力效应。X'是Q、Y、Z中的任一个低于黄金值的任一取值。F'_0是X'下的被X'规定和支持的一方的复杂文化竞争力效应。按照三者内在关联秩序分析，图中制约组合为：Q—F_Y、Y—F_Z、Z—F_Q。

需要指出的是，虽然在文化情绪、文化器宇、文化意志的值大于各自黄金值条件下，作用的结果并不改变原初值，但也是经过关联作用的，从而属于复杂文化竞争力效应范畴。

其次，在明确了文化情绪、文化器宇、文化意志的复杂文化竞争力效应分析和核定方法后，就可以获得实际参与形成文化气质的简单文化竞争力效应的各个要素的实际文化竞争力效应，从而具备了讨论文化气质的简单文化竞争力效应的基础。

文化气质的简单文化竞争力效应由文化情绪、文化器宇、文化意志的复杂文化竞争力效应参与生成。在文化气质中，文化情绪、文化器宇、文化意志形成互相关联的封闭性循环关系，协同存在，只能以各自的复杂文化竞争力效应在互相制约中统一形成同一的文化气质的简单文化竞争力效应，而不可能各自单独发挥作用。三种复杂文化竞争力效应在文化气质的简单文化竞争力效应形成中是逻辑相与关系，最终生成一种作为合力的文化竞争力效应。给定一组文化情绪、文化器宇、文化意志的复杂文化竞争力效应，就有唯一的一个文化气质竞争力效应值。因此，文化气质的简单文化竞争力效应（F_{QZ}）是文化情绪的复杂文化竞争力效应（F'_Q）、文化器宇的复杂文化竞争力（F'_Y）和文化意志的复杂文化竞争力（F'_Z）的函数，即 $F_{QZ} = f(F'_Q, F'_Y, F'_Z)$，其中，$F'_Q$、$F'_Y$、$F'_Z$ 的值大于等于0，小于等于1，F_{QZ} 的值大于等于1，小于等于0，因为 F_{QZ} 也以圆满存在概念为追求目标和所达到的极限。这种函数关系可以用矢量图（图11）加以表现。

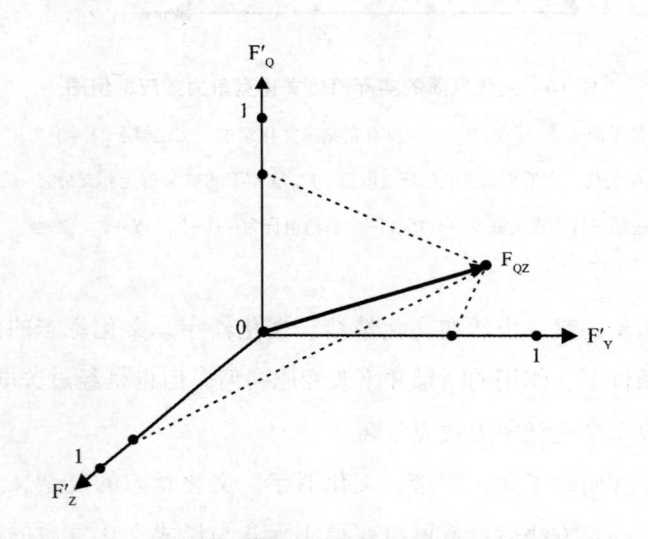

图11 文化气质的简单文化竞争力效应合成原理图

图注：F_{QZ} 的变化空间为由 F'_Q、F'_Z、F'_Y 的正半轴围成的以1为半径的1/8球体。

对于文化气质的简单文化竞争力效应的同一值，可能有多组 F'_Q、F'_Y、F'_Z 的值与之对应，但是这并不意味着不同条件下的文化气质的简单文化竞争力效应毫无差别，而是包含内在的色彩差别，即在作用形态上会有相应于其内在构成因素的偏向，即各构成因素间的作用的比例以及哪种因素占据主导地位。这种色彩差别对于文化竞争中一种文化的当

第二章　文化气质的简单文化竞争力效应

下处境具有重要影响，并不是等效的。竞争力大小的同一必须在追求存在的总体过程中才能得到体现。

第三章

文化成就的简单文化竞争力效应

第一节 文化成就的简单文化竞争力效应要素分析

作为存在建构方式的强迫重演,文化具有先天的实践性,即它必然追求在特殊经验内容上的使用,把自己实现于特定存在对象之上,造就某种特定文化存在。这种特定文化存在是文化之果,直接显现一种文化的存在构建成就。可以说,特定存在成就具有文化的存在论结构要素性质和地位,没有一种文化不内在实践冲动,因为没有一定存在成就的伴随,就不会有所谓文化的存在,特定存在成就是文化的意义。

一种文化的特定存在成就是文化追求存在的表现,这种结果与文化的内容特殊性相关,因为特殊内容之间并非可以任意发生关联的,作为文化内容与特殊存在对象内容之间的存在化结合,必然受到内容特殊性逻辑上的特殊匹配要求的制约。因此,文化的特定存在成就是一种文化存在构建能力的显现。而就文化的本质是追求存在而言,文化构建能力必然成为文化比较的关键要素,是文化竞争力的一个方面。在文化竞争的行为语境中,被文化竞争的经验特殊性所规定,把一种特定文化存在中与存在概念相对应而参与文化竞争的文化存在表现,称为文化的特定存在成就。而在一般的文化竞争力构成的抽象分析中,这种文化的特殊存在成就应该称为文化成就。

文化成就作为一种现实的经验存在,是文化内容作用于特殊存在内容的结果,必然体现存在概念。但是,由于文化的存在建构的经验偶然性以及特殊内容之间关联的互相限制和选择的非自由性,文化成就不一定圆满达到存在概念的绝对规定要求,特别是文化成就的经验有限性决定它不能达到存在概念的无限性。而文化成就在逻辑上必然接受存在概念尺度的评价,并形成自己的存在性即分有存在概念的量度。因为文化存在间竞争的实质就是争夺对同一文化概念的占有,只能以各自对文化概念根据的拥有性来展开竞争,所以文化成就的竞争力效应就决定于它对存在概念的表现充分性。

文化成就接受存在概念的评价,而存在概念为意识所追求,合存在概念被规定为合目的性,显现为价值。所以,价值范畴是文化成就发挥文化竞争作用的本质形态。按照存在形式,存在内在三种关联关系,即两内容间的开放性规定关系、诸内容间的封闭性综合关系和内容特殊性之间的和谐契合。三者在特殊经验存在上的评价效应依次表现为真、美、善[1]。因此,价值范畴分化为真、美、善。相应地,文化成就参与文化竞争的属性就是对真美善的享有程度,以真理性、美感、善性的形式而存在。三者提供了文化成就竞争力效应分析的框架。

第二节 文化成就真理性的简单文化 竞争力效应及其函数表达

文化成就是文化观念作用于特殊存在对象内容的结果,包含概念间的关联链条和经验给予内容。按照存在概念所规定的纯粹存在形式,这恰好是存在规定性的简单线性关联,表征存在的构成要素,是真理性的。可以说,文化成就以其内在关联本性和经验边际性而具有真理性,它因理而真,因在而真。

---

[1] 崔平:《道德经验批判》,江苏人民出版社2015年版,第32—33页。

然而，对于文化成就来说，其真理性不是抽象同一的，而是具体差异的。因为，文化成就作为经验存在，必然以特定的内容表现出来，具有内容上的限定性，携带存在内容的容量规定。具体说，就是在观念关联链条的长度和密度以及经验内容范围上，是实践给定的，逻辑上包含经验事实性，可以在不同的给定性文化实践成就中有所不同。更为重要的是，文化成就的这种内容有限性相对存在概念具有直接的存在评价意义，因为存在概念所表达的真性关联具有无限延展性。同时特殊内容间的关联具有被废弃和重置的可能性，从而关联越广阔，越具有真理见证性。也就是说，文化成就的真理性在存在概念中有度。虽然这种度由于存在概念所意指的存在关联的无限性并不能得到固定值，但度量意义本身却使不同的文化成就的真理性成为可比较的。

文化成就的真理性显现文化对存在对象的存在构建能力即支配力，涉及被支配对象内容的广阔性和存在塑造类型，见证文化对存在的支配力量和实践有效性。因此它参与文化竞争。但是，如所阐述，文化竞争具有属人性和主观意志性，因此文化成就的真理性必须现实地转化为人的意识，被人所把握才能成为现实的文化竞争因素。也就是说，人对文化成就真理性的判断和确认真实参与文化竞争。

作为现实的经验存在，文化成就的内在存在关联是实然而复杂的，但作为真理性评价基础的关联关系识别和把握却不一定能达到存在本身，有时甚至可能作出错误的论断。因此，文化成就真理性认识具有主观偶然性和不准确性，可能过，也可能不及。

文化成就的真理性对文化竞争力的显现是不充分的，不是终极证明。因为，文化成就是偶然的，给定一种文化，其实践方式和结果可以不同。其原理为，在逻辑上，从普遍观念和原理到特殊存在内容的运用具有不确定性。换言之，在给定的普遍观念和原理与给定的存在内容之间，二者可以有不同的结合方式，特殊存在内容可以以不同的结合来体现同一普遍观念和原理。而且，在不同的实践方式之间，其结果并不是必然等价的。因此，已经显现的文化成就仅具有对一种文化的存在构建能力的个别事实证明作用，并非普遍证明或完全证明，没有穷尽文化成就的可能性。

文化成就真理性（L）标志文化的合存在概念性，加强文化的存在力量，既给予文化的现实存在以相应支持（L_x），也揭示文化的不足和变革任务（L_j），具有文化竞争力的一般结构。文化成就真理性越高，包含对现存文化的支持越大，对将来文化变革的支持则越小；反之亦然。在文化成就真理性意识条件下，构成文化成就真理性的简单文化竞争力效应（F_L），因为主观意识使其具有动力特征。

文化成就的真理性意识按其具体判定发挥不同的支持现存文化（F_{Lx}）和推动文化变革功能（F_{Lj}）。文化成就真理性意识越强，对现存文化的支持就越大，对将来文化变革的支持就越小；反之，文化成就真理性意识越弱，对现存文化的支持就越小，对将来文化变革的支持就越大。特定文化的文化成就真理性的文化竞争力效应由其对现存文化的支持和对将来文化变革的支持有机合成。文化成就真理性与其文化竞争力效应之间的这种关系具有函数特性，即每一文化成就真理性的强度只有一个对应的文化竞争力效应，因此可以探索它的函数表达。

为寻找文化成就真理性与其文化竞争力效应之间的函数关系，就必须确定相关的定义域和值域。

关于文化成就真理性的定义域，可以依据其生成根据加以确定。文化成就真理性（L）是按照存在概念的内在关联构成形式，以其两者间规定关系为模型建立开放性关联，以此对存在构建内容进行评价，关联链条延展越长，真理性越大，其极限为完成对所有可能内容的关联，可以设定为1，最小值为完全没有包含存在概念的存在规定关系环节，可设定为0。因此，现实的文化成就真理性取值就在0—1之间变化。

关于文化成就真理性的简单文化竞争力效应的值域，可以按照其生成方式和结果加以考察。根据上面的分析，文化成就真理性的简单文化竞争力效应（F_L）表现为对现存文化存在的支持（F_{Lx}）和对将来文化变革的支持（F_{Lj}），两者之间存在互相消长的反变关系，合成对存在概念的追求。其中，按照上述分析，对应 L 的定义域为 0—1，则 F_{Lx} 的取值范围为 0—1，F_{Lj} 的取值范围为 1—0。因为，在 L 为 0 时，按照本义就撤销对现存文化存在的支持，完全成为对将来文化变革的支持，而且其指向为存在概念，即取缔现存文化存在的存在概念承担资格，把存在概念完全寄托在将来文化上。不论这种变化状态如何，其组合从存在追求的意义上看都处于存在概念的实现过程中，其合成文化竞争力效应都为 1。

由此，可以建立函数 $F_{Lx} = L_x$，$0 \leq L_x \leq 1$，$0 \leq F_{Lx} \leq 1$，为单调递增函数；$F_{Lj} = L_j$，$0 \leq L_j \leq 1$，$1 \geq F_{Lj} \geq 0$，为单调递减函数；综合结果为 $F_L = f(L) = f(F_{Lx}, F_{Lj})$，$0 \leq L \leq 1$，$F_L = 1$。如图 12、图 13 所示。

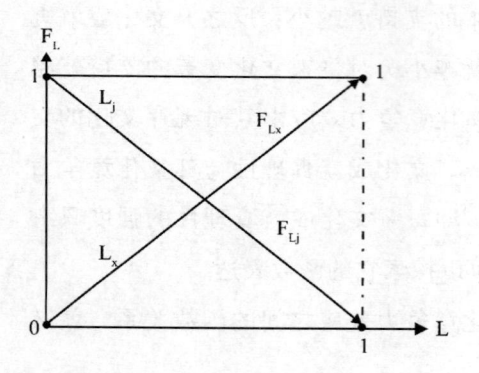

图 12　文化成就真理性的分解及相应文化竞争力效应生成图

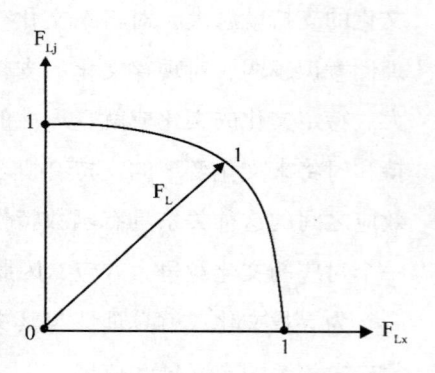

图 13　文化成就真理性的文化竞争力效应合成图

在确定了文化成就真理性的定义域及其简单文化竞争力效应的生成方式和值域后，便可以进一步讨论特定文化成就真理性的简单文化竞争力效应函数的实际状态。

特定文化存在本然具有自己的文化成就真理性，按照文化竞争力概念，不论其真理性程度如何，只要作出符合实际的真理性判定，就会正确分配对现存文化存在的支持和对将来文化变革的支持，从而获得最大的文化竞

第三章 文化成就的简单文化竞争力效应

争力效应，即达到 1。但是，当文化成就真理性意识偏离其黄金点时，便会降低文化成就真理性意识的文化竞争力效应。小于则不当减少对现存文化的支持，过度增强对文化变革的支持；大于则不当增加对现存文化的支持，过分减少对将来文化变革的支持。其最终结果都是减损文化竞争力效应，使得文化成就真理性的简单文化竞争力效应低于 1，偏离得越多，减损值越大。因此，作为文化成就真理性意识，其最佳状态为恰好符合文化成就所内在的客观真理性，发挥恰当的文化竞争力作用，显现最大的文化竞争力效应，可以称之为黄金文化成就真理性意识，简称黄金真理性。文化成就真理性的简单文化竞争力效应的减损量与其偏离黄金值的差（L_C）成正相关，其间构成函数关系，$F_{LC} = f(L, L_C)$，其中，$0 \leq L \leq 1$，$-1 \leq L_C \leq 1$，$0 \leq F_{LC} \leq 1$。在文化成就真理性的简单文化竞争力效应考虑这种减损之后，仍然保持每一文化成就真理性强度具有唯一的文化竞争力效应值状态，可以构成一种函数关系。如图 14 所示。

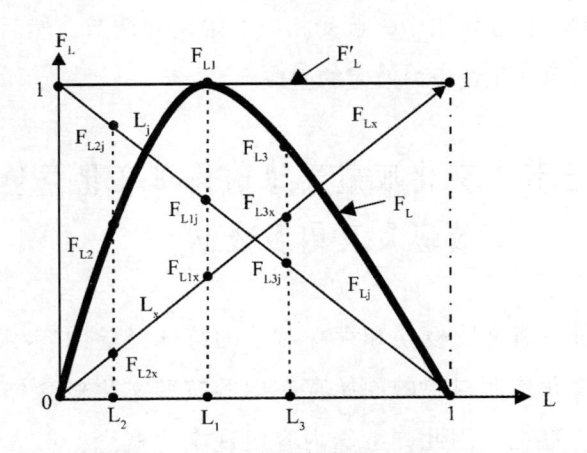

图 14 文化成就真理性的实际简单文化竞争力效应生成图

图注：$F'_L = f(L) = 1$，$F_L = f(L, L_C)$，

其中 $0 \leq L \leq 1$，$-1 \leq L_C \leq 1$，$0 \leq F_L \leq 1$。

当 $L_C = 0$ 时，F_L 的值最大，为 1。

图例说明：

L_1：特定文化存在的文化成就真理性黄金值。

F_{L1x}、F_{L1j}：特定文化存在文化成就真理性黄金值 L_1 下对特定文化存在的支持和对未来文化变革的开放态度。

F_{L1}：特定文化存在文化成就真理性的最大简单文化竞争力效应。

L_2、L_3：特定文化存在的文化成就真理性的实际主观取值。

F_{L2x}、F_{L2j}/F_{L3x}、F_{L3j}：特定文化存在文化成就真理性的实际主观取值 L_2/L_3 下对特定文化存在的不当的支持和对未来文化变革的不当开放态度。

F_{L2}、F_{L3}：特定文化存在文化成就真理性实际主观取值下的简单文化竞争力效应。

F'_L：文化成就真理性取值保持与特定文化存在实际情况相符即完美匹配条件下的文化成就真理性的简单文化竞争力效应。

F_L：文化成就真理性实际主观取值中包含偏离文化成就真理性黄金值情况的特定文化存在文化成就真理性的简单文化竞争力效应。

　　本就如此复杂的文化成就真理性的文化竞争力效应，其真正的复杂性在于，它并不能直接发挥自己的这种文化竞争力效应，而是必须在与其他关联要素的相互作用中，接受相应的限制和调节，然后才能实际参与文化成就简单文化竞争力效应的生成。

第三节　文化成就美感的简单文化竞争力效应及其函数表达

　　文化成就具有文化概念和存在对象的特殊经验内容相结合这一存在结构，是文化作用对象的原始存在内容按照文化概念分布和结合而形成特定现实存在。因此，特殊内容展现文化概念，形成文化概念的可感性具体存在。在其中，有两类性质不同的内容间关联，即文化概念内容与特殊存在对象内容之间的制约被制约关系或者包容关系，以及特殊存在对象内容之间的平等性交互关联关系。这两种关系相对存在来说具有牵连共在性，即参与其中的内容必须相对意识存在处于同一关系中，共享一个意识存在，而非分离散布在不同意识存在中。但从经验显现上说，只有特殊存在对象内容以特殊方式直接显现出来。由于它们共聚同一意识存在中而一并显现，围绕文化概念而展开和分布，所以互相之间发生空间式相关和存在干涉。作为具有存在关联特定要求的特殊内容，它们由此而产生契合性问题，即互相间是否适宜和亲和，相对同一存在显现出怎样的和谐性或紧张性。按照存在概念的绝对关联和圆满统一要求，和谐便产生存在评价上的肯定，作出排列方式的直观合目的性判定，此即美。相反，如果紧张冲突，便产生存在评价上的否定，作出排列方式的直观反目的性判定，此即丑。在现实文化成就的存在经验中，可能的直观存在评价介于美丑之间变化，可以同时包含美和丑。

　　文化成就美感间接关联文化存在的存在建构效能。其情形为，如上所述，特殊存在对象内容是在文化概念的组织下进入存在并列关系的，因而文化成就美感反映文化存在对自己作用对象的支配能力和切合性。从文化概念的存在建构可能性上说，美标示其存在建构的潜力和可能变化幅度。因为，存在对象的特殊内容之间具有特定的相互适应要求，并非可以无限任意地组合，美感的存在是其间相容性存在的标志，完全的绝对丑则意味着存在性的丧失，即存在建构的无能和失败。从文化成就已经显现的美到绝对丑，形成一种文化有效存在建构的可想象空间，即每一次美感的降低都容许一种相应的特殊文化建构成就的存在。就从文化概念到特殊存在对象内容的实践使用具有逻辑上的不同方式和不确定性而言，这种由美揭示的文化成就可能的剩余空间具有实在意义，它说明文化存在相对其作用对象的文化建构的方案预设优越性。当然，由于文化概念向自己适用对象的实践偶然性，由特定文化成就事实所显露的美感可能并未达到其最大值，尚有更具美感的文化成就可以展现，但这种已经被发现的美至少对文化概念的存在建构有效性作出了事实性证明，昭示一种文化至少具有这种文化成就的高度。

从文化成就美感（M）的存在意义可以确定，它具有参与文化竞争的属性和身份，即可以显示文化存在相对存在概念的存在地位，文化成就美感越高，表明越具有文化存在优越性。它包含给予现存文化存在以相应的合理支持（M_x）和给予将来文化变革期待以恰当的鼓励（M_j），推动文化走向存在概念。前者（M_x）与文化成就美感的强度成正比，后者（M_j）与文化成就美感的强度成反比。进而，两种作用成反比关系，即一个越强，另一个便越弱，二者以存在概念为目标，构成封闭在存在概念内的互补性文化决断，形成综合性存在追求效应。在这种文化成就美感的这种简单文化竞争力效应中，每一文化成就美感都有自己唯一的简单文化竞争力效应，形成某种函数关系。

为确定文化成就美感与其简单文化竞争力效应之间的函数关系，就必须确定文化成就美感的定义域和文化成就美感的文化竞争力效应的值域。

关于定义域，可以依据文化成就美感的生成根据加以确定。文化成就美感（M）是按照存在概念的绝对规定要求，对文化的创造物中的特殊内容间关联关系的协调和契合性的评价，存在概念及其绝对存在关联形式是文化成就美感的根据和目标，以达到关于存在的圆满要求为最大，可以设定其值为1，以完全丧失关于存在的契合为最低，可以设定其值为0。特定文化存在成就的美感必然在0—1之间。

关于文化成就美感的简单文化竞争力效应（F_M）的值域，可以按照其生成方式和结果加以确定。文化成就美感的根据是存在概念所确定的内容间绝对规定关系，是接受存在概念评价的结果，它显示出特定文化存在的成就和不足。根据上述分析结果，文化成就美感分解和衍生出两种文化作用，即支持和维护现存文化存在（F_{Mx}）与支持和推动未来文化变革（F_{Mj}），二者相互消长，在同一存在概念内互补地指向存在概念的实现，因而各自的最大值均为1，即当M值为1时，完全肯定现存文化存在，F_{Mx}的值为1，而当M值为0时，完全肯定将来文

第三章 文化成就的简单文化竞争力效应

化变革，F_{Mj} 的值为 1。二者的最小值均为 0，即当 M 值为 0 时，完全否定现存文化存在，F_{Mj} 的值为 0，而当 M 值为 1 时，完全否定将来文化变革，F_{Mj} 的值为 0。因而对应 M 的定义域为 0—1，有 F_{Mx} 的值为 0—1，F_{Mj} 的值为 1—0。从二者共同作用合成文化竞争力效应看，不论在何种情况下，只要保持二者之间的恰当互补对应关系，就保证通向存在概念，因而其结果 F_M 的值就总是 1。由此，可以建立函数 $F_{Mx} = f_1(M)$，$0 \leq M \leq 1$，$0 \leq F_{Mx} \leq 1$，为单调递增函数；$F_{Mj} = f_2(M)$，$0 \leq M \leq 1$，$1 \geq F_{Mj} \geq 0$，为单调递减函数；$F_M = f(M) = f(F_{Mx}, F_{Mj})$，$0 \leq M \leq 1$，$F_M = 1$。如图 15、图 16 所示。

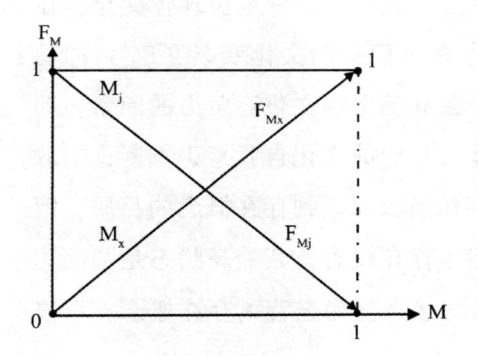

图 15 文化成就美感的分解及相应
　　　 文化竞争力效应生成图

注：简便起见，M_x 与 F_{Mx}，M_j 与 F_{Mj} 共用一线示意与 M 的关系。

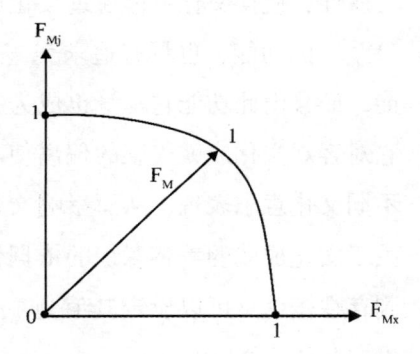

图 16 文化成就美感的文化竞争力效应合成图

注：F_{Mx}、F_{Mj} 的自变量取值是同一 M 值的分解值 M_x、M_j。

在确定了文化成就美感的定义域及其简单文化竞争力效应的生成方式和值域后，便可进一步分析特定文化成就美感的简单文化竞争力效应函数的实际状态。

按照关于文化成就美感形成原理的分析，它具有客观性，内在于特殊经验内容间的相互契合性和和谐性。但是，客观的文化成就美感虽然标志文化的实践能力优劣，但还不具有主动的存在追求属性，因而不具

· 183 ·

有文化竞争品质。这种美必须转换为人的认知，作为感受性意识而存在。由此，主观性进入其中，在主观把握过程中可能偏离客观的文化成就美感，或者低于或者高于。因为特殊经验内容间的关联并非必然性存在构成关系，关联内容之间的具体结合方式具有自由处理性，怎样的内容之间发生相邻性关联以及哪些内容或是否全部内容被关注，都具有不确定性，从而有不同的关联相容表现。这种认识的主观性可能造成特殊经验内容参与形成主观美感时的偏离客观状态的改动，其结果具有两种可能性，即增加美感性或者减少美感性。

主观的文化成就美感意识在文化成就的自然美感之上添加了主观动力属性，使得文化主体通过文化成就美感意识既发挥维护现存文化存在（F_{Mx}）的功能，也具有追求美（的存在）而推动文化变革（F_{Mj}）的功能。而且由此功能它本身也成为一个独立的影响文化竞争力的因素，即它对客观文化成就美感的偏离使其作出相应的文化自我意识判断，采取不同文化意志表现，从而影响文化存在追求和达到存在概念的品质。但关于文化成就的美感意识的依据仍然是存在概念，其最高状态是圆满达到存在概念，可以设定其值为1，最低状态是完全背离存在概念，可以设定其值为0。

在按照本然的文化成就美感所确定的文化对待态度中，不论其强度如何，总的文化竞争力效应都是相同的，即通向存在概念。也就是说，在与客观文化成就美感同一条件下，文化竞争力的合力总是为1。但是，当主观的文化成就美感意识偏离客观值的情况下，不论是高于还是低于，由于所作出的文化决断都违背实际存在状况，产生负面存在追求效果，所以只能降低文化竞争力效应。显然，文化成就美感意识的黄金值为客观的文化成就美感，基于此所作出的文化决断才能最符合向存在概念发展的要求，其文化竞争力效应值为1。偏离黄金值的文化成就美感意识的文化竞争力效应减损值，与实际取值和黄金点的差（M_C）成正相关关系，其函数表达为 $F_{Mc} = f(M, M_C)$，其中，$0 \leq F_{Mc} \leq 1$，$0 \leq M \leq 1$，

第三章 文化成就的简单文化竞争力效应

$-1 \leqslant M_C \leqslant 1$。文化成就美感的简单文化竞争力效应保持某种函数关系。如图17所示。

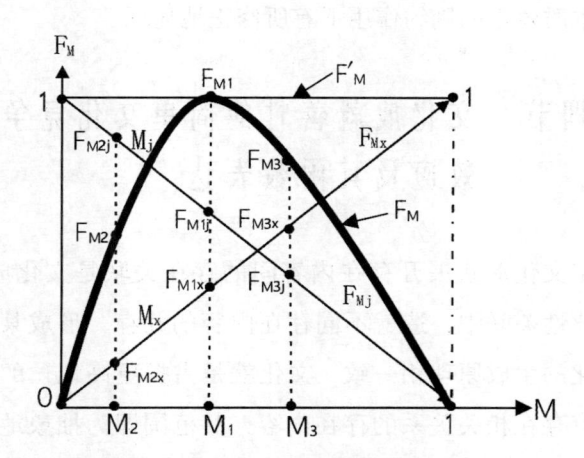

图17 文化成就美感的实际简单文化竞争力效应生成图

图注：$F'_M = f(M) = 1$，$F_M = f(M, M_C)$，

其中 $0 \leqslant M \leqslant 1$，$-1 \leqslant M_C \leqslant 1$，$0 \leqslant F_M \leqslant 1$。

当 $M_C = 0$ 时，F_M 的值最大，为1。

图例说明：

M_1：特定文化存在的文化成就美感黄金值。

F_{M1x}、F_{M1j}：特定文化存在文化成就美感黄金值 M_1 下对特定文化存在的支持和对未来文化变革的开放态度。

F_{M1}：特定文化存在文化成就美感的最大简单文化竞争力效应。

M_2、M_3：特定文化存在的文化成就美感的实际主观取值。

F_{M2x}、F_{M2j}/F_{M3x}、F_{M3j}：特定文化存在文化成就美感的实际主观取值 M_2/M_3 下对特定文化存在的不当的支持和对未来文化变革的不当开放态度。

F_{M2}、F_{M3}：特定文化存在文化美感实际主观取值下的简单文化竞争力效应。

F'_M：文化成就美感主观取值保持与特定文化存在实际情况相符即完美匹配条件下的文化成就美感的简单文化竞争力效应。

F_M：文化成就美感实际主观取值中包含偏离文化成就美感黄金值情况的特定文化存在文化成就美感的简单文化竞争力效应。

文化成就美感意识的文化竞争力效应的复杂性在于，它并不能独立地直接呈现自己的文化竞争力效应，而是其实际文化竞争力效应要在相关价值概念本质要素的制约作用下有所修正地显现。

第四节 文化成就善性的简单文化竞争力效应及其函数表达

按照特定文化形式展开存在内容间的存在关联是文化成就的本质。在存在的文化性关联中，造就不同存在内容的并存，形成某种存在同一性。这与文化的生成原理相一致。文化就是占据更高地位的概念性存在支配与其具有存在相关关系的存在内容，其范围即为抽象地归属它的存在物，二者表现为类属关系。类同一性是存在内容建立存在关联关系的基础和条件。因此，文化成就的存在内容范围反映文化的类抽象水平（高度）。在文化成就中包容的内容越多，意味着可同一共存的事物越多。在逻辑上，类属之间有高低之别，可以类下有类（种）。在文化成就中包含的相异存在对象标志文化的存在综合范围。

存在概念要求具有绝对规定性的存在关联，其内容形式即为类意识统一下的不同存在对象内容间的必然存在关联。在此形式下，它要求无限扩展不同存在内容间的关联域，直至达到完整的存在关联整体。在这一过程中，任一造就存在的存在关联都体现着存在概念，具有一定的合存在性，被追求存在的意识判定为善的。但是，由于存在概念的绝对存在性，那种与其他存在冲突的特殊的存在善，因其违背更大的存在又被判定为恶的。也就是说，存在概念追求绝对的存在综合而一般地把综合即存在的包容性视为善性，综合的存在内容越多，便具有更多的善性。因此，文化成就的内容广度便被赋予善性，它追求不断的扩张，直至达到包容无遗的绝对存在关联状态。

文化成就善性（S）同时显现着现存文化存在的合理性和不合理性

即善的缺失，因而包含对现存文化存在的应有支持（S_x）和对未来文化变革的应有支持（S_j），具有文化竞争力的构成结构。两者间具有反变关系，即文化成就善性越大，对现存文化存在的支持越强，而对未来文化变革的支持越小。反之，文化成就善性越小，则对现存文化存在的支持越弱，而对未来文化变革的支持越强。文化成就善性的简单文化竞争力效应就由二者有机合成。而且，在文化成就善性与文化竞争力分解要素和综合的文化竞争力效应之间，存在单一映射关系，即每一文化成就善性强度都只有一个文化竞争力效应与之对应，可以形成某种函数关系。

为建立文化成就善性与其简单文化竞争力效应之间的函数关系，就必须确定相关的定义域和值域。

关于文化成就善性的定义域，可以依据其生成根据加以确定。文化成就善性是用善概念所表达的绝对整体化关联去评价特定文化成就，存在关联越广泛，善性就越大。因此，就文化成就的经验有限性而言，其最小值是0，即完全缺乏存在概念所要求的存在关联和并存；其最大值是1，即完全达到存在概念所要求的绝对存在关联，包容所有可能内容。显然，文化成就善性的可能取值只能在0—1之间变化。

关于文化成就善性的简单文化竞争力效应的值域，可以按照其生成方式和根据加以确定。根据上面分析，文化成就善性的简单文化竞争力效应由文化成就善性所分解出的对现存文化存在的支持和对将来文化变革的支持有机合成。在文化成就善性的定义域内，对现存文化存在的支持呈正相关关系，构成函数关系且单调递增，其最小值为0，即在文化成就善性为0的情况下，说明完全丧失存在概念品性，必然完全否定现存文化存在；其最大值为1，即在文化成就善性为1的情况下，说明现存文化存在完全符合存在概念，达到理想的极限存在状态，必然完全肯定现存文化存在。与此相反，在文化成就善性定义域内，对将来文化变革的支持成负相关关系，构成函数关系且单调递减，其最大值为1，即在文化成就善性为0的情况下，完全肯定将来文化变革；其最小值为0，即在文化成就善性为1的情况下，完全否定将来文化变革。在客观上，不论文化成就善性为何值，都会按照文化竞争力概念互补性地分配对现存文化存在的支持和对将来文化变革的支持，处于通向达到存在概念的状态，因而相应的文化成就善性的简单文化竞争力效应都为1。这三个函数可以表达为：$F_S = f(S) = f(F_{S_x}, F_{S_j})$，其中 $0 \leq S \leq 1$，$F_S = 1$，$F_{S_j} = f(S_j)$，单调递减，$F_{S_x} = f(S_x)$，单调递增，$0 \leq F_{S_x} \leq 1$，$0 \leq F_{S_j} \leq 1$。如图18、图19所示（图13）。

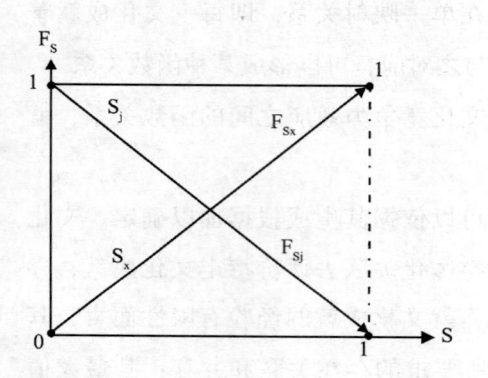

图18 文化成就善性的分解及相应文化竞争力效应生成图

注：简便起见，S_x 与 F_{S_x}，S_j 与 F_{S_j} 共用一线示意与 S 的关系。

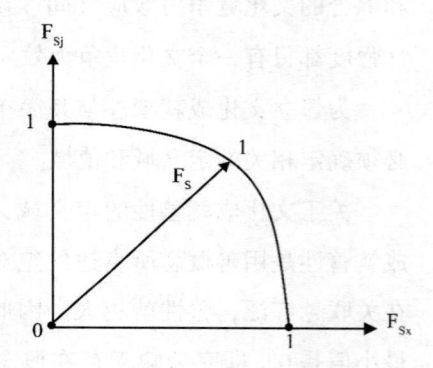

图19 文化成就善性的文化竞争力效应合成图

注：F_{S_x}、F_{S_j} 的自变量取值是同一 S 值的分解值 S_x、S_j。

在确定了文化成就善性的定义域及其简单文化竞争力效应的生成方式和值域后，便可以继续分析特定文化成就善性的简单文化竞争力效应函数的实际状态。

已经阐明，文化成就本然具有自己的善性，而且只要遵循文化竞争力概念的构成要素分配自己的文化竞争力作用，就是处在通向存在概念的合理状态中。但是，文化成就善性作为一种内容的合存在性评价，必须以反思方式提升为意识，在获得主观动力属性后才能成为文化竞争力的有效因素。然而，有限的文化成就所包含的善性虽说是客观的但是却不能具体确定。因为，文化的经验建构具有内容偶然性，同时文化实践也是偶然的，并且作为其判定根据和标准的善概念即绝对的合存在性带有无限性。这使得虽然文化成就在客观上具有善性的确定性，但在认识上却只可以定性地给予特定的文化成就以善性的量的意义，而不能必然达到对这种量的具体的准确判定。由此这种反思判断失去认识必然性，给主观任意性留下空间。其结果为，关于文化成就善性的主观判定即文化成就善性意识有可能偏离客观的文化成就善性。在偏离本真文化成就善性的情况下，文化成就善性意识必然失去对现存文化存在的支持恰当性和对未来文化变革的支持恰当性，违背存在追求的合理方式，从而造成文化竞争力的损失。在理论上，文化成就善性意识符合本真文化成就善性，其文化竞争力安排具有完全的存在概念追求合理性，相应的文化竞争力最大，达到1，可以称为黄金文化成就善性意识。而背离本真文化成就善性则会使其文化竞争力效应小于最大值，背离越多，文化竞争力效应损失越大，直至为0。偏离黄金值的文化成就善性意识的文化竞争力效应减损值，与实际取值和黄金点的差（S_C）成正相关关系，其间有函数关系 $F_{SC} = f(S, S_C)$，其中，$0 \leq F_{SC} \leq 1$，$0 \leq S \leq 1$，$-1 \leq S_C \leq 1$。如图20所示。

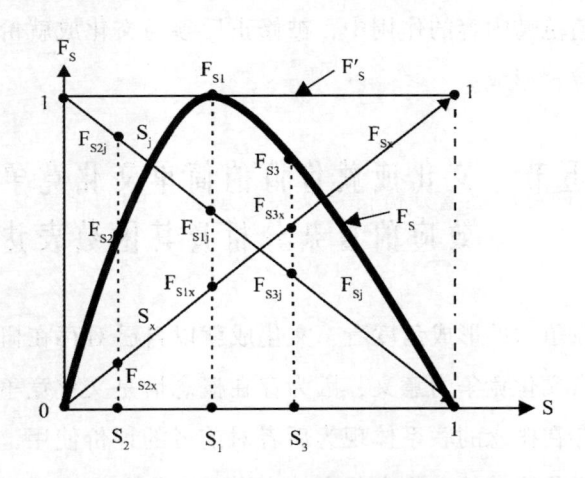

图20 文化成就善性的实际简单文化竞争力效应生成图

图注：$F'_S = f(S) = 1$，$F_s = f(S, S_C)$，

其中 $0 \leq S \leq 1$，$-1 \leq S_C \leq 1$，$0 \leq F_S \leq 1$。

当 $S_C = 0$ 时，F_S 的值最大，为 1。

图例说明：

S_1：特定文化存在的文化成就善性黄金值。

F_{S1x}、F_{S1j}：特定文化存在文化成就善性黄金值 S_1 下对特定文化存在的支持和对未来文化变革的开放态度。

F_{S1}：特定文化存在文化成就善性的最大简单文化竞争力效应。

S_2、S_3：特定文化存在的文化成就善性的实际主观取值。

F_{S2x}、F_{S2j}/F_{S3x}、F_{S3j}：特定文化存在文化成就善性的实际主观取值 S_2/S_3 下对特定文化存在的不当的支持和对未来文化变革的不当开放态度。

F_{S2}、F_{S3}：特定文化存在文化成就善性实际主观取值下的简单文化竞争力效应。

F'_S：文化成就善性主观取值保持与特定文化存在实际情况相符即完美匹配条件下的文化成就善性的简单文化竞争力效应。

F_S：文化成就善性实际主观取值中包含偏离文化成就善性黄金值情况的特定文化存在文化成就善性的简单文化竞争力效应。

文化成就善性的文化竞争力效应的复杂性在于，它处于与价值范畴下其他内容的关联中，其本身不能独立地发挥文化竞争力作用，而是要在与其他价值范畴内容的作用中，被修正后参与文化成就价值的文化竞争力效应的综合形成。

第五节 文化成就价值的简单文化竞争力效应的复杂分析及其函数表达

从文化竞争力的形成角度看，文化成就以自己对存在概念的经验实现身份而具有文化竞争力意义，因为存在概念恰是文化竞争的本质。而文化成就与存在概念的联系体现为后者对前者的评价使用，表现为价值概念。所以文化成就的文化竞争力效应说到底是文化成就价值的文化竞争力效应。

第三章　文化成就的简单文化竞争力效应

已经阐明,按照价值概念的生成原理,价值有三个不同表现,即真、美、善。相应地,文化成就价值便有文化成就真理性、文化成就美感、文化成就善性,三者各有自己内在的文化竞争力效应生成规则。而真、美、善按照作为其根据的存在概念的内在规定统一性,具有互相关联和规定关系,即真表达存在概念所规定的存在形式所包含的内容间的必然规定关系,它单方面考虑存在规定形式的构成环节,具有片段性和开放性。连续关联环节越多,真理性越强。真把诸特定内容关联起来,使它们具有参与存在建构的可能性。因为真的形式上的单一性,在同一存在中可以有不同的作为真的关联链条。也就是说,针对同一存在,可以有不同的内容切入角度而分别作出真的判定。真的这种独立性或者说离散性,造成由它所带入同一存在中的特殊内容间具有自然并列关系,即在没有进行相互间特殊规定性协调审视和选择的情况下,涌入同一存在之中。但是被存在上的共在所决定,它们之间又发生间接的相互关联或者说存在干涉,从而出现互相间就同一存在是否相容、是否亲和、是否协调的问题,表现为美和丑。因此,真是把特殊内容带入同一存在而触发美感判断的条件,真制约美,是真为美提供了内容,也为美预定了可能形态,因为真的具体表现和成就(水平),潜在地包含可以发展出美感的特殊内容间的存在一致性,真的表现越丰富(多维关联),成就越高(关联绵长),则相关内容就自然增加内在协调性,美感生成就越强劲。美感是关于参与特定存在的内容整体的。美感所表达的内容间的契合性和协调性暗示着它们之间进一步建立存在关联关系的可能性,是走向更全面存在关联的趋向。而善的意义正在于建立在广泛存在关联基础上的不同内容间的相容,意味着符合存在概念之绝对存在统一的普遍存在或者说大存在。善的经验表现就是类普遍性下的特殊存在之间的相容并存。因此,美具有潜在善的意义,一致于善的要求,支持善性的涌现。返回来,善作为存在概念的完整体现,作为绝对规定关系的实现,作为类概念所奠定的存在同一性基础上的存在关联可能性的充分展开，不但包含了诸多"真"的关联链条，而且更为关键的是为"真"提供了符合存在概念的类存在这种存在建构基底的经验形式，使诸"真"归属于类存在之上，由此获得最终的经验存在根据，与存在概念本身发生联系。也就是说，在善中，才有真的存在辩护和解释。

综上所述，真、美、善之间以它们的产生根据存在概念为中介，建立起相互绝对规定和统一关系，真支持和规定美，美规定和支持善，善规定和支持真。在纯粹概念中，三者之间绝对匹配和相互满足。

但是，在经验存在中，真、美、善之间可能失去它们在纯粹概念中的圆满协调和匹配，形成存在构成中的参差状态，不能恰好为相关方提供充分支持。因为，意识的经验建构具有偶然性，其中相关真美善的内容的构成和展开在逻辑上具有非协同可能性，即可能某一方面获得片面发展，比如真的关联链条很充分而它们之间的内容却缺乏广泛的存在关联建构，从而显现出真优越于善的状态。文化成就价值的诸方面正落入这种情形之中。特殊文化存在成就的评价使用结果，是普遍之真、美、善的特殊表现，一般地归属于普遍的真、美、善概念，从而继承普遍的真、美、善之间的绝对规定关系和三者之间的存在适应规定性，即极限是互相圆满匹配，但受文化建构的内容偶然性影响，无法把握其间的协调关系，因而一般情况是存在不同程度的亏缺或溢满。

由于文化成就真性、文化成就美感、文化成就善性之间存在互相关联和影响，所以它们发挥文化竞争力作用的真实效果显现，就是在关联中接受限制后的文化竞争力效应，可以称之为复杂文化竞争力效应。在逻辑上，三者在其黄金值中达到互相匹配，完整保持自己原有的简单文化竞争力效应，其复杂文化竞争力效应就是简单文化竞争力效应。然而，一旦偏离各自的黄金值，就会给相关方造成文化竞争力效应的不同影响。如果高于黄金值，则给予了被规定方以充分的支持，不会改变原有简单文化竞争力的效应的效力；如果低于黄金值，则说明给予被规定方的支持不足,减损其文化竞争力效应,低得越多,文化竞争力效应减少就越多,其差与文化竞争力效应减少成正相关关系,每一偏离差(C_a)有唯一的文化竞争力降低幅度(F_{Ca})。这构成一种函数关系。需要指出,在规定方的值低于黄金值条件下,所谓降低被规定方简单文化竞争力效应的幅度大小,不是具体的绝对值,而是对原有文化竞争力效应的影响度,不一定幅度大的实际减少的值就大。其最终影响是改变原有简单文化竞争力效应曲线的形态,使其向下收扁。这种关系如图21所示。

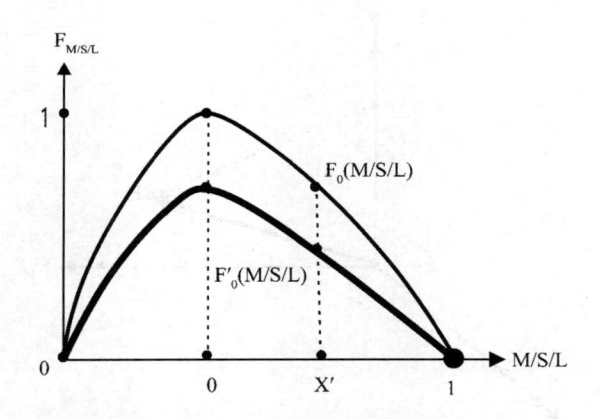

图21 文化成就价值的实际简单文化竞争力效应取值图

图注:为简单合并示意复杂文化竞争力效应于一图。根据关联关系分析,图中关联制约组合为 L–F_M、M–F_S、S–F_L。F_0 是文化成就真理性、文化成就美感、文化成就善性的简单文化竞争力效应。X′是 L、M、S 中的任一个低于黄金值的任一取值。F'_0 是 X′下的被 X′规定和支持的一方的复杂文化竞争力效应。

文化成就真理性、文化成就美感、文化成就善性的复杂文化竞争力效应,实际参与文化成就价值的简单文化竞争力效应(F_{Cj})的生成。三者处于价值概念的统一作用之下,遵循其根据存在概念的内在关联关系,因而必须协同相与发挥文化竞争力效应,而不能单独显现各自的复杂文化竞争力效应,最终以同一的文化成就价值的简单文化竞争力效应发挥作用。在三者的相互关联相与而生成文化成就价值的简单文化竞争力效应中，每一不同组合都只能有一个文化成就价值的简单文化竞争力效应与之对应，可以构成一种函数关系。$F_{Cj} = f(F'_L, F'_M, F'_S)$。其中，$F'_L$、$F'_M$、$F'_S$分别为文化成就真性、文化成就美感、文化成就善性的简单文化竞争力效应的复杂文化竞争力效应，$0 \leq F'_L \leq 1$，$0 \leq F'_M \leq 1$，$0 \leq F'_S \leq 1$；F_{Cj}以达到存在概念为极限，可以设定为1，最小为完全不符合存在概念，可以设定为0，即$0 \leq F_{Cj} \leq 1$。这一函数如图22所示。

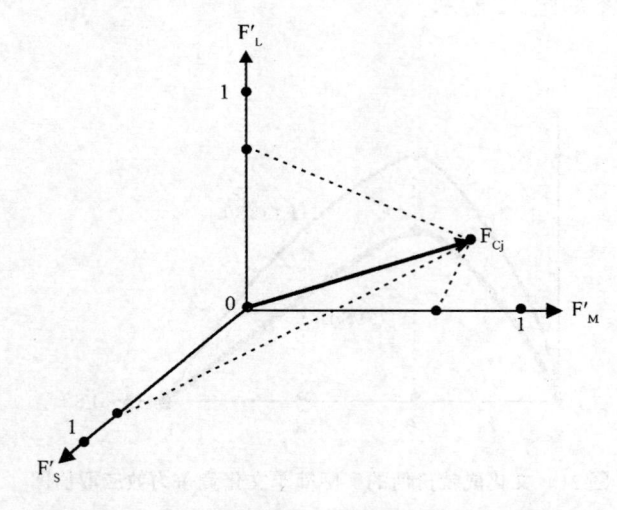

图22　文化成就价值的简单文化竞争力效应合成原理图

图注：F_{Cj}的变化空间为由F'_L、F'_M、F'_S的正半轴围成的以1为半径的1/8球体。

在理论上，不同的文化成就真理性的复杂文化竞争力效应、文化成就美感的复杂文化竞争力效应、文化成就善性的复杂文化竞争力效应的组合，可能形成相同强度的文化成就价值的简单文化竞争力效应。但是，在现实的文化竞争力效应分析中，不同的构成会影响文化竞争力的具体表现，具有不同的现实文化存在的维护和文化变革支持效应。

第四章

文化世界的简单文化竞争力效应

第一节 文化世界的简单文化竞争力效应要素分析

"存在建构方式的强迫重演"是文化的直接表现，在其中，隐藏着文化存在和发展的根据。按照文化定义的根据，"重演"不是简单的某种行为的重复，而是一种逻辑属性和规定，它先于存在构建行为的重复性实施而在先以可能性的规定和引导方式，决定一种存在建构方式的存在普遍性。直言之，在重演中包含着存在的逻辑普遍性，即文化在本质上要求实现对存在对象的普遍管辖。文化本身是一种意识存在，是对存在的某种特殊组建，受存在概念的支配。而按照意识存在普遍形式所定义的存在概念，存在要求存在内容间的绝对规定关系，普遍存在关联关系的发生是存在概念所要求的可能存在内容间的存在形式。文化内容作为个别存在，当然受存在概念的这种管辖，要求诸文化内容间的合存在关联。文化的这两种规定性相结合，便形成文化存在的逻辑结构，即互相关联的文化内容整体指向所有可能的存在对象，形成类指关系。在其中，文化内容作为具有同一属性的关联内容而确定地存在，承担存在概念，显现特定的存在意义，获得文化世界身份。

一般地说，存在关联是按照存在概念的规定性展开的，而存在概念所规定的存在形式中包含两种关联形式，即作为存在构成环节的内容间的两者之间的规定关系和作为存在整体的绝对规定关系，它具有包摄其外在内容的统摄力量,表现出逻辑上的类存在的普遍本质地位。因此,作为整体关联意义的世界,其关联关系的构成可以有两种形式,即内容间相对平行而无地位差别的关联和内部有存在地位差别而呈现统摄形态的关联。前者即平行性关联是并列开放的,没有体现存在同一性的内容;后者即统摄性关联是递归收敛的,最终由某一内容作为存在同一性的实现者。同一性内容在关联关系建构中的作用,是使关联的发展具有逻辑上的"折弯"和"返回"性,达到关联的封闭化。同一设定了诸差异性关联内容之间的存在关联可能性,并提出相应关联要求。而只有统一的普遍内容才能一致地统摄和塑造它们的作用对象,从而真正达到世界化统一。缺乏存在同一性内容,则诸差异内容间关联的发展便具有偶然性,或可达到关联关系的封闭性,或永远开放性地放射延展关联关系。没有内容的同一归属结构,逻辑上就不能设想诸内容间的绝对存在关联。反过来,具备了内容间的绝对存在关联关系,则可以推定必然存在一个占据最高地位并统摄整个内容群的内容。在存在同一性内容条件下实现的内容间的封闭性绝对规定关系,与缺乏存在同一性内容情况下实现的封闭性关联关系之间,具有本质上不同的整体性。前者的整体逻辑上可具有单一存在意义并在参与整体的所有内容间设置普遍无外的必然联系,可设想一个内容与任何其他内容间的直接存在关联。但是,后者的整体没有同一存在意义,是存在内容之间的外在性关联,不能设想它们之间的可普遍关联性,即总是有部分内容无法实现互相间的直接关联,只能发生有中介的间接关联。在逻辑上,定义个别存在之存在性的内容即为这种内容。因此,这种关联整体缺乏真正的存在统一性,在其中,一个存在的构成内容分离性地参与各个内容间的关联,而非以整体加入与其他存在内容的关联。申言之,在两种关联间具有不对称关系,即按照各自根据相对存在形式的意义,开放性关联低于类关联,开放性关联可以出现在封闭性类关联的关联构造中,而类关联不能屈居附属于开放性关联。根据文化的存在构建宗旨和表现,文化关联的结果文化世界必须保

第四章 文化世界的简单文化竞争力效应

持文化功能,即发挥存在的类普遍性作用。因此,文化世界的关联必须具有类关联形式。

文化世界具有一致于世界概念的结构。存在概念的内容化即展开为世界。按照存在概念所规定的存在形式,在其内容实现中,逻辑上必然按存在形式将可能内容纳入其中,并以相同或等效形式力图把一切可能内容包摄在同一意识存在之下,实现符合普遍存在形式的绝对存在关联。根据对文化世界的分析,文化世界同一于存在概念的这种内容化结果即世界。由于文化的根据是存在概念,而存在概念的内容逻辑是世界概念,所以世界概念是文化世界的根据或者说文化建构的推动力量。

世界概念在其与存在概念的同一中或者说绝对实现中,应该是圆满唯一而必然的。同理,文化世界之世界概念亦然。但是,由于文化的经验建构的内容偶然性,通向终极文化世界的可能道路被逻辑地阻断,经验性的文化世界陷入世界建构的主观性、片段性和多元逻辑中,从而以内容有限的特定世界化关联形态而存在,表现为特殊文化世界。在逻辑上,特殊文化世界是开放的,可以有多种并存,但它们之间却设定了以存在概念和世界概念为旨归的同一性,以实现二者为目标。文化世界的差异性与追求目标的同一性使得特殊文化世界之间产生竞争关系,即争夺相对追求目标的优胜地位。在特殊性范畴内,不同文化世界因建构上的偶然性而缺乏相互比较的可判定性。但是,各个特殊文化世界在其与世界概念的联系中却被赋予了具体的存在意义和可评价性,规定了它们接近世界概念的方式和表现。以此为基础,各个特殊文化世界间便具有可比较性,以接近世界概念的表现为依据,互相之间的相对优劣便得以确定。

作为文化世界追求目标的世界概念,在对其存在概念根据的内容显现中可以逻辑地分解为三种关联。第一,类化。根据上面的分析,世界作为一种存在统一,必须以某种类概念为基础展开可能内容的存在关联建构,这种类概念内容奠定一切可能存在内容的同一性,创立逻辑上的内容关联条件。在认识中,它是纯粹形式性的存在概念的初始内容化。第二,关系化。存在概念要求的绝对规定关系中所包含的有限和开放的规定和牵连关系,反映在世界中就是两内容间的存在制约性,它提供整合性存在关联的构成部分,仅仅以符合存在概念的抽象构成要素为根据,离开存在的绝对规定的复杂性关联而简单地设置两内容间的关联,作为世界构成的可能环节和材料。第三,系统化。按照存在概念的绝对规定和包摄一切可能内容的无限属性,世界必须建立关于一切可能对象内容的封闭性绝对关系,具体地建立所有内容间的存在式整体关联,所有参与存在建构的内容必须协调地被放置在恰当的存在关联中,构成一个圆满的整体存在。

　　文化内容间的关联要遵循世界概念所规定的关联形式。按照三种关联在世界建构中的作用,类化规定关系化,为后者提供可能性和建构要求;关系化为系统化提供方向和具体实现内容;而系统化返回来显现和支持类化。在世界概念中,这三种关联按照逻辑应该互相协调匹配。但是,在文化内容的经验建构中,由于偶然性的介入,所体现出的世界关联的三种形式便可能发生建构水平相对世界概念的不足,甚至在逻辑上要接受世界建构多元性而面临潜在的废弃命运。同时在文化世界的特定世界化关联中,同样是由于文化的经验建构的内容偶然性,也可能出现三种关联间发展水平的参差而造成互相不匹配情况。因此,文化世界的特定世界化关联必须接受世界概念的关联形式的评价,并有必要具体地按照世界概念所包含的三种关联形式分别作出发展水平判定。

　　由于文化的经验建构的内容偶然性使文化的特定世界化关联必须接受逻辑上的多元性和相应的可废弃性,所以以世界概念为标准去评价文化的特定世界化关联,便不能对文化世界的内容本身进行存在确认,无法作出某种接受和肯定的论断。但是,文化存在的特定世界化关联中却包含不变而可以作出确定论断的内容。世界的构造是一种从特殊内容出发的存在创造,是在具有内容特殊性之间相互适应要求的内容之间,机

第四章 文化世界的简单文化竞争力效应

智地发现创造存在关联可能性的意识活动。它没有机械的操作技术可资使用而必然引向存在的创造道路，相反，只能凭借奇异的主观力量偶然地成就。这便是智慧。不论文化世界的特定世界化关联的内容本身的存在有效性前途如何，它所包含的智慧却是确定的。因此，世界概念向文化世界的特定世界化关联进行评价使用的可取方向，是操作世界化关联的主观力量，落入智慧范畴。相应地，世界概念中包含的类化、关系化、系统化各有其主观精神根据和表现。按照世界建构逻辑，特定的类划分概念奠定世界建构的基础，构成内容的可世界性关联的内容域及其存在统一原则。而概念的构造具有认识创造性，是偶然的直觉行为。同时，特定类概念的确立决定对存在的认识立场和高度，规定可能的世界形成方式和面貌。也就是说，类概念在世界建构中的涌现结果表现为觉悟这一主观精神形态。所谓觉悟，就是思索中偶然闪现对存在的领会和把握。关系化在世界建构中占据确立有限内容之间具体存在关联的地位，其基本认识活动单元为判断。判断的认识形式的逻辑结构可以还原为，两个内容被外在于二者的某种概念所引导而形成相互间的同一关系。这种关系可以在不考虑存在统一性条件下，使用同一或不同概念作为引导而实现线性累加和延展。在其中，展现存在概念的单向有限规定这种存在性构成环节。关系的形成需要在制约概念的作用下创造一个意识存在，所关注的内容置身其中而显现相互关系。而这要求围绕相关内容偶然生成某种造就统一关系的统摄方式，可以称这种主观认识状态为统觉。这里所谓统觉，就是对特定被认识对象内容的存在统一方式的追求和偶然把握。世界按照其本义以造就对所有可能内容的绝对存在关联为宗旨，对文化世界的建构来说，就是实现文化建构视野内的所有内容的系统化关联。虽然文化世界的建构对象内容已经给定，但由于特殊内容之间发生存在关联具有相互匹配要求，所以并不能简单地必然完成其系统化认识操作，而是需要在其中设置特殊的合理分布格局，才能达到建构普遍关联的目的。这就要求通观给定杂多内容，完成以系统化关联为目标的内容分布场统筹。由于这一认识操作具有特殊内容群的内在协同属性，没有认识的逻辑可循，主观而偶然，所以表现为机智和顿悟性的洞察。统觉和洞察具有不同的认识原理，前者是创造性地发现和添加一个内容以完成概念性存在的生成，后者是在给定众多内容条件下，完成内容分布形式的创造。

世界是存在的构造工具，对世界的经验构造的世界概念评价是工具使用适宜性的判定，而非合目的性判定，是在特殊情况下使用世界概念的主观策略问题。世界概念的经验建构的本质是对存在建构的世界工具的创造。在对经验世界建构的世界概念评价中，是内容组织方式健全性的评价，是对内容的主观操作能力判定，而非内容创造问题。所以其评价结果是主观智慧而非客观价值。

综上所述，世界概念对文化表现出的特定世界化关联的评价落实为智慧范畴，它分解为觉悟、统觉、洞察三个构成要素，三者互相规定，共同表达特定世界化关联的文化竞争力效应。其中，觉悟以其类把握规定统觉的判断方向，统觉以其可提供的关系样式向洞察指出系统构造模式从而规定统筹杂多内容关联格局的具体要求，而洞察以其对全体内容的关联筹划推动实现觉悟所达到的存在视野下的世界化关联。

第二节 文化世界觉悟的简单文化竞争力效应及其函数表达

类概念是世界建构的重要操作工具，它在逻辑上以其同一性确立功能设立起被它所统摄的存在内容间的存在关联要求及其可能性。拥有特定包络对象的一种类概念决定以它奠基的世界建构活动的视野，生成相应的世界建构可能性。一切世界建构必然以一个类概念为出发点，占据可能世界的最高地位。反过来，世界建构按照世界概念的普遍本性必然要求不断扩大存在对象区域，直至囊括全部存在对象。这也就是要求以一个具有最大统摄能力的最高类概念为基础，展开世界建构。因为，面对处于绝对差别状态中的存在对象，不可能产生建构包括它们的世界的冲动。

对于具体的世界建构，其认识情境可以有两种类概念的现身方式，即作为已有知识给定的和面对杂多存在内容为适应世界建构要求当即创造出来的。但是，在逻辑上，一切类概念在其生成上都是创造性的，不能从它所统摄的存在对象中分析性地简单派生出来。因此，类概念的形成具有跃然闪现特征，是对杂多存在的同一性的感知和设立，在其中，新的存在意义和存在方式得以显露，展现出异样的存在境界，对存在的领会被提升到更高水平，洞见崭新的存在理解方式。也就是说，类概念的设立要求可以必然地提出，但是类概念的形成却是一个认识中的主观性偶然事件，不是任何认识主体——不管是个体还是群体——所能普遍齐一地完成的活动。正是在这种偶然性中，产生类概念认识的社会的和历史的差异，从而导致世界建构能力和方向的差异。

文化世界同构于一般世界形式，也必须奠基在某种类概念出发点上。因此，文化世界的面貌必然带有双重偶然性，即偶然地获得它的类概念，又被文化建构的内容偶然性所规定而遭遇具体建构内容的偶然性。不同觉悟所创造的类概念之间可以有两种比较关系，即并列（内涵间具有平等存在地位）或从属。不管哪种情况，都意味着具有不同的文化世界建构可能性，因为即使是从属的类概念，由于它们所属的特殊内容所转化的存在同一性不同，也会带来不同的文化世界建构可能性。

类概念间固有存在地位的逻辑差别，决定觉悟有高低区分。由特定世界化关联所表现的文化世界，其觉悟水平（J）是客观的，由其奠基性类概念的自然逻辑地位所规定。

特定的觉悟是追求存在所达到的一种认识状态，自身本然具有独立的存在意义，是走向绝对世界关联而实现彻底存在洞察的一个阶段，自然加入追求共同目标即世界概念的行列中，在世界概念的镜照下，内在地触发依据类概念逻辑水平对现存文化存在的评价，产生关于由其奠基的文化存在的合世界性判定冲动。尽管被世界概念的形式性与特定文化存在的内容性之间的异质性所决定，这种评价冲动不会有确定的结果，但其功能在于为特定文化存在的觉悟塑造了可评价性和评价意义。这使得不同的文化世界觉悟间具有可以确定地进行比较的可能，因为在同一评价意义的中介下，不同文化存在内容的觉悟间进行同质的内容比较是可以获得确定结果的。由于不同文化主体的文化世界觉悟共同指向同一的世界概念，处于追求达到世界概念的绝对觉悟的同一行列中，所以觉悟及其水平的自我主观判定，便具有相互关联和竞争性。这种竞争也就是通向世界概念的顺畅性或力量的竞争。

特定文化存在的觉悟高低，代表它接近世界概念的程度，从而决定相应的文化建构态度和策略，既包含给予现存文化存在的支持（J_x），也内在生成对将来文化变革的支持（J_j），具有文化竞争力的一般结构。造成觉悟的类概念越高，对现存文化存在的支持度就越大，对将来文化变革的支持度就越小。反之，觉悟的类概念越低，对现存文化存在的支持度就越小，对将来文化变革的支持度就越大。两者有机合成特定文化世界觉悟的文化竞争力效应（F_J）。文化世界觉悟与其文化竞争力效应之间的这种关系具有函数特性，即每一文化世界觉悟都只有一个文化世界觉悟的简单文化竞争力。

为建立文化世界觉悟与其文化竞争力效应之间的关系，必须确定相关的定义域和值域。

关于文化世界觉悟的定义域，可以按照它的生成根据加以确定。文化世界觉悟是特定文化存在的世界关联中起奠基作用的类概念的存在创造水平，自然接受世界概念的评价，指向世界概念的实现，逻辑上具有不同的等级即接近世界概念的程度。因此，其最低状态为完全没有有效建构世界化关联的类概念，可设定其值为0，最高状态为完全达到世界概念的要求，直接承担起绝对世界的实现任务，与世界概念同一，可设定其值为1。

关于文化世界觉悟的简单文化竞争力效应的值域，可以按照其生成方式和结果加以逻辑考察和确定。文化世界觉悟的简单文化竞争力效应（F_J）由文化世界觉悟在世界概念评价产生的对现存文化存在的支持（F_{Jx}）和对将来文化存在变革的支持（F_{Jj}）有机互补性地构成，两者之间具有反变关系，即一个增大，另一个便减小，相与共同指向世界概念的实现。在世界概念的指引下，客观上两者应该总是恰当地分配各自的强度，保持协调而意向着世界概念，处于通向世界概念的状态。因此，文化世界觉悟的简单文化竞争力效应应该总是一致于世界概念，可以设定为1。根据文化世界觉悟的文化竞争力效应分解及其各自与文化世界觉悟的关系，可以有关于F_{Jx}、F_{Jj}和F_J的函数表达，即$F_{Jj} = f(J)$，$F_{Jx} = f(J)$，$0 \leq J \leq 1$，F_{Jj}是单调递减函数，F_{Jx}是单调递增函数；$F_J = f(J) = f(F_{Jj}, F_{Jx})$，$0 \leq J \leq 1$，$0 \leq F_{Jx} \leq 1$，$0 \leq F_{Jj} \leq 1$，$0 \leq F_J \leq 1$。如图23、图24所示。

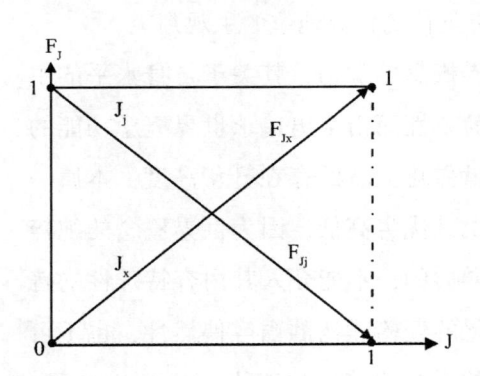

图23 文化世界觉悟的分解及相应文化竞争力效应生成图

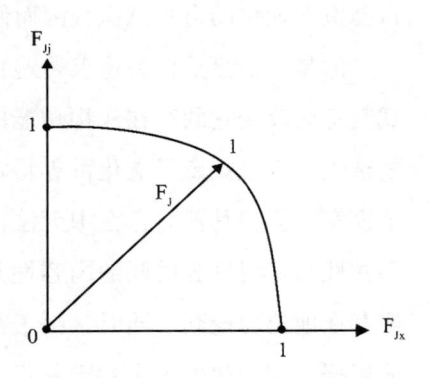

图24 文化世界觉悟的文化竞争力效应合成图

在确定了文化世界觉悟的定义域和它的简单文化竞争力效应的值域后，便可以继续讨论特定文化世界觉悟的简单文化竞争力效应函数的实际状态。

类概念代表对杂多存在内容的存在同一性的领会和把握。作为文化世界建构基础的最高类概念，代表存在创造主体对置身其中的存在环境的普遍本质的深究和接受即觉悟。觉悟决定文化主体设立一种怎样的世界建构立场，有多大的世界关联心胸，可以在何种程度上实现世界概念。被类存在概念的内容确定性所规定，觉悟是一种客观的主观事实。在先验世界概念的映照下，作为世界的经验建构的文化世界的世界意义，必然经受批判性审视，设立且追问其觉悟水平。但是，由于世界概念的形式性使其成为一个理想概念，开放而不能加以具体确定，所以无法以世界概念为根据对觉悟切入世界的地位加以判定。同时，由于文化建构的内容偶然性，其中包括作为为其奠基的最高类概念的诞生偶然性，又使得关于觉悟的世界建构地位也不能在文化世界自身内加以推导和把握。两相叠加，封闭了觉悟的世界地位的确定可能性。但是，在世界概念的作用下，又产生关于觉悟的世界地位的观念和推测，推动觉悟产生关于自己世界地位的自我意识，因而便有觉悟的世界地位的主观判定。

但是，恰恰是作为追求普遍世界概念的觉悟，其关于自身水平的主观判定会改变它的存在建构功能的简单性而衍生出追求世界概念功能的复杂性。觉悟规定了文化世界特定世界化关联的存在升华高度，本属一个事实，但在其孤立存在中无法评说其优劣高低，因为世界概念的纯粹形式性与特定世界关联的内容性是异质的，不能介入其内容特殊性的普遍存在地位的论断。同时，由于文化的经验建构的内容偶然性，也不可能根据给定文化内容来判定其可能的世界化前途和地位。因此，关于文化世界觉悟的判定便给主观性留下空间。如果关于觉悟的自我评价恰好符合它的客观水平，那么它自然地正确发挥支持现存特定世界化关联的作用（F_{Jx}），同时保持对更高觉悟的恰当追求（F_{Jj}），使世界建构处于运动趋势。相反，如果关于觉悟的自我评价不符合它的客观水平，则会发生在追求世界概念的过程中的失度现象，降低其世界化认识的效率。如果低于觉悟的客观水平，则会过度否定现存特定文化世界和过于激进地推动将来文化世界的变革,造成对世界化认识的损害。如果高于觉悟的客观水平,则会过高肯定现存特定文化世界和过低评估将来文化世界变革的必要性,同样造成对世界化认识的损害。因此,在关于觉悟的自我意识中,具有最大世界化认识效果的是恰好符合觉悟的客观水平,可以称之为黄金觉悟意识。不论觉悟的客观水平如何,只要有恰当的自我意识,就在通向世界概念的正确方向上。在逻辑上,黄金觉悟意识的文化竞争力效应为1,偏离黄金觉悟意识的觉悟意识取值,其文化竞争力效应的减损与偏离本真文化世界觉悟的大小 J_C(文化世界觉悟的实际主观取值与文化觉悟意识黄金值的差)成正相关关系,相应的文化竞争力效应取值应大于等于0,小于等于1。其中,每一个觉悟意识的值都有唯一的一个文化竞争力效应的值。这构成觉悟意识与觉悟意识的文化竞争力效应之间的函数关系。如图25所示。

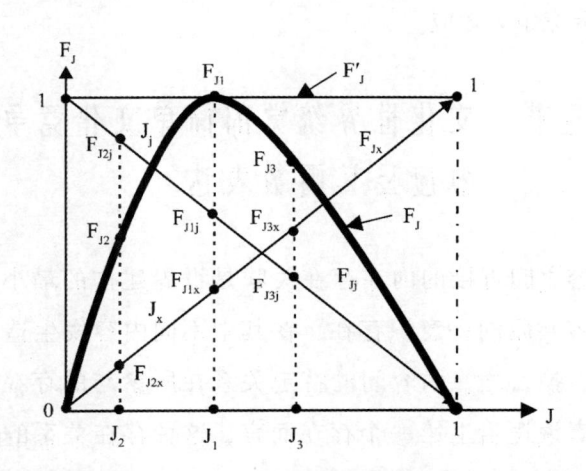

图25 文化世界觉悟的实际简单文化竞争力效应生成图

图注:$F'_J = f(J) = 1$,$F_J = f(J, J_C)$,

其中 $0 \leq J \leq 1$,$-1 \leq J_C \leq 1$,$0 \leq F_J \leq 1$。

当 $J_C = 0$ 时,F'_J 的值最大,为1。

图例说明:

J:针对特定文化存在的文化世界觉悟的主观取值。

J_1：特定文化存在的文化世界觉悟的黄金值。

F_{J1}：特定文化存在文化世界觉悟的最大简单文化竞争力效应。

J_2、J_3：特定文化存在的文化世界觉悟的实际主观取值。

F_{J2x}、F_{J2j}/F_{J3x}、F_{J3j}：特定文化存在文化世界觉悟的实际主观取值 J_2/J_3 下对特定文化存在的不当的支持和对未来文化变革的不当开放态度。

F_{J2}、F_{J3}：特定文化存在文化世界觉悟实际主观取值下的简单文化竞争力效应。

F'_J：文化世界觉悟主观取值保持与特定文化存在实际情况相符即完美匹配条件下的文化世界觉悟的简单文化竞争力效应。

F_J：文化世界觉悟实际主观取值中包含偏离文化世界觉悟黄金值情况的特定文化存在文化世界觉悟的简单文化竞争力效应。

文化世界觉悟的文化竞争力的复杂性在于，它处于与其他两个文化世界竞争力要素的相互作用关系中，并不能简单地自行发挥和显现出实际的文化世界竞争力效应。

第三节 文化世界统觉的简单文化竞争力效应及其函数表达

不同内容之间直接的内在存在关联是世界建构的最小单元，它表现为不同内容共属同一意识存在，在其中不同内容发生造就存在的直接规定关系，换言之，内容间的特定关系在所参与的存在中显现。对于最高的或者说逻辑上第一个存在而言，这种存在关系的创设被先验存在概念所制约，而对于依次下属的意识存在而言，则要同时受先验存在概念和其上位存在的制约。其普遍逻辑机制为在上位概念的支配下实施关于不同相关（意识）存在的综合性创造。这是一个以统一存在关联关系为目标的综合关系创造的主观努力过程，它要求机智地在给定内容之外创设和添加新内容以成就可能的综合条件，同时各个参与构成综合统一存在关系的内容间要具有非逻辑的协同呈现性，因此

第四章 文化世界的简单文化竞争力效应

只有在存在成就亦即主观认识努力完结之时,才能显现存在创造过程的存在。也就是说,其过程表现为顿悟,在综合统一这一形式目标的紧张追求和思路栓塞中,创造综合存在关系的诸内容偶然间聚会,新存在突然开显。这种主观认识形式即为统觉。文化世界的构成单元即为它的成果。

统觉的存在原理内在于意识存在普遍形式中,是意识存在的一种先验力量。因此,在世界的经验建构中,具体意识存在的建构这一任务,是在给定存在形式的条件下,寻求合存在形式的存在参与内容。

在世界概念所规定的世界的逻辑结构前提下建构经验世界,其统觉开展形式表现为在复杂的条件限定和制约下,去创造特殊内容间的存在构成关系。其条件作用的逻辑秩序为,先验存在概念、最高相关概念、次级相关概念,依此类推。创造每一特定存在的统觉不是简单地行使先验形式,而是同时要接受处于特定存在内容之上位的一切概念和原理的约束,形成条件的层层叠加格局。其判断表现为,在判断语句中,相应地涌现复杂甚至冗长的限定成分。

存在的统觉创造因内容条件的不同而产生难度差异,限定条件越多,完成存在创造的道路就越窄,难度就越高。最简单的统觉创造物是直接经验意识,其语言表达也最简短。按照世界建构的要求,统觉水平体现在能够满足多少条件而创造内容间的综合存在关系上。可以依其在判断形成的表现效应而称其为判断力。由此,作为世界之单一构成单元的统觉的存在创造活动及其成果,显现出与世界整体的牵连性,即蕴含世界根基。

判断力不能仅仅由统觉活动的限制条件层级来衡量,它仅仅提供了形式标准,还与统觉活动作用对象的特殊内容和它们之间的相互特殊性适应要求的强度这一内容属性相关。特殊内容本身与特殊内容间的特殊性相互适应要求影响统觉活动成功与否。特殊内容越是经验化,则统觉活动难度越低,越是抽象化,则统觉活动难度越高。因为越是经验化,

文化竞争力批判——实践一种捕捉哲学真理的精准操作方法

内容牵连的其他内容就越少，越是抽象，内容牵连其他内容的广度越大。特殊内容之间的特殊性相互适应要求越低，统觉活动成功的难度越小，反之，要求越高，则难度越大。而特殊内容之间的特殊性相互适应要求与特殊内容的数量、特殊内容的抽象度有关。

统觉的存在创造成果本然地表达着统觉的世界建构环节，实际地处于实现世界建构道路上的确定地位。特定文化世界按照存在概念的真性所构造的内容间的开放性关联，其单一构成环节的关联复杂性反映统觉活动限制条件的逻辑水平，内容越复杂，统觉形成的参与限制条件越多，涉及的条件内容的存在层次越高级。可以称之为统觉深度。其构成环节越多，连续关联链条越长，说明统觉活动具有更大的延展能力，它所实现的特定文化世界的世界化关联的真性越充分，具有越强的真理证实力量。可以称之为统觉宽度。统觉宽度不仅机械地与给定对象内容多寡有关，而且在逻辑上与统觉深度有关。统觉深度表现判断赖以可能和形成的同一性内容基础，同一性广度越大，与之联系的一个观念的外在联系的可能对象就越多，可能形成关联的差异内容范围就越大，所能形成的关联链条就越长。关联链条的长度不是同水平统觉的简单重复，而是需要统觉深度水平的提高。因此，特定文化世界统觉（T）具有世界概念的特定体现意义。由此，根据其水平分解出对现存文化存在特定对待方式，即按照世界概念对统觉水平的评价，以实现世界概念为目标，合理地给予现存文化存在以支持（T_x）和给予将来文化变革以支持（T_j），在二者的互补中指向世界概念的实现。统觉越高，对现存文化存在的支持越大，对将来文化变革的支持越小；相反，统觉越低，对现存文化存在的支持越小，对将来文化变革的支持越大。二者呈反变关系，即对现存文化存在的支持越大，则对将来文化变革的支持越小，反之亦然。这种情形具有文化竞争力结构。特定文化世界统觉的文化竞争力效应（F_T）由二者相与合成。其中，显现出某种函数关系，即每一统觉水平都有唯一对应的文化竞争力效应。

第四章 文化世界的简单文化竞争力效应

为确定文化世界统觉与其简单文化竞争力效应之间的函数关系，必须确定相关的定义域和值域。

关于文化世界统觉的定义域，可以按照其生成根据加以分析。统觉的任务在于按照存在概念的内在绝对规定关系的部分构成环节的形式，建立两内容间的存在规定关联，其世界概念中的体现就是开放性规定关系链条的延展。它必然要接受世界概念的评价。在逻辑上，特定文化世界统觉的最低表现就是对世界建构完全无能，可以设定为0，最高表现就是完全达到世界概念的要求，可以设定为1。其他可能情况只能是部分地或者说不同程度地实现世界概念，介于0—1之间变化。

关于文化世界统觉的简单文化竞争力效应的值域，可以按照其生成方式和结果加以考察。文化世界统觉的简单文化竞争力效应按照文化竞争力的概念结构分解为对现存文化存在的支持（F_{Tx}）和对将来文化变革的支持（F_{Tj}），特定文化世界统觉（T）在文化的经验建构中被世界概念对自己的评价所推动，按照世界概念作出关于对现存文化存在的支持度和对将来文化变革的支持度的合理分配，使之指向世界概念所规定的绝对世界化关联建构，二者互补共建特定文化世界统觉的简单文化竞争力，其效果可以设定为1，即与世界概念同一。在统觉的取值与其文化竞争力效应之间，存在函数关系，即每一统觉取值都只有一个文化竞争力的值与其对应。在其中，$F_{Tx} = f(T)$，$F_{Tj} = f(T)$，$F_T = f(T) = f(F_{Tx}, F_{Tj})$，其中，$0 \leq T \leq 1$，$0 \leq F_{Tx} \leq 1$，$0 \leq F_{Tj} \leq 1$，$F_T = 1$，$F_{Tx}$是单调递增函数，$F_{Tj}$是单调递减函数。这就是说，在自然状态下，即特定文化世界本然的统觉及其合世界概念的文化竞争力要素分配，使文化世界统觉的简单文化竞争力效应总是为1。这种函数关系如图26、图27所示。

· 209 ·

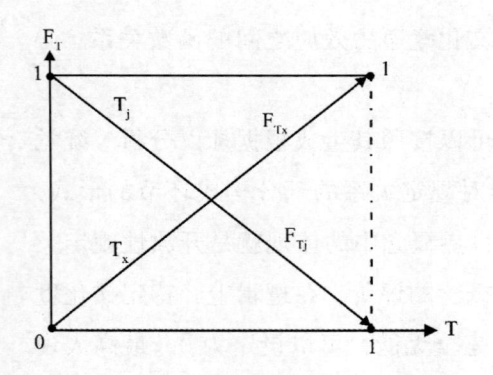

图26 文化世界统觉的分解及相应文化竞争力效应生成图

注：简便起见，T_x 与 F_{Tx}，T_j 与 F_{Tj} 共用一线示意与 T 的关系。

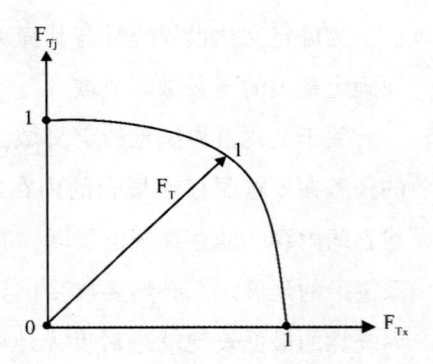

图27 文化世界统觉的文化竞争力效应合成图

注：F_{Tx}，F_{Tj} 的自变量取值是同一 T 值的分解值 T_x、T_j。

在确定了文化世界统觉的定义域及其简单文化竞争力效应的生成方式和值域之后，便可以继续讨论文化世界统觉的简单文化竞争力效应函数的实际状态。

文化世界统觉在其自然作用状态中总是获得最大的文化竞争力效应。但是，文化的经验建构是一种自觉的意识活动，一切作用因素都必须采取观念显现形式。因此，文化世界统觉必须转化成明确的认识判定。面对存在创造成果，统觉必然要产生自己判断力的自我意识。但是，统觉的判断力构成的形式与内容二元性，使其陷入水平判定的模糊性中。因为，受世界的经验建构的内容偶然性影响，统觉所实现的特定存在创造是否可以再增加限制条件，是否是最佳存在建构，都无法必然判定。不同的内容路径会有不同的条件限制，而不同的条件限制会遭遇不同的存在创造内容。

由于统觉水平判定的模糊性，关于特定文化世界统觉的自我意识缺乏必然和清晰的根据。这便导致统觉的判断力判定的主观任意性，可能偏离存在创造成果所内在的客观判断力水平。统觉的判断力水平的这种自我判定的主观性，使其发生对世界建构的双重影响。如果评价高于客观水平，则会不当增大对现存统觉活动方式的维护，不当减少对统觉活动的改造追求。反之，如果低于其客观水平，则会不当减少对现存统觉方式的肯定，过分增加统觉方式的改变意愿。两者都不利于统觉对世界建构走向世界概念的积极贡献。只有在统觉的判断力判定恰好符合其客观水平时，才会达到恰当地支持现存统觉方式和恰当地支持统觉变革之间的平衡，完全积极地走在推动世界建构的世界概念化发展道路上。可以称之为统觉自我判定的黄金值，或黄金统觉。黄金统觉的文化竞争力最大，其值为1。偏离黄金统觉则统觉的文化竞争力效应减少，减少的幅度与统觉的实际主观取值与黄金统觉值（T_C）成正相关，偏离越多，减损越大，直至为0。如图28所示。

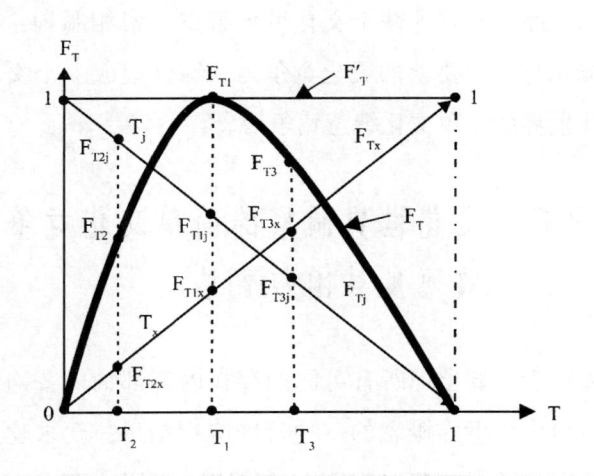

图28 文化世界统觉的实际简单文化竞争力效应生成图

图注：$F'_T = f(T) = 1$，$F_T = f(T, T_C)$，

其中 $0 \leq T \leq 1$，$-1 \leq T_C \leq 1$，$0 \leq F_T \leq 1$。

当 $T_C = 0$ 时，F'_T 的值最大，为1。

图例说明：

T：针对特定文化存在的文化世界统觉的主观取值。

T_1：特定文化存在的文化世界统觉的黄金值。

F_{T1x}、F_{T1j}：特定文化存在文化世界统觉黄金值下对特定文化存在的支持和对未来文化变革的开放态度。

F_{T1}：特定文化存在文化世界统觉的最大简单文化竞争力效应。

T_2、T_3：特定文化存在的文化世界统觉的实际主观取值。

F_{T2x}、F_{T2j}/F_{T3x}、F_{T3j}：特定文化存在文化世界统觉的实际主观取值 T_2/T_3 下对特定文化存在的不当的支持和对未来文化变革的不当开放态度。

F_{T2}、F_{T3}：特定文化存在文化世界统觉实际主观取值下的简单文化竞争力效应。

F'_T：文化世界统觉主观黄金取值保持与特定文化存在实际情况相符即完美匹配条件下的文化世界的简统觉单文化竞争力效应。

F_T：文化世界统觉实际主观取值中包含偏离文化世界统觉黄金值情况的特定文化存在文化世界统觉的简单文化竞争力效应。

文化世界统觉的文化竞争力的复杂性在于，它并不能独立释放自己的文化竞争力，而是与其他两个文化世界智慧要素相制约，必须接受限制作用后才能相与其他要素的文化竞争力，综合生成一个文化竞争力而参与显现文化世界的简单文化智慧竞争力。

第四节 文化世界洞察的简单文化竞争力效应及其函数表达

按照世界概念，要求把所有可能的存在内容都纳入普遍的存在关联之中，文化世界作为世界概念的一种特殊应用结果，要求建立所有文化内容间的普遍存在关联，塑造为一个整体而以类同一形态面向文化的实践对象。

在特殊的文化内容群中进行整体化存在关联这一认识任务，面临特殊内容间的特殊性相互适应要求的挑战。其实质为，必须统筹所有待综合内容间关联发生的相邻格局，使得它们可以按照某种关系类型建立通贯的整体化存在关联。与统觉的认识任务在于在给定形式条件下寻求创造存在的内容不同，它的认识任务在于在给定内容条件下寻求可以推动创造存在关联的内容群分布的形式。

第四章 文化世界的简单文化竞争力效应

　　以整体化存在关联为目标统筹文化内容群特殊内容间的存在分布与相邻格局这一认识活动，具有特殊的认识发生结构。首先，由于文化建构的内容偶然性使得它们之间没有内在的互相通达指引，而特殊内容间在确定的关联关系诞生之前是相互平等的和散漫的，不能提供关联展开方向的逻辑根据，所以统筹认识没有逻辑性。其次，由于所有特殊内容在整体化中同时呈现在认识面前，并要求考虑和尊重自己的特殊性，互相竞争对可能存在整体的参与和支配权利，所以要求统筹认识活动保持通观姿态，让所有特殊内容自由发挥作用。成功的统筹必然具有协同性，即所有特殊内容一并发生相互作用成为统筹成功的必要条件。再次，在认识的过程特征上必然出现顿悟现象，即在整体化道路的阻塞状态中突然机智地闪现一种穿透所有内容并可以实现所有内容整体化的内容分布和关联格局。只不过，它所捕捉到的存在整体化可能性还需要分析性的逐一环节的展开。综合这三种属性，可以把整体统筹称为洞察。显然，洞察不论在发生上还是在逻辑上都具有偶然性。

　　由于一个特殊内容的关联发展方向逻辑上具有不同选择可能性，所以面对一个给定文化内容群，逻辑上可以有不同的整体统筹方式，一个特定的整体化统筹方案仅仅是诸可能方式中的一种，并不能拒绝其他整体化统筹方式的反思。可以断言，针对特殊文化内容群的文化世界建构的整体化统筹具有多元性。

　　文化内容群的整体化洞察面对三种认识情境，即特殊内容的复杂性、建构文化世界的给定关系类型、特殊内容群规模。显然，特殊内容的复杂性即潜在内涵丰富性越强，则洞察难度越大；给定关系类型越抽象越高级，则洞察难度越大，因为更加深入存在的本质层面展开整体化认识；特殊内容群规模越大，则洞察难度越大，因为这意味着内容兼顾的要求更高。因此，洞察有难易高低之别，洞察的水平区别既可以发生在不同文化内容群上，也可以发生在针对同一文化内容群的不同洞察成果即整体化统筹方案之间。前者以洞察的给定条件之间的区别为根据，后者以洞察结果所内在的不同的合存在概念性为根据，那些更加简约、工整、有效的统筹方式具有更大的优越性，因为这意味着切入了特殊内容群的更本质的存在层面。存在概念具有简明而规整的以少御多结构，并且在存在内容相互关系的逻辑上，只有在更本质、更抽象的层面上，才能达到更少地处理必须直接处理的内容却能够更多地拥有管辖对象的目标。

世界概念所规定的整体化世界关联形式是文化世界洞察的根据，特定的文化世界洞察（D）处于世界概念的自然作用和评价中。因此，特定的文化世界洞察说明追求世界概念的整体化关联成就水平，并按照对世界概念的追求，必然产生适应特定洞察水平的关于现存文化存在的支持（D_x）和对将来文化变革的支持（D_j），落入文化竞争力结构。特定文化世界洞察水平越高，对现存文化存在的支持越大，对将来文化变革的支持越小；反之，特定文化世界洞察水平越低，对现存文化存在的支持越小，对将来文化变革的支持越大。二者呈反变关系，即一方越大，相应地另一方越小，相与指向世界概念的实现，形成特定文化世界洞察的简单文化竞争力效应（F_D）。在这种关联中，文化世界洞察水平与它的简单文化竞争力效应之间表现出某种函数关系特性，即每一特定文化世界洞察水平都有唯一的简单文化竞争力效应。

为确定文化世界洞察与其简单文化竞争力效应之间的函数关系，就必须确定相关的定义域和值域。

关于文化世界洞察的定义域，可以按照其生成根据和表现形式加以确定。特定文化洞察是对给予的文化内容按照世界概念进行整体关联形式的创造，涉及内容的规模和构造方式。从上述分析已知，它有难度之别，这种难度恰好就是达到世界概念程度的反映。虽然世界概念作为形式与特定文化世界表现内容之间异质，不能作出确定的符合度判定，但赋予了特定文化世界洞察以可量化意义。以此为基础，不同文化世界洞察间便具有了可比较意义，并可进行量化。特定文化世界洞察的最低点是完全没有形成对复多内容的有效关联创造，可以设定其值为 0；最高点

第四章 文化世界的简单文化竞争力效应

是完全达到了世界概念，将一切可能的内容绝对地纳入整体化关联中，可以设定其值为1。一般文化世界洞察的取值必然在0—1之间变化。

关于文化世界洞察的值域，可以依据其文化竞争力效应的生成方式和结果进行分析。在本然状态中，特定的文化世界洞察水平必然导致按照世界概念分配对现存文化存在的支持度（F_{Dx}）和对将来文化变革的支持度（F_{Dj}），二者相与生成特定文化世界洞察的简单文化竞争力效应。在其中，按照对文化世界洞察的文化竞争力效应分解的分析，对应文化世界洞察的定义域为0—1，对现存文化存在的支持度为0—1，相反，对将来文化变革的支持度为1—0，二者相对世界概念的实现具有互补关系，共同指向世界概念，因而二者相与合成的文化世界洞察的简单文化竞争力效应总是处于通向世界概念的圆满状态，可以设定为1。因此可有 $F_{Dx} = f(D)$, $F_{Dj} = f(D)$, $F_T = f(D) = f(F_{Dx}, F_{Dj})$，其中，$0 \leqslant D \leqslant 1$，$0 \leqslant F_{Dx} \leqslant 1$，$0 \leqslant F_{Dj} \leqslant 1$，$F_D = 1$，$F_{Dx}$是单调递增函数，$F_{Dj}$是单调递减函数。这种函数关系可以如图29、图30所示。

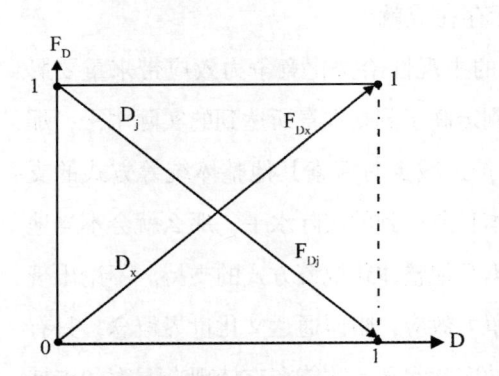

图29 文化世界洞察的分解及相应文化竞争力效应生成图

注：简便起见，D_x与F_{Dx}，D_j与F_{Dj}共用一线示意与D的关系。

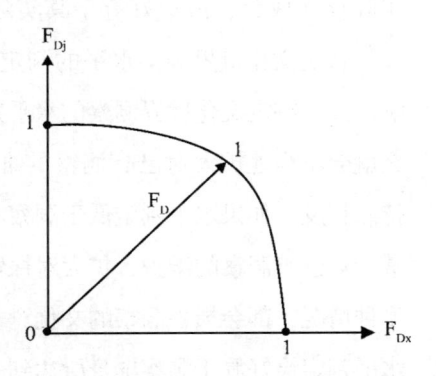

图30 文化世界洞察的文化竞争力效应合成图

注：F_{Dx}，F_{Dj}的自变量取值是同一D值的分解值D_x、D_j。

· 215 ·

在确定了定义域和值域之后，便可讨论特定文化世界洞察的简单文化竞争力效应函数关系的实际状态。

特定的面向文化内容群的整体洞察，其本身仅是对世界概念的一个实现方式筹划，是参与文化世界建构的具体事实或行动决断，具有事实性。然而，由于文化世界洞察的简单文化竞争力效应是一种主观能动地对实现世界概念的追求，所以必须形成对特定文化世界洞察水平的认识和判定。也就是说，特定文化世界洞察的自然状态及其在通向世界概念中的地位，应该提升为明确的意识。但是，由于洞察具有偶然性，所以它不能被理性加以分析和评价。因为，偶然性决定，面对一个文化内容群不可能确定地判定最优洞察的任何线索。在逻辑上，洞察本身即构成一个认识视野，不能超越自身而判定自身的比较式存在属性。尽管如此，由于洞察关联着世界概念目标，必然产生对自己实现世界概念的某种方式的评价冲动。自然，在失去可必然评价根据的条件下，这种伴随洞察的自我成就意识会带有主观任意性，或高于其实际存在成就，或低于其实际存在成就，或恰好等于其实际存在成就。

特定文化世界洞察水平的判定的主观性给文化竞争力效应带来重要影响。如果特定文化世界洞察的水平判定高于洞察本身所达到的实际水平，那么就会不当地扩大对已有洞察的维护，减少对探索其他整体统筹方式的支持。相反，如果水平判定低于洞察本身所达到的实际水平，那么就会不当地减少对已有洞察的维护，扩大对探索其他整体化统筹方式的支持。不论出现哪种情况，都会损害洞察的文化竞争力效应，阻碍通达文化世界概念。只有水平判定恰好等于洞察本身所达到的实际水平，才能在支持现有洞察和支持探索其他统筹方式之间作出恰当的平衡，获得最大的文化竞争力效应，通向世界概念，可以称之为文化世界洞察判定的黄金值，设定其相应文化竞争力效应值为1。特定文化世界洞察水平的判定偏离黄金值越多，文化竞争力效应的减损越大，直至为0。偏离文化世界洞察黄金值的差 D_C（文化世界洞察的实际主观取值与黄金值的差）与文化世界洞察的简单文化竞争力效应的减小之间成正相关，具有函数关系。在其作用下，特定文化世界洞察及其简单文化竞争力效应之间形成新的函数关系。如图 31 所示。

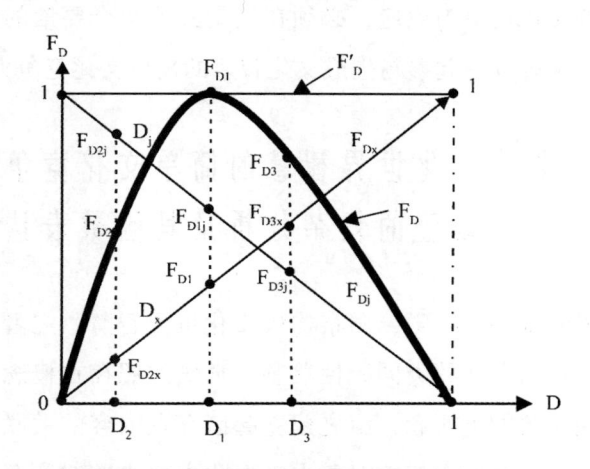

图 31 文化世界洞察的实际简单文化竞争力效应生成图

图注：$F'_D = f(D) = 1$，$F_D = f(D, D_C)$，其中 $0 \leq D \leq 1$，$-1 \leq D_C \leq 1$，$0 \leq F_D \leq 1$。
当 $D_C = 0$ 时，F'_D 的值最大，为 1。

图例说明：

D：针对特定文化存在的文化世界洞察的主观取值。

D_1：特定文化存在的文化世界洞察黄金值。

F_{D1j}：特定文化存在文化世界洞察黄金值下对特定文化存在的支持和对未来文化变革的开放态度。

F_{D1}：特定文化存在文化世界洞察的最大简单文化竞争力效应。

D_2、D_3：特定文化存在的文化世界洞察的实际主观取值。

F_{D2x}、F_{D2j}/F_{D3x}、F_{D3j}：特定文化存在文化世界洞察的实际主观取值 D_2/D_3 下对特定文化存在的不当的支持和对未来文化变革的不当开放态度。

F_{D2}、F_{D3}：特定文化存在文化世界洞察实际主观取值下的简单文化竞争力效应。

F'_D：文化世界洞察的主观取值保持与特定文化存在实际情况相符即完美匹配条件下的文化世界洞察的简单文化竞争力效应。

F_D：文化世界洞察实际主观取值中包含偏离文化世界洞察黄金值情况的特定文化存在文化世界洞察的简单文化竞争力效应。

文化世界洞察的文化竞争力效应的复杂性在于，它处于与文化世界其他两个文化竞争力效应构成要素觉悟和统觉的关联限制之中，不能单独显现自己的文化竞争力效应，必须在接受其他两个要素的制约和调节之后，与觉悟和统觉一起参与生成文化智慧的简单文化竞争力效应。

第五节 文化世界智慧的简单文化竞争力效应的复杂分析及其函数表达

文化世界的觉悟、统觉、洞察构成文化世界智慧，三者之间存在绝对规定关系。作为存在的类同一性奠基，觉悟按照存在概念设立起关于文化内容作用对象的类概念，由之建立起诸存在内容的关联可能性和关联要求。由此，它向所有相关对象内容形式地提出普遍关联可能性和整体化存在关联要求。这需要遵循特殊内容间的存在关联上的特殊性相互要求，通观全体内容而作出内容分布格局或方式的认识程序安排，此即洞察。洞察指出了特殊内容群宏观上的关联方向，但还缺乏内容间的具体存在关联关系，必须通过具体内容间的存在关联关系的构造来充实符合存在概念的存在性。在逻辑上，按照类统辖形式，这种存在关系的构造就是在先验存在概念和诸相关制约性特定内容的限制下，创造关于某些内容间的意识存在，使它们在同一意识存在中发生具体的存在关联，其认识形式就是统觉。统觉的贡献是提供文化世界的关联关系构成单元，具体地实现洞察所统筹的整体存在关联方式的各个环节，完成和确证觉悟的类概念所设定的存在关联空间。在这种互相关联作用中，文化世界的觉悟、统觉和洞察不能简单地独立发挥和表现各自的文化竞争力效应，而是必须接受相关方的限制和修正。也就是说，它们的简单文化竞争力必然要被作为自己存在条件的相关方的存在情况限制和调节，然后才能以此参与三方相与而生成统一的文化竞争力的过程，其结果为文化世界智慧的简单文化竞争力效应。

第四章 文化世界的简单文化竞争力效应

文化世界觉悟、洞察和统觉的水平判定在黄金值下能够恰好发挥对相关方的正确作用，不改变相关方的简单文化竞争力效应。而在偏离黄金值时，则需要严格分析其作用性质。当低于黄金值时，表明不能给予相关方以必要的支持，会减损相关方的简单文化竞争力效应，欠缺越多，相关方的简单文化竞争力减损就越大，直至为 0。当高于黄金值时，表明给予相关方以超过必要的最小支持，满足了相关方发挥文化竞争力作用的外部条件，因而不会改变相关方的简单文化竞争力效应。因此，在考虑文化世界的觉悟、统觉、洞察的复杂文化竞争力效应时，仅需关注低于黄金值情况，其变化形势如图 32 所示。

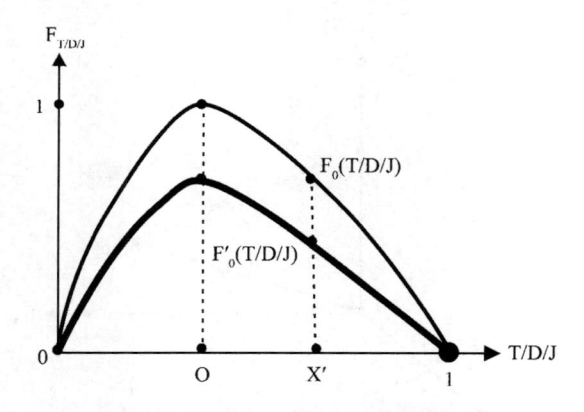

图 32 文化世界智慧的简单文化竞争力效应取值图

图注：为简单合并作图示意复杂文化竞争力效应的生成。根据世界关联中类化、关系化、系统化之间的存在关联秩序，图中关联制约组合为，按照 F_0 是文化世界觉悟、文化世界统觉、文化世界洞察的简单文化竞争力效应。X′ 是 J、T、D 中的任一个低于黄金值的任一取值。F'_0 是 X′ 下的被 X′ 规定和支持的一方的复杂文化竞争力效应。图中 J、T、D 为文化觉悟、文化统觉、文化洞察的值，$F_{T/D/J}$ 为文化觉悟、文化统觉、文化洞察的简单文化竞争力效应，O 为 J、T、D 的黄金值，$F'_{T/D/J}$ 为被限制修正的文化觉悟、文化统觉、文化洞察的复杂文化竞争力效应。

在确定了文化世界的觉悟、统觉、洞察三者的复杂文化竞争力效应之后，便可以具体讨论文化世界智慧的简单文化竞争力效应。由于文化世界智慧的构成要素觉悟、统觉、洞察间互相制约，三者不能单方面地发挥自己的复杂文化竞争力效应，因此必须在相与中有机综合地生成统一的文化世界智慧的文化竞争力效应（F_{ZH}）。这种制约不是简单地取最高值或最低值，而是各自参与一种综合作用中产生新的文化竞争力效应。文化智慧的简单文化竞争力效应以达到世界为极限，取值为 1，以完全丧失世界性为最小，取值为 0。三者的一组值唯一对应一个文化智慧的简单文化竞争力效应的值，形成函数关系，$F_{ZH} = f(F'_J, F'_T, F'_D)$，其中，$0 \leq F'_J, F'_T, F'_D \leq 1$，$0 \leq F_{ZH} \leq 1$。其基本合成原理可以用三维矢量坐标图加以描述，如下图所示。

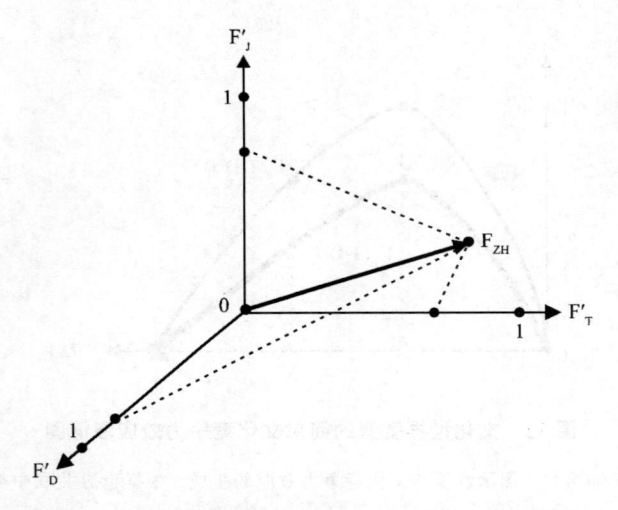

图 33　文化世界智慧的简单文化竞争力效应合成原理图

图注：F_{ZH} 的变化空间为由 F'_J、F'_T、F'_D 的正半轴围成的以 1 为半径的 1/8 球体。

第五章

文化竞争力的复杂形成

第一节 文化存在显现要素的复杂文化竞争力效应及其函数表达

按照文化的本质,一种文化存在的现实显现由特定文化气质、特定世界化关联、特定存在成就构成,在文化竞争力分析中它们被分别一般化为文化气质、文化成就、文化世界。然而,在此聚焦文化的最终或整体竞争力而可能有时触及文化具体面貌之际,有必要在特定语境下适时重新回归原初提法。

在现实文化存在中,特定世界化关联构成文化内容,特定文化气质表达文化内容上所附带的主观性的文化自我意识,特定存在成就作为文化内容的实践效应而见证文化内容的存在追求有效性。以文化的生成逻辑为根据,三者互相关联,其秩序为,特定文化气质(其简单文化竞争力效应为 F_{qz})推动产生特定世界化关联,特定世界化关联(其简单文化竞争力效应为 F_{ZH})的实践使用产生特定存在成就,返回来,特定存在成就(其简单文化竞争力效应为 F_{cj})最终支持特定文化气质的文化建构有效性。三者共同完成文化概念的存在转化。三者的这种存在关联决定它们不能各自独立地释放简单文化竞争力效应,而必须在互相联系的中介下接受相关方的文化竞争力限制和修正,再以复杂竞争力效应结果相与合成文化竞争力。

在理想的概念式作用语境中，文化气质、文化世界、文化成就之间相对文化概念互相协调匹配，互相均满足自己相关方的存在支持要求，不存在影响和改变相关方简单文化竞争力效应的问题。但是，文化概念的经验化过程的偶然性，使得这种协调匹配状态可能被打破，从而产生考虑特定文化气质、特定存在成就、特定世界化关联之间具体作用的要求。于是提出对三者存在状态的一般判定问题。在逻辑上，这种判定可以有两种，即概念判定和效果判定。所谓概念判定，就是以文化气质概念、世界概念、存在概念为依据来认识特定文化气质、特定世界化关联、特定存在成就的水平，是直接针对被判定对象本身作内在认识，属于直接判定。所谓效果判定，就是依据各个概念的经验实施结果来检验其水平，在结果中间接反映它的合概念规定性，因而属于间接判定。由于作为判定标准的概念的抽象形式性，与作为被判定对象的内容性之间存在异质性，概念判定不可能获得具体可操作性，但是却赋予被判定对象以特定存在意义，并确立其值域的逻辑空间，即最小为0，最大为1。完全不具有判定概念存在性的是0，充分实现判定概念存在性的是1。这与以往相似类型的概念实现度判定同理。所不同的是，由于特定文化气质、特定世界化关联、特定存在成就都具有现实的存在表现，而且互相之间具有以存在创造为目的的相对因果关系，每一要素的概念实现度与其结果之间具有正相关性，所以可以通过其结果的存在性来间接判定其自身的合概念度。此即效果判定，属于间接判定。在理论上，效果判定的取值落入概念判定的值域空间，即大于或等于0，小于或等于1。在效果判定中，三要素之间的关联方向发生相对文化的生成逻辑所确定的关联方向的逆转。作为检验性判定，它从作为文化目的的结果的特定存在成就出发，评价作为存在建构工具的特定世界化关联，再从特定世界化关联的面貌出发评价特定文化气质的文化建构有效性,而特定文化气质又返回来规定对特定存在成就的检讨可能性和方式。

有了效果判定的补充,文化存在各构成要素的概念实现度判定增添一重外部参照依据,多了一种具体性和正确性的保障。但是,由于是处于判定认识活动中,三要素都必须以自己所获得的主观确认的存在身份发挥作用,同时它们又处于相互关联的纠缠之中,不能独立获得效果判定,也无法进行协同效果判定,所以效果判定并不能帮助实现概念判定所不及的必然确定性,无法剔除判定认识中的主观猜度成分。

文化存在的现实显现要素在其本然的存在中仅仅作为文化追求存在的一种特定样式而存在,构成通向存在的一个片段,并不具有文化竞争意义。但是,当它们作为主观性存在因素干预和影响自己相关方的存在时,就具有文化竞争意义。因为,在主观判定相对客观状态发生偏离的情况下,就会产生对文化走向存在概念的实现这一进程的影响。如果主观判定赋值等于或高于实际状态所具有的概念实现值,那么就会给予相关方发挥简单文化竞争力以充足或有余的支持,保证完全实现其简单文化竞争力效应。相反,如果主观判定的赋值低于实际状态所具有的概念实现值,那么则不能给予相关方发挥简单文化竞争力效应以充分支持,减损其文化竞争力效能。亏缺越多,简单文化竞争力效应的减损就越大。这种效应形成一种函数关系。$F'_{ZH} = f(F_{ZH}, F_{qz}, F_{qzo})$,$F'_{cj} = f(F_{cj}, F_{ZH}, F_{ZHo})$,$F'_{qz} = f(F_{qz}, F_{cj}, F_{cjo})$,其中,$F_{ZH}$、$F_{cj}$、$F_{qz}$ 分别为文化世界、文化成就、文化气质的简单文化竞争力效应,F'_{ZH}、F'_{cj}、F'_{qz} 分别为文化世界、文化成就、文化气质的复杂文化竞争力效应,$0 \leq F_{ZH}/F_{qz}/F_{cj} \leq 1$,$F_{ZHo}/F_{qzo}/F_{cjo}$ 分别是文化世界、文化气质、文化成就的黄金值,$0 \leq F_{ZHo}/F_{qzo}/F_{cjo} \leq 1$。如图 34 所示。

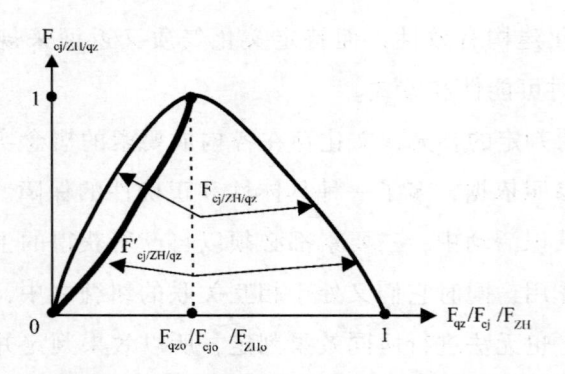

图 34　文化存在要素的复杂文化竞争力效应形成图

图注：为方便，合并作图示意同一制约原理。按照文化气质、文化成就、文化世界三者之间的规定关系的相邻秩序，图中制约关系组合为 $F_{ZH} - F_{cj}$，$F_{qz} - F_{ZH}$，$F_{cj} - F_{qz}$。F_{ZHo}、F_{qzo}、F_{cjo}分别为文化世界、文化气质、文化成就的黄金值。

需要补充指出的是，在这里，三要素的概念实现值判定的主观偏离本身不再具有内在的文化竞争力意义，无须再分析它们的黄金值及其偏离的文化竞争效应，因为它们已经包含在简单文化竞争力效应之中。

第二节　文化竞争力的现实生成及其数学模型

文化由文化气质、文化世界、文化成就构成其现实存在，因此其竞争力必然通过三者的文化竞争力效应形成。具体来说，就是三者的复杂文化竞争力效应是文化竞争力的构成材料。按照已经阐明的三者之间的关联关系，在参与形成文化竞争力的过程中，它们不能简单地直接显现和发挥自己的复杂文化竞争力，而必须相与合成一个统一的文化竞争力（F）。在统一关联中，三者互相牵连，互相消长，共同融入通向存在概念的一种力量中。三者的每一组数据对应一个唯一的文化竞争力，形成函数关系。在逻辑上，最小文化竞争力为完全背离存在概念，其值为0，最大文化竞争力为完全符合存在概念，其值为1。文化竞争力的这种统一形成的函数关系可以用三维矢量合成原理加以表达。F = f（F'_{ZH}，F'_{cj}，F'_{qz}），其中，$0 \leq F'_{ZH} \leq 1$，$0 \leq F'_{cj} \leq 1$，$0 \leq F'_{qz} \leq 1$，$0 \leq F \leq 1$。如图35所示。

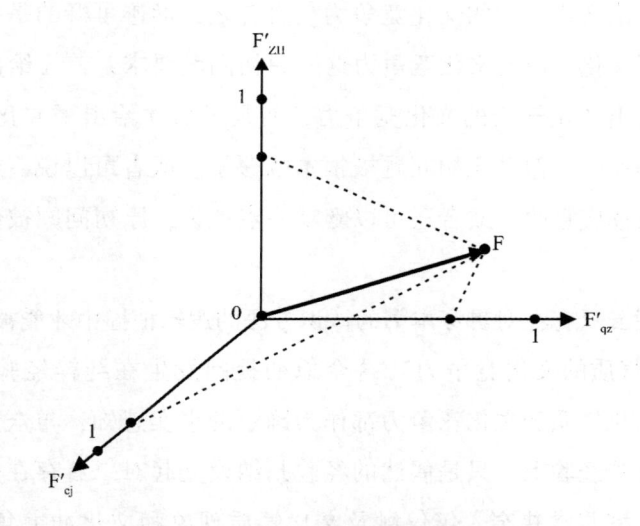

图35　文化竞争力的现实合成原理图

图注：F的变化空间为由 F'_{ZH}、F'_{qz}、F'_{cj} 的正半轴围成的以1为半径的1/8球体。

第三节　思想外传：问题意识中的存在隐匿及其综合演绎式解答中的强制敞开

敏锐的读者也许已经略带惊讶地发现，作为思想终点的文化竞争力论断改变了原初问题，或者说答非所问。在"文化气质的文化竞争力"之问中，所意向的无疑是独立拥有文化竞争力的文化气质。在其思想结构中，文化气质与文化竞争力相互分离，文化竞争力在逻辑上应该先于文化气质而存在，为文化气质准备好占有对象。但是，在结论中，文化气质却先在于文化竞争力，是现实文化竞争力的形成条件，文化竞争力湮没文化气质而使其丧失独立的文化竞争力存在形态。显然，"文化竞争力的构成要素"与"文化气质的文化竞争力"完全不同，严格地讲，它

文化竞争力批判——实践一种捕捉哲学真理的精准操作方法

不承认文化气质相对文化竞争力的独立存在性，否定文化气质分享文化竞争力的资格。因此，按照对原初问题的理解，书写至文化竞争力便戛然而止，似乎叙事结构残缺，没有给文化气质赢得文化竞争力留下机会，应该续笔讨论文化气质的文化竞争力。直言之，形迹可疑的是，整个研究没有按照文化气质的文化竞争力这一原初问题要求，首先给出文化竞争力，再给出文化气质的文化竞争力，而是最后才给出了文化竞争力。在这样的操作中，似乎原初问题被根本颠覆了。或者可以说，好像原初问题已经被彻底篡改，或者还可以幽默一点地说，原初问题被健忘症式地遗忘了。

这些疑云只有在对贯穿本书的认识方法的逻辑把握中才能被驱散。

"文化气质的文化竞争力"这个原初提问发生在纯粹经验语境中。在其中，文化气质和文化竞争力都作为确定的事实感知，与众多经验内容拥挤在直观经验上，只是偶然的经验归纳设立起对二者存在关系的好奇。它的视域非常狭窄，仅仅触及文化气质现象和文化冲突角力现象，而看不到还有什么存在围绕在它们周围；也非常模糊，仅仅能够猜测性地感受到二者的存在和二者联系的可能性，并不能清晰断定二者的存在形态及其联系类型，一切都付诸可能性而让必然性缺席。对于问题意识来说，这本属正常而无可厚非，因为在逻辑上，既然是问题就意味着无知，有权捍卫自己的有缺陷的存在的合法性。但也必须承认，问题本然带有某种认识假设性，应该坦然接受被修改甚至被抛弃的认识命运。因为既然被无知包围，就注定自身产生主观扭曲甚至幻觉的可能性。因此，可以把问题分为两种类型，即好问题与坏问题。好的问题首推可以直接回答的问题，说明它敏锐准确地把握住了存在的内在秩序，其次是可以转换为其他问题的问题，说明它间接触及了真实问题，具有某种认识引导价值。最坏的问题是不存在的问题，说明它悲剧性地陷入了空幻谬误，其次是无解的问题，即虽然不能有力否定它的存在合理性，但不能从问题的内在逻辑展开中确定有效的分析方法，其后果是理性陷入焦躁。回头看，文化气质的文化竞争力这个原初问题，是一个好问题，但不是最好的问题，而是一个较好的问题。其实它有滑入坏问题类型的很大风险，因为如果缺乏某种洞察，一个可以转换为其他问题的问题就不能迈出转换这一步，那样等待它的就或者是问题的无解，或者干脆被抛弃。是巧遇综合演绎方法这一幸运，搭救了文化气质的文化竞争力这个原初问题，使其在具有强有力和完备的存在透视认识能力的方法的推动下，获得了问题转换的思想资源，进而成功走在问天大道上。

怀着对原初问题的忐忑和对形而上学补救感性缺陷的笃信，冒险地把问题解决的命运托付给综合演绎方法，期望能够在这条思想道路上收获具有清晰性、必然性和完备性的认识成果。问题意识视野中可能疏漏存在对象的某些内容，它仅仅在残破的存在把握中感知到可能牵连着存在整体的片段。按照问题的认识身份，这是题中之义，也是可以接受的认识状态。但是，由之开展的认识活动却有义务采取健全式解决方案，摒弃同质思维，避免惯性地沿袭无序零散的经验认识，自觉抵制对问题的直接回答冲动，把触发问题的存在内容本身抛回到相关存在整体的追问中加以重新确认，从而获得真实的问题。这就是说，面对经验问题的第一理性反应，不应该是直接着手制备答案，而是要高屋建瓴地扩大问题，展开一场新问题筹划，让新问题的追问对象逻辑上可以承载相关存在整体。

问题的这种存在论设计折射为认识论上的综合演绎方法。一种相对问题来说占据最高地位的存在，是综合演绎方法的分析起点，其本质性概念和原理奠定全面洞见诸多次级概念和原理的基础，制约存在的不同属性的有序涌现和相应问题的依次确定。被综合演绎方法制约的思维结构，保证认识的每一推进环节都在其可能根据已经充分显现的条件下才展开，具有理性可靠性。这正是为什么以疏离原初问题的方式，迂回采用综合演绎方法来回应文化气质的文化竞争力追问的原因，即坚定不移地满足每一论断的充分根据要求，力争在充满社会争议的文化论题中注入对话的不容置喙的理性征服力量。在逻辑上，综合演绎方法要求填充完备的相关存在内容，一旦缺少充实被方法所设定的思维形式节点的内容，认识就会陷入停滞，一筹莫展而不容苟且。因此，综合演绎方法的操作能够呼唤和逼迫存在的相关内容的现身和登场，最终按照存在的完整性补足一切原初认识视域中的存在内容缺失。显然，置身于综合演绎方法中的思维，承受着最大的压力，体验到最高的紧张，也每每被突如其来的发现带入思想世界的涅槃式巅峰，分享到从生命底层爆发的满足征服欲后的本源性快乐，它原始得纯粹，陶醉得痴狂！

追随综合演绎方法的第一个成就，是引导展开元哲学分析而把意识存在普遍形式确立为解决文化气质的文化竞争力问题的最高起点。之后的重大步骤是分析确认文化的经验建构的内容偶然性，它后来一再成为论断的根据，开显问题和开拓概念。文化气质概念的完备发现就得益于此。深入的思考牵连出文化竞争问题，而且被理性地改写为在存在概念的同一性鼓动下的差异对抗。最惊世骇俗而显示综合演绎方法力量的发现，是文化竞争力概念的定义及其扩展，它突破日常经验观念而完全超越具体文化之间的成败存亡局限，把达到普遍的存在概念作为文化竞争目标，有机地融合当下文化的存在问题和将来先进文化的创造问题，使得文化竞争力升华为人的文化创造力的竞争。这个发现从根本上改变了经验思考框架，奠定了关于文化竞争力话题的思考方向和话语结构，敞开了全新的思想视域，创造出进行精细论断的内容空间和形式空间。根据文化竞争力概念的本质规定的构成复杂性，原初问题遭到挑战，因为发现有其他内容被牵拽进来，共同参与而形成协同作用才能产生现实文化竞争力，从而使文化气质失去了独立的文化竞争力存在意义。由此，原初问题被修改，其地位降低为文化竞争力整体存在即现实存在中的一个形成要素。从此，正确的提法只能是"文化气质对文化竞争力的贡献"，而不能粗放地说"文化气质的文化竞争力"。最终，对文化竞争力的描述和把握取代或者说覆盖了原初问题"文化气质的文化竞争力"，

第五章 文化竞争力的复杂形成

以对原初问题语句中所包含的一个普遍概念即文化竞争力的经验显现方式的确定，逻辑地终结了整个研究历程。当一个从经验出发的哲学认识，经历理论上的提升又重新下降而触底经验后，已经说尽抽象语言，变得无话可以再说。

逻辑理性是这场哲学研究的灵魂。巨大的思想蒙恩产生强烈的颂德冲动：逻辑绝非无聊的纯粹形式游戏，而是发掘内容的称手工具！

走上哲学道路需要审慎缜密这种思维教养，而真正的哲学也以其对经验浮浅性的治疗效果使人觉悟到思想的不同境界，从而疏远粗糙鲁莽，心仪优雅沉思。伟大理论的一个标志就是，凭借其健美工整的构造形式就能够成为思维美学的一部经典教材。

方法集后记

　　那些曾经的青年意气，家国情怀，推动我弃理从文而投足哲学。借助自己内心微弱的知识烛光和粗浅的行事明智，我有点叛逆地走上做哲学而非学哲学的荆棘道路，叛逆式地学习，叛逆式地沉思。

　　哲学并不算我心中的挚爱。我爱智慧，但更爱生活。在我看来，智慧只不过是照亮存在的蜡烛，让人们拥有更好的存在之家，对面的世界才是目的。哲学必须跟随存在、对存在负责的这样一种领会，使我对哲学抱有极其严肃的态度，遵照存在对哲学的要求而无限施压自己的心智。大胆地叛逆传统就是一丝不苟而唯真理是从这种态度的一种可能行为方式，直至为完善哲学的知识形象和增强其实践力量而断然彻底改造哲学。

　　心中强烈的哲学使命感催生追求真理的巨大激情，使人不得不真诚地对待哲学，陷入纯粹学术境界，仅仅仰望头顶星空而无暇顾虑尘世得失。曾几何时，活着就是为了做哲学，而非从事哲学是为了谋生活，坚持不让哲学蒙尘，厌恶哲学向世俗妥协。正是这种信念支持一路任性，走在绝对尊重自己真理感觉的自由探索道路上。现实世界的社会探索呈现人群洪流，而思想世界的开拓却是一个人的孤独长征。

　　驻笔小憩而偶然回望哲学史，发现哲学发展的世界运动轨迹十分诡异。在神话堡垒最强大的古希腊却诞生了理性主义哲学，而造成古希腊哲学不断发展的人物，又偏偏大多不在希腊文明的中心雅典，反而往往出现在周边殖民地。罗马帝国的强大让人对它产生无限遐想，然而希腊哲学精神却走进了阿拉伯世界。在自己民族语言难登大雅之堂而追捧拉丁语的法国，却传出了笛卡尔的哲学呐喊。正当人们称道盎格鲁-撒克逊人的实用气质时，却在那里开启了近代哲学转向。政治经济文化落后的德国人旁观欧洲哲学舞台大戏而心生自卑，刚刚宣称自己没有独立哲学思维资格，只能以研究哲学史文本为要务，康德就横空出世，树立伟大的批判哲学丰碑，一举让世界哲学的火炬易手德国。而且，让人大失所望的是，康德竟然没有处于当时德国哲学的权威高地。哲学的舞台聚光灯在世界中跳动的这些故事——不，是传奇——令人惊讶，似乎表明智慧女神特别喜欢捉弄世人，用出人意料的方式钦点智慧降世的选民。